스마트 디시전

Smart Decision

강성안

머리말

연전에 「불확실성하 의사결정」이란 책을 출간한 바 있는데 당시 몇몇 친구들에게 이 책을 선물하였을 때 대부분 내용이 너무 어렵다는 반응이었다. 물론 그 책은 학술도서이고 전문도서이므로 비전공자에게 어렵다는 반응은 당연하다 하겠지만 결정이란 우리의 일상생활이므로 어느 정도 흥미를 끌줄 기대하였지만 결정과 의사결정 사이에도 큰 거리가 있음을 알았다.

그러나 우리의 일상생활이 매일 결정으로 시작하여 수많은 결정을 하다 결정으로 잠든다는 사실을 생각해 보면 우리 생활의 질이 결정의 질에 의해 정해진다고 해도 과언은 아닐 것이다. 그런 의미에서 의사결정의 전문가가 아닌 일반인들도 질이 좋은 결정을 내리는 길을 알아야 할 것이며, 이 길을 잘 찾도록 도와 줄 필요가 있다는 생각에서 이 책을 쓰기로 마음먹게 되었다.

이 책의 목적은 사람들이 실제로 어떻게 결정을 내리는가와 의사결정 전문가들이 오랫동안 사람들이 어떻게 결정을 내려야 하는가에 관하여 찾아낸 것 사이의 거리를 메워주는 것이다.

이 책에서 의사결정 연구의 근간은 여러분들이 소화할 수 있도록 정제될 것이고, 경험 및 상식과 결합될 것이고 일상생활에서 활용될 수 있도록 쉽게 설명될 것이다. 그리하여 여러분들의 목표가 달성되고 시간과 돈을 절약하게 되며 혼란과 걱정 그리고 후회를 줄일 수 있게 되기를, 요컨대 질 높은 결정을 통하여 삶의 질이 향상되기를 기대한다.

이과와 문과로 가르는 제도에 의하여 문과에 속하는 고교생이 결정과학을 공부하는 경영학과에 입학하기 때문에 전공자조차 별로 없는 처지로 전락했다는 느낌이다.

의사결정 이론을 학술적인 그리고 전문적인 용어를 사용함으로써 일반인들이 이해하기 어렵다는 것을 극복하기 위하여 우리는 어렵지만 절충(折衷; tradeoff)을 마다하지 말아야 하고 불확실성을 극복하는 길을 찾아야 하며 위험(危險; risk)의 정도를 평가할 수 있어야 하고 일연의 연결된 결정을 순서에 맞게 내릴 수 있게 되어야 한다. 이를 위해서는 내려야 할 결정을 핵심적인 요소로 갈라내고 이들 중에서 그 결정과 가장 관련이 깊은 것을 골라내고 체계적인 사고를 적용하여 결정을 내리도록 해야 할 것이다.

이 책을 통해 여러분들이 결정을 내리는데 덜 겁먹고 더 빠르고 더 쉽게 결정을 내리게 되어 결과적으로 여러분들의 생활의 질이 더 향상될 것을 기대한다.

2016년 7월

저자 씀

차 례

1. 올바른 결정이란 어떤 결정인가? ······11

2. 결정을 내릴 때 빠지기 쉬운 함정 ······17

2.1 액자효과 ······19
2.2 과신과 신중 ······23
2.3 정착 ······26
2.4 시간지연 ······28
2.5 무지 ······29
2.6 투자함정 ······31
2.7 현상 안주 ······33
2.8 점진적 악화 ······35
2.9 기억의 강도 ······37

3. 결정을 내릴 때 따져 보아야 할 것들 ······39

3.1 문제가 되는 것이 무엇인가? ······40
3.2 결정의 목적은 무엇인가? ······42

3.3 대안은 없나? ························50
3.3.1 제한된 대안에 갇히는 함정 / 51
3.3.2 더 좋은 대안을 만들어내는 기법 / 53
3.3.3 대안을 문제에 맞추기 / 58
3.3.4 대안 찾기를 끝낼 시기 / 63

3.4 모든 대안들의 결과와 목적의 비교 ························64
3.4.1 적정한 정확성과 완벽성 그리고 정밀성을 가지고 결과를 기술하자 / 65
3.4.2 결과표 만들기 / 66
3.4.3 결과표를 사용하여 대안 비교하기 / 70
3.4.4 결과를 설명하는 기술을 연마하자 / 72

3.5 절충 ························78
3.5.1 열세인 대안을 찾아내고 제거하자 / 80
3.5.2 균등교환을 이용해 절충하자 / 83
3.5.3 균등교환 방법의 응용 / 84
3.5.4 균등교환을 위한 현실적 조언 / 86

3.6 결정에 따르는 불확실성 ························91
3.6.1 불확실성의 성질 / 92
3.6.2 올바른 결정과 좋은 결과를 구별하자 / 93
3.6.3 불확실성이 포함된 결정을 단순화하기 위해 위험개요를 사용하자 / 95
3.6.4 위험개요는 어떻게 만드나? / 97
3.6.5 위험개요를 결정나무로 표현하자 / 106

3.7 연계 결정 ························109
3.7.1 연계결정은 복잡하다 / 110
3.7.2 미리 계획함으로써 올바르게 연계결정 내리기 / 112

3.7.3 연계결정을 분석하기 위한 여섯 단계를 따라가자 / 113
3.7.4 유연한 계획을 위해 선택의 여지를 남겨두자 / 118

4. 그래도 알아두어야 할 것들 ······121

4.1 확률 ······122
4.1.1 확률의 기본개념 / 123
4.1.2 확률의 특성과 형태 / 125
4.1.3 확률변수 및 기대가치 / 125
4.2 통계적 방법 ······127
4.2.1 과거자료에 의한 예측 / 127
4.2.2 표본자료를 이용한 판단 / 130
4.3 효용이론 ······131
4.3.1 기대가치 / 133
4.3.2 효용 / 134
4.4 기대효용이론 ······137
4.4.1 규범적 이론 / 138
4.4.2 기술적 이론 / 138
4.5 한정된 합리성 ······140

5. 체험직감해법 ……………………………………………141

5.1 무지기반 의사결정 ……………………………………144
5.1.1 알아보기 체험직감해법 / 144
5.1.2 무지가 증권시장에서도 통할까? / 149

5.2 한 근거에 의한 의사결정 ……………………………160
5.2.1 한 근거에 거는 도박 / 160
5.2.2 최소 근거주의 / 163
5.2.3 마지막 취하기 / 165
5.2.4 최선 취하기 / 166

5.3 기억 및 추정 ……………………………………………169
5.3.1 기억: 사후궁리 편향 / 169
5.3.2 빠른 추정 / 178

5.4 배우자 찾기에서의 만족조건 최소화 ………………186
5.4.1 지참금을 이용한 모의실험 / 188
5.4.2 다음 최선 취하기 / 192
5.4.3 상호 순차적 배우자 찾기 / 194

6. 조직 내 결정의 6가지 수칙 …………………………203

6.1 출처로 가기 ……………………………………………206
6.1.1 규칙 1: 정례화 하라 / 207
6.1.2 규칙 2: 영구 출처를 개발하자 / 210
6.1.3 규칙 3: 누가 몰고 있는지 알아내라 / 214
6.1.4 규칙 4: 공감은 필수 / 218

6.2 무엇이든 마음대로 말할 수 있게 하자 ······················221
6.2.1 규칙 1: 전반적 참여 / 224
6.2.2 규칙 2: 뒤로 미루기 금지 / 224
6.2.3 규칙 3: 의견의 다양성을 찾자 / 225
6.2.4 규칙 4: 묵살을 막자 / 227
6.3 위험의 두려움을 정복하자 ···228
6.3.1 규칙 1: 무엇이 진짜로 위험을 끌어들이나? / 231
6.3.2 규칙 2: 영리하게 위험을 추구한 사람들을 보상하라 / 232
6.3.3 규칙 3: 물에 뛰어들기 전에 물을 검사하자 / 233
6.3.4 규칙 4: 위험을 이겨내는 환경의 조성 / 234
6.3.5 규칙 5: 좋은 것이 아니라 훌륭한 것을 추구하는 문화 / 237
6.4 미래상을 일상의 안내자로 삼자 ·······························238
6.4.1 규칙 1: 비전을 바르게 이해시키자 / 241
6.4.2 규칙 2: 미래상을 구체적 목적들로 전환시키자 / 242
6.4.3 규칙 3: 융통성을 갖자 / 243
6.5 목적을 가지고 귀 기울이기 ······································244
6.5.1 규칙 1: 옳은 질문을 하라 / 246
6.5.2 규칙 2: 전제에 도전하자 / 247
6.5.3 규칙 3: 시행자를 기억하자 / 248
6.6 투명하자 ···249
6.6.1 규칙 1: 일관성을 지키자 / 251
6.6.2 규칙 2: 중대한 결정을 극적으로 표현하자 / 252
6.6.3 규칙 3: 후속조치를 잊지 말자 / 252
6.6.4 규칙 4: 사후분석을 하자 / 253

7. 올바른 의사결정자 되기 ······257

7.1 시작하기 ······260
7.2 중요한 것에 집중하자 ······264
7.3 공격플랜을 만들자 ······264
7.4 복잡성을 조금씩 벗겨내자 ······266
7.4.1 단계적으로 결정내리기 / 266
7.4.2 축소하고 확대하라 / 266
7.4.3 일관된 결정 묶음을 비교하자 / 267
7.4.4 적절한 상세 수준을 선택하자 / 268
7.5 막히지 말자 ······268
7.6 언제 그만둘지를 알자 ······270
7.7 조언자를 현명하게 사용하자 ······271
7.8 기본적 의사결정원칙을 설정하자 ······272
7.9 의사결정 스타일을 조율하자 ······273
7.10 의사결정을 떠 맞자 ······274
7.11 이 책에서 무엇을 얻을 수 있을까? ······279

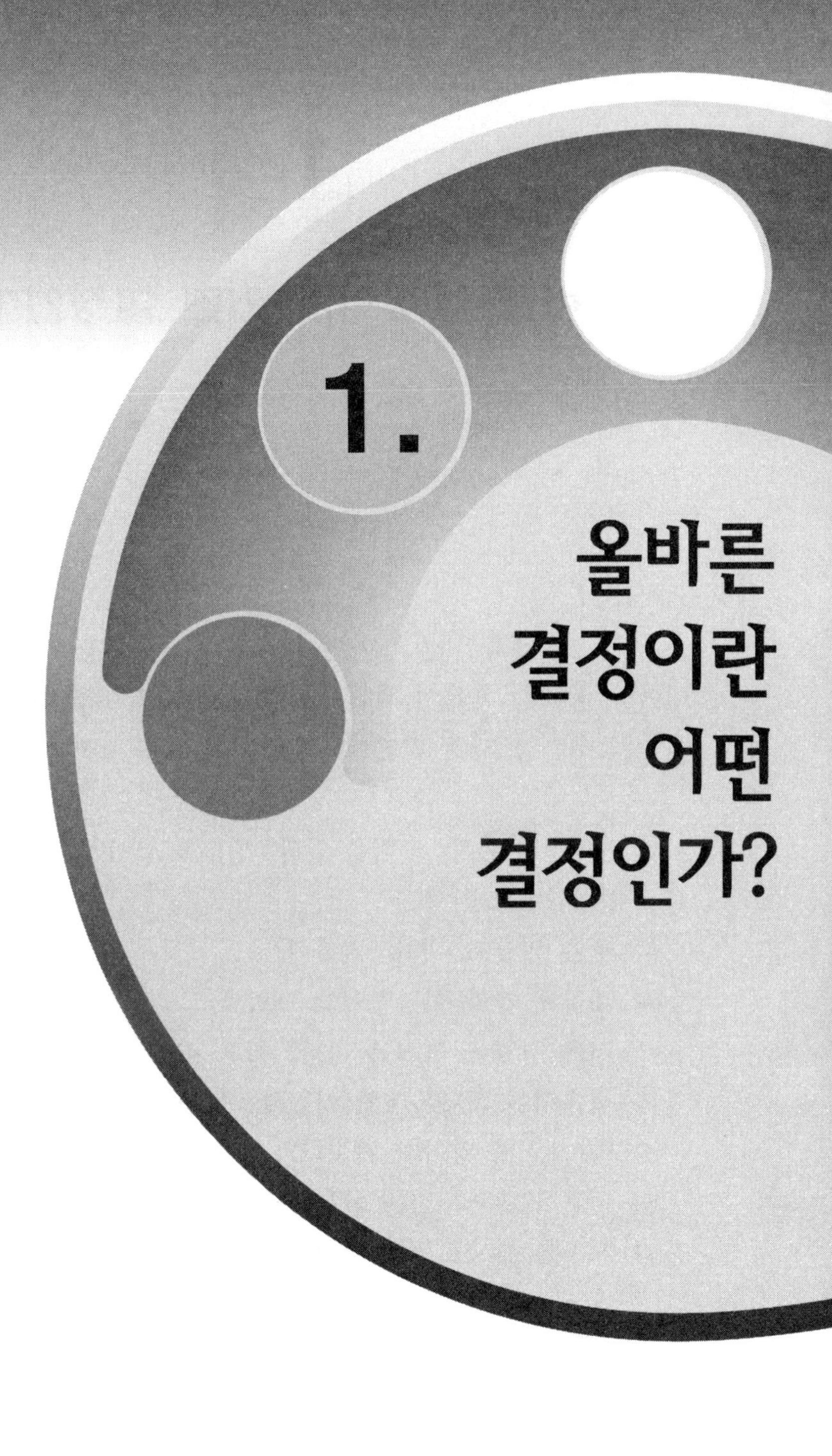

1. 올바른 결정이란 어떤 결정인가?

1.

올바른 결정이란 어떤 결정인가?

우리는 일생동안 중요한 결과가 뒤따르는 수많은 결정을 내려야한다. 우리는 혼자서 책임지고 해결해야 할 어렵지만 도전의식을 북돋우는 문제에 직면한다. 몇 가지 예를 들어보자.

- ㅇ 커피를 마실까? 크림을 탈까? 밀크를 탈까? 흑설탕을 탈까? 인공감미료를 탈까?
- ㅇ 빵을 먹을까? 밥을 먹을까?
- ㅇ 대학에 가야 하나? 어느 대학에 그리고 전공은?
- ㅇ 어떤 직업을 가져야 하나? 어떤 직장에 취업할까?
- ㅇ 결혼해야 하나? 어떤 사람과? 누구와?
- ㅇ 아이는 몇 명이나 가질까?
- ㅇ 어디서 살까? 집은 단독주택? 아파트?
- ㅇ 저축을 투자로 돌려야 할까? 펀드에? 부동산에?

커피를 마실 때 당신이 잘못 선택했다고 그것이 큰 문제가 되지는 않지만 위의 질문 중 대부분은 우리들의 일생과 경력을 특징짓게 하며 이들 질문에 대한 우리의 대답이 우리가 살고 있는 사회와 세상에서 우리의 위치를 결정하게 된다. 우리가 학생, 부하직원, 상사(上司; boss), 시민, 배우자, 부모, 개인으로써 담당하는 역할에서 우리의 성공은 우리가 내리는 결정에 달려있다 하겠다.

저축을 투자로 돌릴 때 잘못 결정을 한다면 당신은 큰 손실을 입을 수도 있다. 의사결정상 오류를 범함으로써 젊은이들이 은퇴를 위한 저축을 줄일 수도 있고 의사들이 종양을 잘못 진단할 수도 있으며 CEO가 파멸적인 투자를 하게 할 수도 있으며 정부가 불필요한 전쟁을 일으키게 할 수도 있다. 그러므로 우리의 건강, 복리, 장래 생활보장을 위해 우리는 결정을 올바르게 내리도록 우리를 훈련하여야 할 것이다.

결정이 이렇게 우리 생활에 크나큰 영향을 줌에도 불구하고 우리가 얼마나 우리들의 결정의 질을 높이려 그리고 얼마나 그것을 향상시키려 노력하는지를 생각해볼 때 한마디로 매우 비관적일 수밖에 없는 것이 우리의 현실이다. 대학과정에서도 의사결정 과정이 얼마나 소홀히 다루어지고 있는가? 대부분의 사람들에게 왜 그런 결정을 내리게 되었는가를 물었을 때 자신 있게 대답할 사람이 얼마나 있을까?

어떤 결정은 아주 명백하여 쉬운 결정일 것이다. 그러나 우리가 살아가는 동안 만나게 될 중요한 결정의 대부분은 쉽거나 명백한 해답이 없는 어렵고 복잡한 것이다. 뿐만 아니라 그 결정들은 당신에게만 영향을 주는 것이 아니라 당신의 가족, 친구들, 동료직원들, 그리고 알려진 또는 안 알려진 많은 사람들에게 영향을 준다. 달리 말하면 올바른 결정을 내린다는 것은 우리가 얼마나 잘 우리들의 책임에 대처하며 우리의 개인적 그리고 직업상의 목표를 달성하는가의 가장 중요한 결정요인이다.

그러나 우리들 대부분은 어려운 결정을 내리기를 두려워한다. 힘든 결정은 높은 이해관계와 심각한 결과가 걸린 결정이라고 정의할 수 있다. 많고 복잡한 고려사항들이 내포된 결정 또한 어려운 결정이라 할 것이다. 나아가 어려운 결정을 내리는 데는 걱정, 의심, 혼동, 오류, 후회, 손실 등등이 따르게 된다. 이와 같은 곤란 때문에 우리는 때로는 빠르게 때로는 느리게 또는 독단적으로 결정을 내리게 된다. 그 결과 성공을 운에 맡기는 신통하지 않은 결정을 내리게 되는 수도 있다. 그리하여 나중에야 우리가 더 좋은 결정을 내릴 수도 있었는데 하고 깨닫게 되는데 이때는 이미 버스가 지나간 다음인 것이다.

결국 이러한 곤란은 우리가 어떻게 잘 결정을 내리는가를 모르기 때문이다. 우리들 삶에서 의사결정이 매우 중요함에도 불구하고 우리들 대부분은 이에 대해 훈련 받지 못하고 경험에 의지하고 있다. 그러나 경험은 비용이 많이 들며 비능률적인 선생님이어서 좋은 습관뿐만 아니라 나쁜 습관도 가르쳐 준다. 결정을 내리는 상황은 곧잘 변하기 때문에 하나의 중요한 결정을 내린 경험이 다음 결정에는 별로 소용이 없을 수도 있다. 우리가 내리는 결정들 사이의 관련성은 우리가 무엇을 결정하는가가 아니라 우리가 어떻게 결정하는가에 달려 있다. 우리의 결정의 질을 높이는 길은 최선의 의사결정 과정을 거치는 방법을 배우는 것이다. 다시 말해 질이 좋은 결정, 올바른 결정은 시간, 돈, 및 에너지 등을 최소로 소비하면서 최선의 결정을 내릴 수 있는 결정과정을 거치는 결정이라 할 수 있겠다.

올바른 결정, 질이 좋은 결정이란 무엇이며 누가 이를 판정하는가? 이에 대한 답은 명확하지 않지만 결국 결정한 사람이 판단 내리게 될 것이다. 결정이 잘 내려졌는지 잘못 내려졌는지는 결정을 내린 사람이 판단 내리게 될 것이다. 또한 당신이 누구인지, 당신이 어떤 사람인지, 당신이 어떤 위치에 있는지, 당신이 얼마나 성공하였는지, 당신이 얼마나 행복한지 등은 아주 많은 부분 당신이 내린 결과일 것이다.

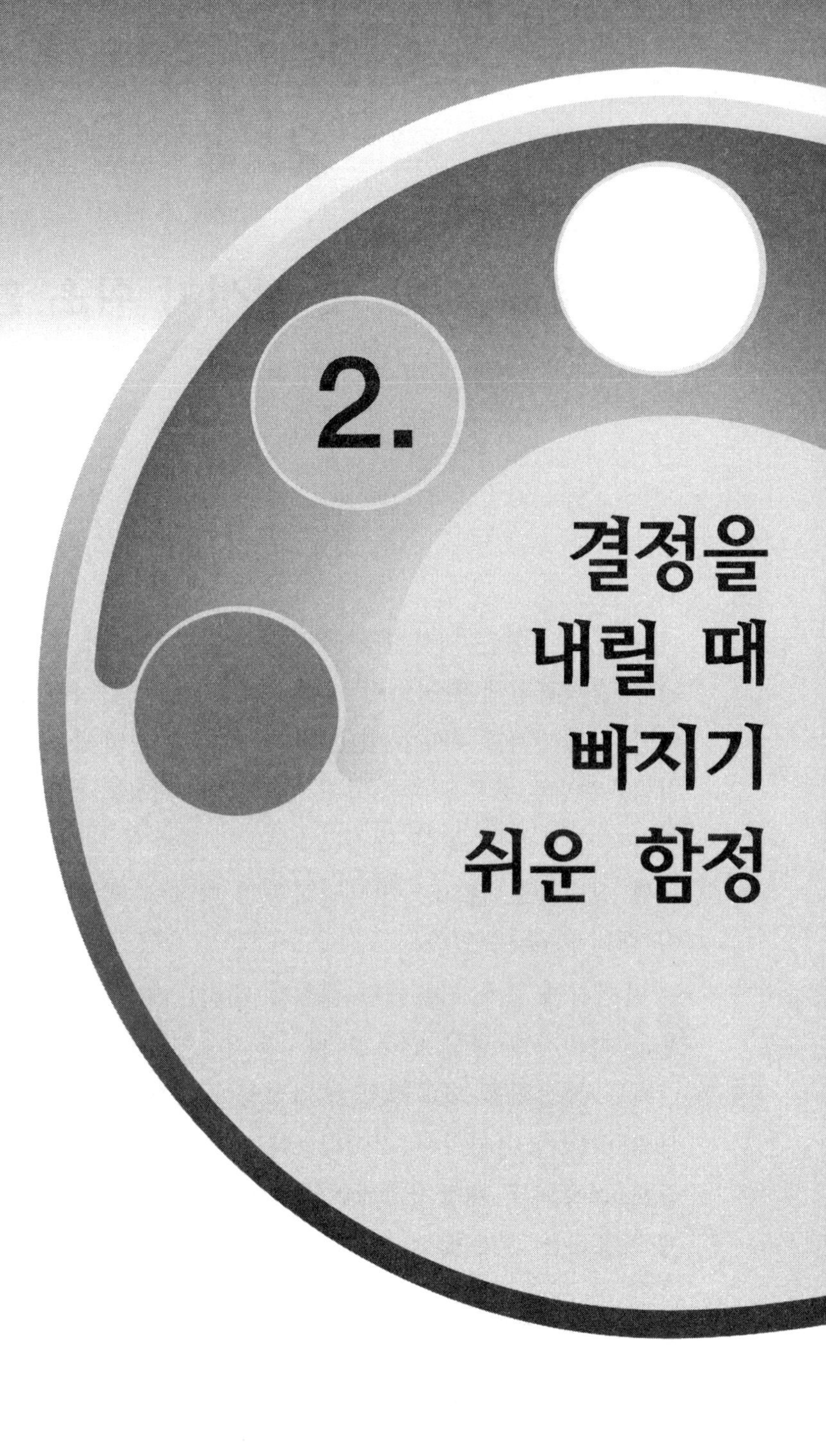
2.
결정을
내릴 때
빠지기
쉬운 함정

2.

결정을 내릴 때 빠지기 쉬운 함정

여기서는 좋은 의사결정 과정을 살펴보기 전에 우선 우리가 왜 나쁜 결정과정에 빠지는지 알아보기로 한다. 결정하기 전에 어떤 대안이 있는지를 확인하고 그 대안들을 분명하게 정의하지 못하거나, 올바른 정보를 수집하지 못하거나, 비용과 이득을 명확하게 평가하지 못하면 좋은 결정을 내리지 못하게 될 것이다. 그러나 나쁜 결정과정 말고도 의사결정자의 마음에 의해서도 나쁜 결정이 내려질 수도 있다.

반세기에 걸쳐 이루어진 결정을 내리는데 우리 마음이 어떤 작용을 하는지에 관한 연구결과는 우리들이 대부분의 결정을 따라다니는 복잡성을 피하려고 무의식중에 무의식적으로 늘 하던 일상의 방식을 따른다는 것이다. 이들 방식은 크게 대부분의 경우 좋게 적용되는 체험직감해법(體驗直感解法; heuristic)[1]과 나쁘게 작용하는 편향(偏向; bias)[2]으로 분류된다. 여기서는 나빠지게

1) 강성안, 불확실성하 의사결정(두남), p.587.

하는 함정을 이야기하는 자리이니 편향을 개관하게 될 것이다. 편향은 요컨대 선입견 또는 편견을 의미하는 것으로 일종의 고정관념에 의한 오류라 요약할 수 있다. 또 다른 함정은 우리들의 생각 속에 자리 잡는 단순한 비이성적인 변칙이다. 이들 함정들이 위험한 것은 그것들을 볼 수 없다는데 있다.

이제부터 우리들의 결정의 기반에 손상을 주는 심리적 함정들을 검토하고 이들 함정의 원인 및 조짐과 함께 이에 대한 대비책을 살펴보기로 한다.

2.1 액자효과

액자효과는 같은 그림이라도 액자가 달라짐에 따라 그림의 평가가 달라지는 것과 같은 것으로 정보가 제시되는 방법에 따라 또는 결정을 도출하는 절차에 따라 결정이 달라지는 것을 뜻한다. 의사결정 이론에서는 이것을 의사결정의 규범을 위반하는 것으로 보며 액자효과를 불변성 위반[3]의 하나로 본다. 예를 들어 설명해 보기로 하자.

2) 강성안, 위의 책, p.611.
3) 강성안, 위의 책, p.540.

예 2.1.1

당신의 아버지가 폐암 진단을 받았다고 치자. 의사는 수술을 하면 치료될 수 있다고 하는데, 수술은 위험하며 지금까지의 예로 보아 30%는 사망한다고 한다. 당신은 아버지가 수술 받도록 하겠는가?

예 2.1.2

당신의 아버지가 폐암 진단을 받았다고 치자. 의사는 수술을 하면 치료될 수 있다고 하는데, 수술은 위험하며 지금까지의 예로 보아 70%는 회복된다고 한다. 당신은 아버지가 수술 받도록 하겠는가?

위의 두 예는 실질적으로 똑같은 것이다. 차이는 "30%의 사망"과 "70%의 회복"뿐이다. 그럼에도 불구하고 예 2.1.2의 대답이 예 2.1.1의 대답보다 많다는 것이 실험의 결과이다. 똑같은 질문을 표현을 달리함으로써 다른 결과가 나온 것이다. 액자효과인 것이다. 부정적 결과보다 긍정적 결과에 더 의사결정자가 마음이 끌린 결과라고 볼 수 있다.

예 2.1.3

당신은

가. 100만원을 받은 뒤 50만원을 더 받는다.

나. 100만원을 받은 뒤 50%의 확률로 100만원을 따는 티켓을 받는다.

예 2.1.4

당신은

가. 2백만원을 받은 뒤 50만원을 돌려준다.

나. 2백만원을 받은 뒤 50%의 확률로 100만원을 잃는 티켓을 받는다.

위의 두 예도 기대가치(期待價値; expected value)란 면에서 똑같다. 50만원의 기대가치를 받는 티켓과 잃는 티켓이 다를 뿐 기대가치는 150만원으로 같다. 이 실험의 결과도 예 2.1.3을 택한 사람이 많았다. 이 결과에서 사람들이 부정적 표현보다 긍정적 표현에 더 마음이 끌린다는 것을 알 수 있다.

예 2.1.5

당신은 각각 50%로 50만원을 잃거나 70만원을 따는 복권을 받아들이겠는가?

예 2.1.6

당신의 예금 잔고가 200만원인데 이 잔고를 각각 50%의 확률로 150만원 또는 270만원으로 바꾸겠다는 제안을 받아드리겠는가?

이 예에서도 예 2.1.5의 제안보다 예 2.1.6의 제안을 더 많이 받아들인다. 이 결과는 두 예에서 기준점이 다른데 기인한다. 예 2.1.5에서는 기준점이 0으로서 득실의 변화를 강조하고 있어 많은 사람들의 마음속에 손실이라는 생각이 생겨 보수적인 반응을 보이게 된데 반하여 200만원의 준거점으로 말미암아 결정의 생생한 재무적 영향을 강조하게 됨으로써 사물을 넓게 보게 된 것이다.

[대비책]

ㅇ 자신이 만들었든 다른 누가 만들었든 간에 무의식적으로 받아들이지 말고 언제나 여러 가지 방식으로 재구성해 보고 액자효과에 의한 왜곡이 있는지 살펴보자.

- o 다른 기준을 혼합하여 구성한다든지 다른 기준점을 아우른다든지 하여 중립적이고 폭넓게 문제를 제기하도록 하자.
- o 문제의 구성을 바꾸면 생각이 바뀌지 않을까 생각해 보자.
- o 다른 사람은 문제구성을 어떻게 하는지 알아보고 왜 그렇게 구성하였는지 따져보자.

2.2 과신(過信; overconfidence)[4]과 신중(愼重; prudence)

예측하거나 추정함에 있어 우리는 별로 신통치 않으면서 그 추정이나 예측이 정확하다고 과신하는 경향이 있다. 그러한 과신은 잘못 판단하여 옳지 않은 결정을 내리게 하는 원인이 된다. 미국의 우주왕복선 챌린저(challenger)의 발사를 예로 들 수 있는데 그 왕복선이 25번째 임무 수행 중 폭발하기 전 나사(NASA) 공식발사 팀의 위험추정치는 10만번의 발사 중 한 번의 비극적 실패이었다. 이 위험추정치는 대략 왕복선을 하루에 한 번씩 발사하면 3세기에 한번 사고가 날 것이라고 기대하는 것이다.

일반적으로 많은 정보가 자신감을 높이지만 실제로는 정보의

4) 강성안, 위의 책 p.108.

증가가 정확도를 기대만큼 높이지 못한다. 정확도와 자신감 사이의 관련성에 관하여 다음과 같은 결론을 내린 많은 연구가 있다.

가. 정확도가 우연수준(偶然水準; chance level)에 가까울 때 과신이 제일 크다.

나. 정확도가 50%에서 80%로 증가함에 따라 과신은 줄어들며 일단 정확도가 80%를 넘어서면 자신감 부족에 빠진다. 다른 말로 하면 정확도가 대략 80%일 때 정확도와 자신감도와의 차가 최소가 되며 정확도가 이 수준에서 벗어날수록 더 커진다.

다. 정확도와 자신감 사이의 불일치는 의사결정자의 지능과 무관하다.

[대비책]

- 과신은 판단이 어렵거나 자신감이 최고조일 때 가장 크므로 이런 경우 특히 주의해야 한다.
- 정확할 확률에 0.9가 할당된 모든 판단의 90%가 정확하며 0.8의 확률이 할당된 모든 판단의 80%가 정확하고 0.7의 확률이 할당된 모든 판단의 70%가 정확할 수 있도록 훈련한다. 그 한 가지 방법은 단순하게 자신감 점수와 올바른 판단의 전반적 비율이 같도록 하는 것이다. 예를 들어 의사결정자가 일반지식 항목에서 평균 80% 자신감을 보이지만 그 항목의 60%만 정확하다면 그 의사결정자는 20% 지나치게 자신하고 있는 것이다.

- 100% 자신감을 더 낮은 수준으로 낮출 필요가 있다. 특히 어떻게 행동할지를 예측할 때 그렇다.
- 무엇보다도 한 답에 대하여 최고조로 자신감이 느껴진다면 다른 답이 맞을지도 모를 이유가 있는지 생각해보자.
- 예측할 때 예측 되는 범위의 양 극단에서부터 시작하자.

과신에 반대되는 함정이 신중(愼重; prudence), 즉 지나친 조심이다. 우리가 큰 이해관계가 걸린 결정을 내려야할 때 우리는 추정이나 예측을 할 때 신중을 기하는 쪽을 택한다. 어떤 제품을 설계할 때 그런 상황이 일어날 가능성이 극히 적은데도 불구하고 최악의 경우들을 상정하여 물건을 만들게 되는 경우 있다. 이런 경우 아무 실익이 없음에도 불구하고 원가가 크게 추가되어 심한 신중함이 그렇지 않은 만큼 위험하다는 것을 보여준다. 예를 들어 무기를 개발할 때 필요이상의 성능을 갖추도록 하는 것이 군비경쟁을 유발하는 역효과를 내기도 한다.

[대비책]

항상 추정치를 솔직하게 천명하고 그 추정치를 사용할 사람들에게 그것이 조정된 것이 아니라는 것을 설명하자. 추정치의 영향을 평가하기 위하여 온당한 범위 안에서 검사가 이루어지도록 하자.

2.3 정착(定着 ; anchoring)

정착은 닻 내리기라고 말할 수 있는데, 예를 들어 우리가 어떤 제품의 5년 후 수요를 예측할 때 작년 수요를 제일 먼저 떠올리고 이를 늘리거나 줄여 정하게 되는 경우가 많다. 이를 결정이론에서는 정착과 조절(anchoring and adjustment)[5]이라고 하며 가장 두드러진 치수나 양상을 정착 점(定着 點; anchor)으로 하여 다른 특성을 설명하도록 위 아래로 조절한다는 것이다.

이 방법은 합리적으로 보이지만 큰 결함이 있는데 사람들이 불충분하게 조절한다는데 있다. 작년의 수요와 같은 최초의 숫자가 의사결정자의 마음에 작용하여 충분히 움직일 수 있도록 하지 못하게 하는 것이다. 이른바 정착함정(anchoring trap)인 것이다. 다음과 같은 예도 있다.

예 2.3.1

다음 질문에 어떻게 대답할 것인가?

가. 중국의 인구는 10억보다 많을까? 실제 인구는 얼마일까?

나. 중국의 인구는 15억보다 많을까? 실제 인구는 얼마일까?

실험에 의하면 가의 질문을 받은 사람보다 나의 질문을 받은 사람이 더 큰 답을 내놓는다. 이는 10억이라는 숫자와 15억이란

5) 강성안, 위의 책, p.573.

숫자에 영향을 받은 것이다. 사람의 피부색이 정착 점으로 작용할 때 심각한 오류가 발생하고 복장이 판단에 정착 점으로 작용하기도 한다.

[대비책]

- 정착효과를 알아차리고 문제를 다른 관점에서도 보도록 한다. 대안이 되는 시작점을 시도해 제일 먼저 떠오른 생각에 집착하지 말자.
- 하나의 값이 아니라 범위로부터 시작하여 정착점 함정에 빠지지 않도록 한다.
- 다른 사람에 의하여 정착되지 않도록 다른 사람의 의견을 듣기 전에 자신의 생각을 정리한다.
- 비관적 및 낙관적 예측, 최상의 및 최악의 경우 등등 복수의 정착 점을 사용한다.
- 정보수집 단계를 끝내기 전에 못보고 지나친 것이 없는지 되돌아 본다. 새로운 정보, 새로운 옵션(options), 새로운 기준 등등에 문을 열어두어 한 정착 점에 집착하지 말도록 한다.

2.4 시간지연(時間遲延; time delay)

즐거움 또는 단기적으로는 비교적 작은 고통이 장기적으로는 파괴적인 또는 치명적이기 조차한 결과를 만들 수 있다. 단기간의 결과와 장기간의 결과가 서로 다르기 때문에 결정에 영향을 주게 되는 다음의 상황을 생각해 보자.[6)]

★ 음주의 도취감과 다음 날의 숙취

★ 보호되지 않은 성(性; sex)의 순간적 즐거움과 미루어진 AIDS의 가망성과 원치 않은 임신

★ 사용 후 버릴 수 있는 제품의 편리성과 장기에 걸친 환경문제

★ 신용카드로 구매하기와 결제일의 지불곤란

이와 같은 상황에서 사람들이 단기간의 결과에 근거하여 결정을 내리는 경향은 매우 강한 현실이다.

[대비책]

지금의 결정이 뒷날 어떤 결과를 가져오는지 알면서도 반복하여 같은 결정을 내리는 자신을 냉철히 바라보아야 하고 두 말할 것 없이 장기간의 결과의 파괴성과 치명성을 심각하게 고려하여야 할 것이다.

6) 강성안, 위의 책, p.127.

2.5 무지(無知; ignorance)[7)]

시간지연의 함정에 걸린 사람들은 흔히 그들 결정의 먼 훗날의 결과를 알고 있다. 과식하는 사람은 통상 체중이 는다는 것을 잘 알며 흡연인은 때때로 담배를 "암 방망이"라고 부르기도 한다. 비만이나 암에 관한 경고가 시간지연 함정에는 별로 효과가 없다.

무지의 함정은 다르게 작동한다. 이들 함정에서 결정의 부정적 결과는 최초에는 이해되지도 예상되지도 않는다. 예를 들어 19세기에 애연가들은 담배가 암과 관련이 있다는 것을 몰랐으며 만일 이런 정보를 접할 수 있었다면 많은 사람이 담배를 피우지 않았을 것이다(물론 담배피우기는 아직도 시간지연 함정의 성질을 갖고 있으며 암과의 연관이 이제 잘 알려졌음에도 불구하고 수백만 명이 계속 이 함정에 걸리고 있다).

예를 들어 보자. 대학생이 졸업할 때야 비로소 자기가 택한 전공이 생각보다 전망이 밝지 않은 분야라는 것을 깨닫게 되는 경우가 있다. 그가 전공을 결정할 때는 장래 이 전공분야가 인기 있는 분야였으므로 졸업할 때의 상황을 몰랐던 것이다. 매력을 느껴 사랑하고 결혼한 후 상대의 몰랐던 성격이나 이력을 알게 되어 후회하는 경우도 있다.

무지 함정의 특히 비극적인 예가 미국농업에서 살충제 의존의 이야기이다. DDT와 같은 합성유기 살충제가 1940년대에 소개되었을 때 그것들이 병충해로부터 수확을 보호하기 위한 효과적인 방법인 것 같았다. 이들을 사용할 수 있게 된 직후 미국농부들은

---

7) 강성안, 위의 책, p.128.

해충통제를 위한 선택으로 그것을 채택하였다.

그리고 난 후 두 개의 예상하지 않은 일이 일어났다: (1) 새들과 다른 벌레들이 죽기 시작하였고, (2) 벌레들은 사용된 화학제품에 저항력을 갖게 되었다. 병충해는 증가하기 시작하였다. 새로운 살충제가 발명되었으나 저항력 있는 해충의 변종이 다시 나타났다.

수십 년 동안 이 전쟁은 미국의 농장에서 지속되었으나 화학무기의 새로운 라운드는 오로지 그 이상의 병충해(病蟲害; pestilence)를 유발하였을 뿐이다. 병충해로 인한 미국수확의 손실률은 1950년에서 1974년 사이에 두 배가 되었다. 그리고 University of California의 곤충 학자에 의하면 California에서의 가장 심한 농업해충 25종 중 24종이 살충제가 유발하거나 악화시킨 것이었다. 매년 살충제 1억파운드 이상이 미국에서 사용되었으며 야생식물, 채소, 수로 및 인간 안전의 유해물이 되었다.

[대비책]

- ㅇ 세상은 끊임없이 변한다는 기본 인식이 필요하다. 우리나라 사회의 지난 50년간의 변화를 생각해보자. 현재는 변화의 출발점일 뿐이다.
- ㅇ 인터넷이나 책 또는 TV를 통해 전문가와 소통하도록 하여 사회현상의 여러 분야 지식을 접하도록 하자.
- ㅇ 경험이 있는 사람에게 자문을 받도록 하자.

ㅇ 결정을 한 후에는 그에 따르는 상황의 변화를 항상 면밀히 관찰 기록하여 평가하고 빠져나와야 하는지를 예의 주시하자.

2.6 투자함정(投資陷穽; investment traps)[8]

먼저 들어간 시간, 돈 또는 다른 자원의 소비가 사람들로 하여금 그런 소비가 없다면 하지 않을 선택을 하게할 때 일어난다. 결정연구의 어법으로 매몰비용효과(埋沒費用效果; sunk cost effect)의 결과다. 매몰비용이란 이제는 돌이킬 수 없는 지난날의 시간 또는 돈의 투자를 말한다. 우리는 이성적으로 매몰비용이 현재의 결정과 관련이 없다는 것을 알지만 이 매몰비용이 우리의 마음을 사로잡아 우리로 하여금 부적절한 결정을 하게 한다. 예를 들어 당신이 당신의 오래된 차 엔진에 고장이 있어 250만원의 비용을 들여 수리를 한지 얼마 안 있다 변속기가 못쓰게 되어 이를 수리하는데 150만원이 들게 되었다. 정비소 기술자는 차가 오래되어 수리비가 자꾸 들 터이니 100만원에 처분하고 새 차를 사는 것이 나을 것이라고 한다. 이 때 대부분의 사람들은 앞으로 있을 수리비의 지출보다는 이미 지출한 250만원이 아까워 150만원을 들여 수리를 한다. 여기서 250만원의 수리비가 매몰비용으로 작용한 것이다. 다음과 같은 미국에서의 실험결과도 있다. 일단의 피험자들에

8) 강성안, 위의 책, p.129.

게 다음과 같은 질문을 주었다.

예 2.6.1

항공사의 사장으로써 당신은 한 연구프로젝트에 회사 돈 천만 불을 투자하였다. 목적은 재래식 레이더로는 탐지되지 않는 비행기를 제조하는 것이다. 프로젝트의 90%가 완료되었을 때 다른 회사가 레이더로 탐지되지 않는 비행기를 판매하기 시작하였다. 또 이 비행기가 당신의 회사가 제조하고 있는 비행기보다 훨씬 더 빠르고 경제적이라는 것이 분명하다. 질문은: 당신은 남은 연구자금 10%를 당신의 레이더 탐지불능 비행기를 완성하기 위하여 투자하여야 하나?

라는 질문에 피험자의 85%가 완성될 비행기가 이미 시장에 나온 다른 비행기보다 성능이 떨어짐에도 불구하고 그 프로젝트를 완료하여야 한다고 답하였다. 한편 다른 그룹의 피험자들에게는 이미 들어간 투자에 관한 이야기를 빼고 질문하였는데 그들의 단지 17%만이 프로젝트에 계속 투자해야 한다고 답하였다. 천만불의 매몰비용이 그 차이를 가져온 것이다.

이와 같은 현상의 배경으로 사람들이 자신의 결정이 잘못된 것이었다는 것을 인정하기 싫어한다는 것을 들 수 있다. 자동차 수리의 경우 250만원으로 엔진을 수리하지 않고 처분하는 결정을 잘못하였다고 시인하기 싫은 것이고 연구투자도 안해야 하였을 것이라고 인정하기 싫은 것이다. 더구나 전임자가 연구투자를 결정한 것이라면 그 결정의 바꿈에서 오는 위험을 피하려 할 것이다.

[대비책]

- 최초의 결정에 관여하지 않은 사람 그리고 그 일의 성공을 위해 헌신하지 않을 사람들의 의견을 찾고 귀 기울이도록 하자.
- 앞서의 잘못을 인정하는 것이 왜 나를 압박하는지 알아보자. 자존심의 문제라면 정면으로 대응하자. 아무리 좋은 결정도 당초의 의사결정자의 잘못과 상관없이 나쁜 결과를 가져올 수 있다는 것을 명심하자.
- 부하직원이 내린 결정이나 제안에 의해 추진되는 일에 매몰비용효과에 빠진 것이 없는지 찾아보고 임무의 재배치를 고려하자.
- 직원들의 과오를 계속하게 만드는 실패를 두려워하는 문화를 경계하자. 사람들을 포상함에 있어서도 결과의 질 만이 아니라 그 결정이 내려질 때 알려졌던 것도 감안하여 의사결정의 질도 고려하도록 하자.

2.7 현상(現狀; status-quo) 안주[9)]

당신이 부모로부터 점포를 한 채 물려받았다고 하자. 당신은 이 점포를 세금을 내지 않도록 매각하고 우량주식을 구매할 수 있다. 그렇지만 당신은 아마도 대부분의 사람처럼 점포를 고집할

9) Havard, Business Review on making smart decision, p.7.

것이다. 사람들은 변화보다는 현상이 편안하다. 그들은 말한다. 나중에 라고 그렇지만 나중은 언제나 나중이다.

대부분의 의사결정자들은 현재의 상태를 영속시키는 대안을 향한 강한 편향(偏向; bias)을 가지고 있다. 폭넓은 잣대로 보아 근본적으로 새로운 제품이 나올 때마다 이 편향이 작용하고 있음을 본다. 예를 들면 말없는 마차라고 불리어진 첫 번째 자동차가 그것이 대체한 마차와 아주 비슷하였다.

여러 실험을 통해서도 현상에의 끌림을 볼 수 있다. 한 예를 보면 일단의 구릅에 두 가지 선물 중 하나 – 반은 장식된 머그잔을 그리고 반은 커다란 스위스 초콜릿 바를 무작위로 나누어 주고난 뒤 그들에게 선물을 다른 선물로 쉽게 바꿀 수 있다고 말해주었다. 결과는 10명 중 한 명만이 바꾸었다. 몇 분전에 인위적으로 형성되었음에도 불구하고 현상이 그 힘을 발휘한 것이다.

[대비책]

무엇보다도 어떤 결정문제에서 현상유지가 최선의 선택인지모르지만 그것은 현상이므로 그것의 선택을 원하지 않는다고 생각하자. 현재의 유혹을 다음과 같은 기법으로 뿌리치자.

- 언제나 우리의 목적을 상기하고 그 목적과 현상이 어떤 점에서 합치되는지 조사하자. 아마도 현재의 요소들이 목적들과 양립할 수 없음을 알게 될 수도 있다.

- 현상을 유일한 대안으로 생각하지 말자. 다른 옵션을 알아내고 이를 균형추(均衡錘; counterbalance)로 삼자. 그리고 그것들의 득실을 따져보자.
- 그것이 현상이 아닐지라도 그것을 택할 것인지 스스로에게 물어보자.
- 현상을 바꾸는데 드는 노력이나 비용이 과장되지 않았는지 살펴보자.
- 현상을 엄격하게 검정하자. 단순히 현상이 어떤 것인지를 다른 대안들이 어떤 것일지와 비교하지 말자. 사물은 현상과 함께 변할 수 있다.
- 만일 몇 개의 대안이 현상보다 분명히 우월하다면 최선의 것을 골라내기 위해 어려운 시간을 보냈으므로 현상을 소홀히 하지 말고 스스로 어떻게든 하나를 선택하자.

2.8 점진적 악화(惡化; deterioration)

이 함정은 비용과 이득이 시간이 지남에 따라 변하는 것 이외에는 투자의 함정과 비슷하다. 처음에는 결정의 보상을 받는 과정이 점점 적게 강화되거나 오히려 벌을 받게 될 때 생긴다.

악화 함정의 상징적인 예가 마약중독이다(마약중독은 시간 늦추기 함정과 무지의 함정이라고 간주될 수도 있지만). 첫째 해로

인 사용자는 그 약이 즐거움을 준다는 것을 안다. 그러나 시간이 지남에 따라 그들은 내성이 증가한다. 그리하여 같은 느낌을 얻으려면 더 많은 투여가 필요하게 되고 최후에는 도취감을 맛보기 위해서보다는 오히려 금단증상을 피하기 위하여 그 약을 취하게 된다. 즐거운 경험으로 시작된 것이 의존 증의 악몽으로 바뀐다.

같은 과정이 "살충제 중독"에서도 크게 작동된다. 살충제의 사용은 무지의 함정으로 시작될 수도 있지만 부분적으로는 악화 함정으로 계속된다. Bio-Science에 실린 보고서에 의하면 살충제 의존은 다음과 같이 작동한다.

예 2.8.1

살충제의 지속기간이 다를 수 있다. 벌레로 인한 수확량감소가 크게 줄어든다. …… 그러나 결국에는 일차적, 부차적, 또는 살충제-유발에 의한(insecticide-induced) 해충의 저항력만 키워 주게 된다. 이 문제 때문에 살충제를 추가(다변화)하고 바꾸게 되지만 대체된 물질들은 …… 일반적으로 오래 가지 못하고 같은 효과를 얻기 위해서는 더 자주 사용하여야만 하게 된다. …… 계속해서 살충제를 사용함에 따라 그들의 문제는 더욱 커진다.

[대비책]

ㅇ 무지의 함정에 대한 대비책도 마련하자.

ㅇ 결정에 따르는 시간과 비용의 한도를 정하자.

ㅇ 같은 함정에서 빠져나오려는 사람들과 경쟁하자.

2.9 기억의 강도

민간 항공기의 정기항로에서 사람들이 사망한 충돌을 일으킨 비행기록이 무작위로 선택된 확률은 얼마일까요? 아마도 당신은 실제보다 훨씬 높은 확률을 갖고 있을 것이다. 우리나라의 통계수치는 없지만 미국의 예로 MIT에서의 연구인들이 제시한 통계에 따르면 약 10,000,000번 중 한번일 뿐이다.

사람들은 사건의 확률을 경험을 통해 우리가 기억할 수 있는 것으로부터 추리하기 때문에 사람들은 사람들이 죽은 항공사건과 같이 우리의 기억에 깊은 인상을 심어준 극적인 사건에 과도하게 영향을 받을 수 있다. 이러한 사건들은 언론에 크게 취급되므로 드물지만 비극적인 사건의 확률이 과장되는 것이다. 우리가 언젠가 교통사고를 당한 경험이 있을 때 우리는 교통사고에 실제보다 높은 확률을 갖게 될 것이고 친척 중에서 암으로 사망한 사람이 있을 때 암 사망 율이 실제보다 아주 높다고 생각하게 될 것이다.

두말할 것 없이 사건들의 기억을 왜곡하는 어떤 것도 앞으로 그 사건이 일어날 확률을 잘못 추정하게 만들 것이다.

[대비책]

- ○ 장래의 일을 예측할 때마다 기억에 의한 왜곡에 빠지지 않도록 우리의 전제들을 따져보자.
- ○ 가능한 한 통계를 구하도록 노력한다. 그것 이외의 길이 없지 않다면 기억에 의존하지 말자.
- ○ 직접적인 통계를 구할 수 없을 때는 예측하려는 사건을 분해하여 예측하는 방법을 강구한다. 예를 들면 항공사고율을 추정할 때 항공사고의 횟수와 연간 운항횟수를 따로따로 추정하여 계산하는 것이다.

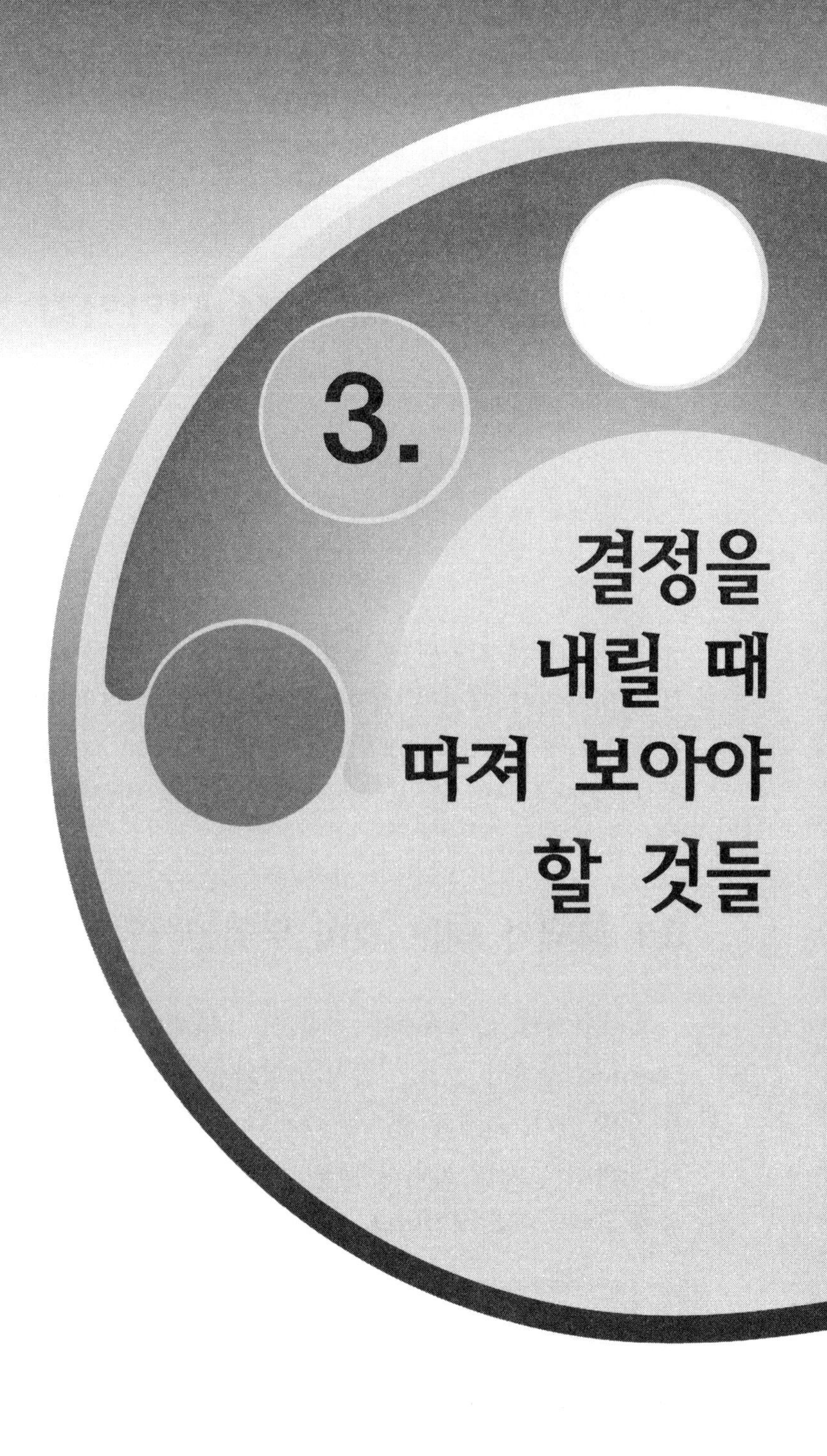
3.
결정을
내릴 때
따져 보아야
할 것들

3.

결정을 내릴 때 따져 보아야할 것들

우리는 앞에서 올바른 결정이란 시간, 돈 및 에너지 등을 최소로 소비하면서 최선의 결정을 내릴 수 있는 결정과정을 사용한 결정이라 정의하였다. 합리적인 결정을 위해서 우리는 제일 먼저 의사결정에서 최소한 꼭 있어야 할 단계를 알아보기로 한다.

3.1 문제가 되는 것이 무엇인가?[10)]

의사결정은 문제해결을 지향한다. 문제의 확인(確認; identification) 과정이 없이는 결정은 불가능하며 나아가 필요하지 않을 수도 있다. 문제가 없으면 결정도 없다. 문제의 존재를 정의하기 위하여 문제를 가지고 있는 개인이나 집단(의사결정자)이 있어야 한다. 이들 개인이나 집단은 하나의 목적을 소유하여야 한

10) Hammond, Keeny, & Raiffa, Smart decision, p.15.

다. 이를 목표, 기준(基準; norm), 척도(尺度; yardstick), 표준(標準; standard) 또는 목적이라 부른다. 요컨대 원하는 결과이다. 이 결과(結果; result)는 달성되는 것이 아니라 문제를 해결함으로써 만들어지는 것이다.

당신은 사려 깊고 면밀하게 검토된 결정을 내릴 수 있지만 잘못된 결정 문제를 풀게 되면 당신은 올바른 결정을 내리지는 못할 것이다. 당신이 문제를 천명하는 방법에 따라 결정의 틀이 잡힐 것이다. 그 틀에 의해 당신이 고려할 대안들과 그 대안들을 평가하는 방법이 정해질 것이다. 올바르게 문제를 제기하는 것이 나머지 모든 것의 방향을 잡을 것이다.

결정을 문제로 만들어내는 데 있어 조심하여야할 것은 태만(怠慢; laziness)에 빠지는 것이다. 문제를 알기 쉬운 방식으로 또는 마음속에 불쑥 떠오르는 대로나 과거에 늘 했던 대로 하는 것은 쉬운 일이다. 그러나 쉽다는 것이 반드시 최선은 아니다. 문제를 바르게 이해하기 위해서는 우물 안에서 나와 창조적으로 생각할 필요가 있다.

우리는 어렵고 복잡한 사정을 다루어야 하기 때문에 결정을 내린다. 우리는 진퇴양난의 갈림길의 곤경에 빠지게 되면 그곳에서 빠져나가는 길을 찾아야 한다. 그렇지만 문제가 항상 어려운 일만 시키는 것은 아니다. 실은 문제를 창조적으로 천명함으로써 우리는 그것을 기회로 바꿀 수 있으며 매력적이고 유용한 새 대안을 찾아낼 수도 있다. 사정이 아무리 나쁘다 할지라도 이 상황에서 무엇을 얻어낼 수 있을까? 여기에서 어떤 기회를 찾아낼 수 있을까? 라고 스스로에게 자문해 볼 필요가 있다.

모든 결정문제에는 그 배경에 착수하게 된 계기가 있다. 갑자기 큰 눈이 옴으로써 누구의 도움을 받아 어떤 도구를 사용하여 눈을 치울 것인지 하는 결정문제가 생기게 된 것이다. 상사의 지시에 따라 신제품 개발계획에 들어있는 제품들 중에서 개발에 착수할 제품을 선정하게 되기도 한다. 아내의 뇌졸중이 음주량을 줄이는 결정의 계기가 되기도 한다. 대부분의 계기는 타인(상사)이나 우리가 통제할 수 없는 상황(갑작스런 폭설)으로부터 나온다.

그러나 외부로부터의 압력에 의해 결정을 하지 않으면 안 되게 될 때 까지 기다려야 한다는 법은 없다. 우리가 주도권을 갖고 문제가 생기기 전에 스스로 결정상황을 만들어냄으로써 기회를 창출할 수 있다. 상사의 지시가 아니라 스스로 개발 계획안을 만들어 제출하기로 결정하는 것도 한 가지 길이다.

3.2 결정의 목적은 무엇인가?[11)]

결정문제가 잘 정리되면 바로 결정을 내릴 것이 아니라 결정의 목적이 무엇인가를 깊이 생각해야만 한다. 구체적으로 원하는 것, 필요로 하는 것, 목표로 하는 것 등등을 따져 보아야 한다. 이를 통하여 우리가 취할 수 있는 대안들을 비교 평가하는 토대를 마련할 수 있다. 다른 말로 하면 결정의 기준을 갖게 되는 것이다. 예를 들면 개인의 경우 기대이익의 극대화나 전쟁의 경우 비용뿐만 아니라 불안(不安; discomfort), 고통, 손실 등의 최소화와 같은 것을 들 수 있다. 이들 목표에는 금전적 이득이나 손실로 나타낼 수없는 것도 있다.

---

11) Hammond, Keeny, & Raiffa, 위의 책, p.29.

우리의 목적을 낱낱이 파악함으로써 우리는 한 쪽으로 치우치는 결정을 피할 수 있을 것이다. 예를 들면 직장을 택함에 있어 급료에만 치우치지 않고 장래성이나 개인적 성취도 함께 고려하게 된다. 나아가 모든 목적을 갖추는 과정에서 우리는 새롭고 더 좋은 대안을 발견하게 된다.

목적은 개인의 경우 매우 사적, 회사의 경우 회사 중심적이지만 옳은 일이 아닐 수도 있다. 우리의 결정에 따라 설정된 결정이 우리의 가족, 종업원, 지역사회 나아가 국가에 대한 우리의 관심을 보여 주어야 한다. 번역가의 경우 인기 있는 외국작가의 소설을 번역하여 베스트셀러가 되었다면 같은 외국작가의 최근작 소설을 번역하는 것이 안전하고 수입도 보장하여 줄 공산이 크다. 그러므로 동일한 작가의 최근작 소설을 번역하기로 하였다면 번역의 목적은 안전한 수입이 된다. 그러나 관심 분야의 확대를 통한 번역가로서의 경력관리, 실용도서의 번역을 통한 사회에의 공헌 등등의 다른 목적을 고려하여 건강관련 도서를 번역할 수도 있는 것이다. 비록 수입에 대한 보장을 조금 희생하더라도 보다 넓고 앞을 내다본 현명한 결정을 내리게 되는 것이다. 결과적으로 목적이 결정의 안내자 역할을 한다 할 것이다.

이를 조금 더 구체적으로 말하면 목적이 첫째 어떤 정보를 찾아내야 하는지를 알게 하여준다. 둘째로 왜 이런 결정을 내리게 되었는가를 설명하여 준다. 그리고 마지막으로 목적은 그 결정이 얼마나 중요한가를 알려주며 결과적으로 그 결정을 내리는데 얼마나 많은 시간과 노력을 투입할 만한가를 계산할 수 있게 하여준다.

이와 같이 중요한 작업인 목적을 설정함에 있어 사람들은 너무 범위를 좁게 잡음으로써 예컨대 무형의 그리고 주관적 목적을 무시하고 유형의 그리고 양적인 목적에 집착한다든지 하여 그들이 어디로 가기를 원하는지를 잊어버리게 된다. 장기적인 것(안락한 은퇴생활)보다는 단기적인 것(현재의 즐거운 생활)을 강조하게 되는 것이 한 예이다.

왜 이런 일이 생길까? 첫째로는 대부분의 사람들이 목적을 구체화하는 일에 시간과 노력을 너무 적게 사용한다는 것이고 둘째로는 그 일을 제대로 하기가 쉽지 않다는 것이다.

사람들은 그들이 원하고 필요로 하는 것이 무엇인지 이미 다 안다고 느끼는 경향이 있다, 깊은 생각 없이 그들의 문제를 풀어줄 것처럼 보이는 하나의 대안을 바로 택하고 다음 단계로 넘어간다. 나중에 일이 예상보다 나쁘게 나타났을 때에야 그들은 목적들을 제대로 이해하지 못하였다는 것을 알게 되지만 때는 이미 늦은 것이다.

목적들은 아주 잘 정돈된 일람표(一覽表)로 불쑥 나타나는 것이 아니다. 사람들은 자신이 원하는 것을 알고 있다고 생각할지 모르지만 실제로 그들의 바람은 다른 사람들이 가지고 있는 바람들 밑에, 사회의 기대 및 규범 밑에, 일상생활의 관심사 밑에 잠복에 있을 지도 모른다.

중요한 결정을 위해서는 깊은 자기분석만이 우리에게 진정으로 문제되는 것이 무엇인지를 밝혀줄 것이다. 이와 같은 자기반성적인 노력이 많은 사람들을 괴롭히고 불편하게 만든다. 그러나 우리들이 겉으로 들어난 목적들의 표면 밑을 끈질기게 탐색하면 할수록 우리들은 궁극적으로 더 좋은 결정을 내리게 될 것이다.

그렇다면 어떻게 잘 정돈된 목적들의 일람표를 얻을 수 있을까? 이는 기술이라 할 수 있지만 체계적으로 습득할 수 있는 기술이기도 하다. 여기서는 이를 다섯 단계로 나누어 살펴보기로 한다.

[1단계]

결정을 통해 말하고자하는 모든 관심사를 기록한다. 이 단계에서 유의해야 할 것은 필요한 만큼 몸부림을 쳐야한다는 것이다. 질서정연하지 못하다든지 주요 관심사와 사소한 관심사가 뒤섞여 있다든지 걱정할 필요가 없다. 질서정연은 창의성을 억제할 뿐이다. 일람표의 구체화를 위해 다음 기법을 참고하자.

- 원하는 것들의 일람표를 만들자.
- 있을 수 있는 최악의 결과를 생각하자.
- 결정이 다른 사람에게 줄 영향을 생각하자.
- 비슷한 상황에 있었던 사람들에게 그들이 결정을 내릴 때 무엇을 고려하였는지 물어보자.
- 비록 실현성이 없는 대안이라 할지라도 특별한 대안을 고려해 보자.
- 남에게 내리려 하는 결정의 정당성을 어떻게 설명할지 생각해 보자.

[2단계]

관심사를 여러 개의 간결한 목적들로 전환해 본다. 목적들을 가장 분명하고 쉽게 전달할 수 있는 방식은 "비용을 최소화 한다" "매상을 올린다"와 같이 하나의 목적어와 하나의 동사로 이루어진 짧은 문구이다. 좋은 대학에 진학하는 목적들에 어떤 것들이 있을까 나열하여 본다.

- 사회생활에 필요한 소양 쌓기
- 학교생활 즐기기
- 전공 학문 연마하기
- 학생활동 참가
- 교수 및 동문을 통한 학연 쌓기
- 지적 및 교양 수준의 향상
- 창조성의 개발

이렇게 나열해 보았지만 무언가 아직 부족하다고 생각하지 않는가? 다음과 같은 것은 어떨까?

- 학비의 최소화
- 통학거리의 최소화
- 학교에 대한 자긍심
- 스펙 쌓기
- 출세

[3단계]

기본 목적을 설정하기 위하여 수단과 최종 목표를 분리한다. 목적들의 리스트가 작성되면 우리는 이를 정리하여 체계화 하기를 원하게 된다. 하여야 할 일은 최종 목표에 이르기 위한 수단인 목적들(스펙 쌓기)과 그 자체로 최종 목표인 목적들(출세)을 구별하는 것이다. 왜 우리는 오염물질의 배출을 최소화 하려 할까? 오염물질의 최소화는 오염물질의 농도를 낮추기 때문이다. 오염물질의 농도를 왜 줄여야 하나? 사람들이 오염물질에 노출되는 것을 줄여주기 때문이다. 왜 오염물질에의 노출을 줄여야 하나? 오염물질에 노출되면 건강에 해롭기 때문이다. 이것이 환경청의 최종 목표이다. 여기서 오염물질의 최소화, 오염물질의 농도 감축, 오염물질에의 노출 축소는 수단이 되는 목적이고 오염물질의 배출 규제의 궁극적 목적은 사람들의 건강이다. 수단이 되는 목적과 궁극적 목적은 둘 다 의사결정 과정에서 중요하지만 다른 역할을 하기 때문에 이를 잘 살펴야 한다.

수단이 되는 목적은 대안을 만드는데 자극제가 될 수 있고 문제가 되고 있는 결정을 이해하는데 도움을 준다. 예를 들어 55세인 사람이 65세에 은퇴하기로 계획을 세웠다고 하자. 이 사람에게 두 개의 결정문제가 떠오른다. 하나는 은퇴자금을 어떻게 투자할 것인가 이고 또 하나는 은퇴 후 무엇을 할 것인가 이다. 첫째 문제의 궁극적 목적은 가능한 한 돈을 최대한 모으는 것일 것이다. 그러나 둘째 문제에서 돈은 수단이 되는 목적일 뿐이고 그의 궁극적인 목적은 질 높은 삶을 이루고 유지하는 것일 것이다. 여기서 이 사람은 많은 돈을 확보하는 것 이외에 자신의 삶의 질을 향상시키는 대안들을 생각하게 된다.

한편 궁극적인 목적만을 가지고 대안들을 평가하고 비교하여야 한다. 우리는 우리의 수단이 되는 목적을 이루기를 바라지만 따져보면 이는 단지 우리의 궁극적 목적을 이루기 위한 것이다.

[4단계]

각각의 목적이 갖는 의미를 분명히 한다. 이 시점에서 우리는 궁극적인 목적들의 구체적인 일람표를 완성하여야 한다. 이제 각각의 궁극적 목적에 대하여 이것이 실제로 무엇을 의미하는지 물어야 한다. 무엇이라고 물음으로써 우리는 우리의 목적들의 요소들을 분명하게 알 수 있게 되고 우리의 목적을 더 잘 이해하게 된다. 그리하여 우리는 우리의 목적을 더 자세하게 말하고 어떻게 거기에 도달할 수 있는지를 알게 된다. 나아가 선택의 시간에 이르렀을 때 우리는 목적이 달성되고 있는지를 평가할 준비를 갖추게 될 것이다.

[5단계]

일람표 상의 목적들이 우리의 관심사를 충분히 반영하고 있는지 검사해 보자. 우리의 목적들 하나하나를 명확하게 하고 나면 선택의 결과에 만족할 수 있을지 자문해 보자. 만일 그렇지 않다면 우리가 못보고 지나치거나 잘못 표현하였을 수도 있다. 또 하나의 검사방법은 우리의 목적들이 누군가에게 앞으로의 결정을 설명하는데 도움이 될 것인지를 보는 것이다. 우리의 목적을 가지고 결정 이유를 대거나 설명하는데 사용하기가 어렵다면 우리는 아마도 목적들을 다듬기 위하여 더 많은 시간을 보낼 필요가 있을 것이다. 무엇이 불분명한가? 무엇이 빠져있나? 이제 조금 더 현실적으로 접근해 보자.

목적은 개인적이다. 똑 같은 상황에 처해 있는 다른 사람들은 아주 다른 목적을 가질 수도 있다. 예를 들어 어떤 사람은 대학원 진학을 위하여 대학에 진학하고 어떤 사람은 취업을 위하여 대학에 진학한다.

목적은 데이터의 이용가능성이나 접근가능성에 의하여 제한되어서는 안 된다. 많은 사람들이 목적의 일람표를 작성할 때 잘못하여 목전의, 눈에 보이는, 잴 수 있는 특징에만 열중하지만 이리하여서는 문제의 본질을 반영하지 못할 수도 있다. 측정하기는 쉽지만 부분적으로만 관련되는 목적을 사용하는 것은 마치 가로등 아래서만 잃어버린 지갑을 찾는 것과 같다.

여기서 이사하려고 할 때 어떤 집을 구해야 하는지와 관련된 목적들을 다음과 같이 정리하여 보았다.

목적	부분목적
1. 좋은 위치	사회활동거리, 아이들 통학거리, 장보기 거리
2. 학교의 질	
3. 주변 환경	범죄, 교통, 놀이터, 운동시설
4. 주택품질	평수, 방의 수, 화장실 수, 부엌, 거실의 크기, 유지보수 비, 미관
5. 마당	넓이
6. 비용	집값

3.3 대안은 없나?[12)]

대안은 의사결정의 소재들이다. 대안은 우리가 목적을 추구하기 위하여 가질 수 있는 잠재적 선택들의 폭을 나타낸다. 그 중요성 때문에 우리는 대안을 만들어 내는데 높은 수준을 설정하고 유지하여야 한다. 다음 두 가지를 언제나 명심하여야 한다. 첫째 고려되지 않은 대안은 선택되지 않는 다는 것이다. 다시 말하면 언제나 한 번 더 생각해야 한다는 것이다. 둘째 우리가 얼마나 많은 대안을 가지고 있든 간에 우리가 선택한 대안이 제일 좋은 대안이 아닐 수 있다는 것이다. 즉, 좋은 새로운 그리고 창조적인

12) Hammond, Keeny, & Raiffa, 위의 책, p.45.

대안을 찾는 일은 아주 높은 보상을 받을 수 있다. 우리가 대안을 만들어 내는데 빠지기 쉬운 함정을 생각해 보자.

3.3.1 제한된 대안에 갇히는 함정

왜 우리는 우리가 가지고 있는 결정의 대안들을 별로 생각하지 않을까? 우리는 우리의 목적들을 알고 있다고 전제하는 것처럼 우리는 우리에게 주어진 옵션을 알고 있다고 전제한다. 결과적으로 너무나 많은 결정이 너무 좁은 좋지 않게 구성된 대안들의 집합에서 내려진다. 이들 모든 경우의 공통분모는 생각의 부족이지만 본질적인 문제는 많은 형태로 나타날 수 있다.

늘 하는 대로 하기

가장 일반적인 함정은 늘 하는 대로 한다는 것이다. 많은 결정이 먼저 있었던 다른 것들과 비슷하기 때문에 같은 대안을 선택하는 쉬운 길에 빠지는 것이다. 평소대로 하는 것은 게으름과 관습에 지나치게 의존하는 데서 오는 것이다. 대단치 않은 노력으로도 멋진 새 대안을 찾아낼 수 있다.

작고 무의미한 변화

때로는 새 대안이라는 것이 먼저 고안된 대안에 작고 별로 의미가 없는 변화를 준 것에 불과한 경우도 있다. 현상을 조금 비트는 것으로 끝내지 말자. 뒤로 물러서서 신선한 생각과 다른 관점을 반영하는 대안들을 개발하자.

기본적 대안에 기대기

많은 잘못된 결정이 언제나 사용할 수 있는 기본적 대안에 의지하는 것이다. 예컨대 우주공학을 전공한 사람이 아마도 충분히 찾아보지 못하여 이 분야에 일자리를 못 찾아 가업에 취업하는 것과 같은 것이다. 비록 처음에는 그렇지 않은 것으로 보일런지 몰라도 모든 결정문제가 복수의 대안을 가지고 있다는 것을 명심하자. 사람들이 "대안이 없다"라고 말할 때 그것이 뜻하는 것은 기본적 대안보다 좋은 대안이 없다는 것이다. 신선한 대안을 만들어내는 데는 집중된 생각이 필요하다.

가능한 첫 번째 해결책 택하기

맨 먼저 생각난 해결책을 택하는 함정이다. 조금만 더 찾아보면 더 좋은 해결책을 찾을 수 있을 것이다. 해결책 하나를 찾아냈을 때 그에 만족하지 않고 조금 더 노력하여 더 좋은 결과를 가져올 새로운 대안을 만들어내는 습관을 기르자.

다른 사람이 제시한 대안 택하기

다른 사람이 제시한 대안을 택함으로써 좋지 않은 결과를 초래하는 경우도 있다. 취업을 할 때 취업알선 회사의 추천에만 의존할 것이 아니라 자기 자신이 적극적으로 취업할 회사를 찾아보아 취업알선 회사가 추천한 회사와 비교해야 하지 않을까?

늦춤으로써 최선의 대안 놓치기

휴가여행 계획을 늦춤으로써 가장 좋은 비행기 예약이 끝나버린 상황을 상상해 보자. 건강을 챙기는 일을 늦추면 몸 상태가 너무 나빠져서 손을 쓸 수 없게 되는 수도 있다. 주요 결정은 일찍 착수하고 일을 떠 맡아야 함을 명심하자.

3.3.2 더 좋은 대안을 만들어내는 기법

좋은 대안들을 만들어내는 일이 힘들다고만 할 수는 없지만 시간과 생각을 필요로 한다. 여기서 몇 가지 기법들을 정리해 본다.

🗗 목적달성 방법에서 방향을 찾자

우리의 목적이 우리의 결정을 몰아가기 때문에 목적들을 좋은 대안을 찾기 위한 안내역으로 사용하자. 설정한 목적을 어떻게 달성할까 자문해 보자. 수단목적들과 기본적 목적들을 망라하여 그 각각에 대하여 따로따로 달성방법을 생각해 보자.

우리는 "왜"라고 물음으로써 수단을 떠나 목적에 도달할 수 있다. "어떻게"라는 물음이 우리를 목적에서 수단으로 되돌아 오게 하고 우리를 대안으로 안내해 준다. 결국 대안은 궁극적인 수단이다. 예를 들어 우리가 새 지역에 배송센터를 마련하기로 계획을 세웠다고 하자. 여기서 우리의 기본목적은 이 센터의 운영을 최대한 빨리 개시하는 것이다. 그러면 어떻게 이를 달성할 것인가? 우선 개설허가를 최대한 빨리 취득하는 것일 것이다. 그렇다면 어떻게 허가를 빨리 취득할까? 그 지역의 규제와 관료들을 잘 아는 변호사를 고용하는 방법이 있다. 이것이 대안인 것이다.

제약조건에 도전하자

결정문제들은 우리의 대안을 제한하는 제약조건을 가지고 있다. 일부 제약조건은 실재하는 것이고 일부 제약조건은 실재한다고 생각하는 것이다. 누가 자동차 매장에서 맘에 드는 차를 발견하였으나 하나의 문제가 있다. 그의 차고의 길이가 4m인데 차의 길이가 4.5m라는 것이다. 여기서 차고의 길이는 실재하는 제약조건이다. 그러나 약간의 창의성을 발휘하면 그는 그의 실재하는 제약조건에서 벗어날 수 있다. 그는 그의 차고를 1m 늘릴 수 있을 것이고 아니면 다른 곳에 주차할 수도 있을 것이다.

실재한다고 생각하는 제약조건은 실재하는 제한이라기 보다는 정신적인 제한을 나타낸다. 영업직을 뽑을 때 통상적인 방식은 외부의 후보자는 고려하지도 않고 사내에서 뽑는 것이다. 이 통상적 방식은 생각하는 제약조건이며 대안을 찾는데 있어 무시되어야 한다. 우리가 모든 실행 가능한 대안들을 확실하게 조사하기위해서 우리는 전통과 습관의 구속에서 벗어나야 할 것이다.

어떤 제약조건이 존재하지 않는다고 생각하도록 하고 그 제약조건이 없음을 반영하는 대안들을 만들어 내자. 만일 그렇게 만들어낸 대안이 아주 마음에 든다면 아마도 우리는 그것을 실현 가능하게 만드는 방법을 생각해 낼 수 있을 것이다. 한 전력회사가 새로운 발전소를 건설하기로 하였는데 충분한 냉각수를 확보하기 위하여 수로 근처에 건설되어야 한다고 추정되었다. 이 제약조건을 따르는 모든 대안들은 1조5천억 이상의 비용이 들뿐만 아니라 커다란 환경문제를 야기하게 된다. 환경운동가의 압력 하에서 이 전력회사는 수로 근처 건설이라는 제약조건을 제외시키고 그 제약조건들을 새로운 각도에서 보기로 하였다. 스스로 만들어낸 구속에서 벗어나 회사는 물을 그다지 멀지 않은 거리인 20km를 펌프로 퍼 나르면 되는 내륙의 입지를 찾아낸 것이다. 결과는 비용은 1조2천억을 들이면서 아주 작은 환경훼손만을 야기한 것이다.

⊞ 목표수준을 높게 설정하자

좋고 관습에 억매이지 않는 대안을 찾으려면 이룰 수 없을 것으로 보이는 목표를 설정하는 것이다. 높은 목표수준은 우리로 하여금 현상을 조금 바꾸어 적당히 넘어가기보다 전혀 새로운 방식으로 생각하게 만든다.

1980년대 말 많은 회사들이 지원부서 직원의 수를 줄임으로써 원가절감을 추구하였다. 일반적 목표수준은 15 내지 20%의 원감 절감이었다. 지금까지 수동이던 공정을 자동화함으로써 일부회사는 바라는 금액에 이르기까지 원가를 줄일 수 있을 만큼 인원을 해결할 수 있었다. 자기들의 경쟁사가 50%의 절감목표를 설정하였으며 그 목표를 달성하였다는 사실을 알기까지는 이들 회사는 만족하였다. 새로운 방식으로 생각하게 됨으로써 이들 회사는 지원부서의 기능 일부를 전적으로 외부에 위탁하게 되었으며 회사의 구조를 바꾸게 된 것이다. 높은 목표수준이 우리의 사고영역을 확장한다.

⊞ 우리 자신의 생각을 먼저 하자

대안에 대하여 다른 사람과 상담하기 전에 우리의 마음에 무제한의 자유를 주자. 천진난만한 우리의 독창적 아이디어가 충분히 형성되기 전에 다른 사람의 아이디어와 판단에 노출될 때 억제될 수도 있다. 아는 것이 병일 수 있으므로 우리 자신의 독창성을 잠시 동안 풀어놔 두자. 일단 다른 사람 특히 당면한 문제의 전문가의 논리에 말려들어 가면 우리 자신의 생각은 익기도 전에 끼어보지도 못하고 제외될 수도 있다.

⊡ 경험에서 배우기

우리는 역사에 얽매일 것이 아니라 역사로부터 배워야 한다. 다른 사람들이 비슷한 상황에서 어떻게 행동하였는지를 알아보자. 그리고 비슷한 결정을 내린 일이 있다면 그 당시 창안하였던 대안들을 다시 생각해 보자. 그렇다고 옛날의 대안들에 한정하지 말자. 우리는 "늘 하던 대로" 함정에 빠져서는 안 된다.

⊡ 다른 사람에게 조언 구하기

결정에 관하여 그리고 대안들에 관하여 스스로 충분히 생각하였다고 끝낼 것이 아니라 추가적인 관점을 얻기 위하여 다른 사람의 조언을 구해야 한다. 문제에서 떨어져 있는 사람들은 우리가 가지기 쉬운 관념적 정서적 훼방을 받지 않고 문제를 더 정확하게 볼 수 있다. 바둑을 두는 사람보다 훈수를 드는 사람이 수를 더 잘 본다고 하지 않는가. 그러나 문제와 직접적인 연관이 없는 분야의 사람들로부터 조언을 구하는 것이 더 유효할 수 있다.

다른 사람이 주는 특정한 아이디어 자체도 중요하지만 조언을 구하는 과정에서 우리의 결정에 관하여 이야기하면서 설명하기 위하여 우리의 생각을 다듬으면서 그리고 질문에 대답하면서 얻는 자극 또한 중요함을 명심하자.

☐ 잠재의식이 작동할 시간을 주자

몇 번인가 잠드는 동안 또는 목욕을 하는 동안 좋은 생각이 떠오른 일이 있을 것이다. 우리의 잠재의식이 문제를 뒤집어 좋은 생각이 솟아오르게 한 것이다. 잠재의식이 이런 일을 하게 하기 위해서는 시간과 자극이 필요하다. 가능한 한 바로 결정문제에 관하여 생각을 시작하여 이를 마지막 순간까지 물리지 말자. 일단 시작하였으면 잠재의식에 자극을 주기 위하여 생각하는 습관을 갖자. 그러면 무엇인가를 간파하게 되는 보상을 받게 될 것이다. 간파된 순간 이들을 바로 적어 두자. 상세한 것은 쉽게 잊어버리게 된다.

☐ 대안을 먼저 만들고 그 평가는 뒤에 하자

좋은 대안을 만드는 일에는 받아들이는 마음 – 포괄적이고 억제되지 않은, 그리고 아이디어에 대해 열려있는 마음이 필요하다. 하나의 아이디어가 또 다른 아이디어로 이끈다. 더 많은 아이디어를 접할수록 좋은 아이디어를 찾아낼 가능성이 커진다. 좋은 아이디어와 더불어 나쁜 아이디어도 분명히 등장한다. 그것은 필연의 과정이며 이 시점에서는 걱정해서는 안 될 일이다. 아이디어를 만들어내는 동안에는 대안들을 평가하지 말자. 평가가 과정을 더디게 하고 창조성을 약화시킨다. 누가 봐도 확실한 지름길이라 할지라도 치명적인 결함이 있을 가능성이 있을지라도 하나의 대안이라도 리스트(list; 일람표)에서 빠지게 해서는 안 된다. 그 대안의 어떤 측면이 충분히 빼만하다면 뒤에 그 부적당함을 제거하려는 노력을 할 가치가 있다. 평가는 대안의 폭을 좁힌다. 이 단계에서 우리의 과제는 가능한 한 많은 대안을 제기함으로써 그 폭을 넓히는 것이다.

囝 대안 찾기를 멈추지 말자

결정과정이 결과(結果; consequences)와 절충(折衷; tradeoffs)을 고려하는 단계, 평가의 단계로 옮겨감에 따라 결정문제는 점점 더 분명하게 되고 정밀하게 정의(定義; define)될 것이다. 흔히 평가가 기존의 대안 중에서 지름길을 찾아낼 것인데 이것들이 결과적으로는 더 좋은 대안이 될 수도 있다. 우리의 마음과 눈을 열어 놓아야 한다.

다음 상황을 상상해 보자. 작은 해수욕장이 있는 해안에 천연가스 터미널 건설을 허가하는 문제이다. 터미널의 위치와 설계에 많은 대안이 있지만 그들 중 제일 좋다는 대안도 인근 지역사회에 사망자가 생기는 심각한 사고의 위험을 가져올 수 있다. 분석결과 위험의 대부분이 여름 주말에 발생한다는 것이다. 이때에 이 작은 만(灣)에 유람선이 붐비고 해변은 해수욕객으로 가득 찬다. 분석에 근거한 가능성이 있는 최선의 대안은 간단한 방법으로 수정되었다. 터미널에서의 배 운항을 여름 주말에는 중지하는 것이다. 수정된 대안은 기본적으로 문제점 없이 공공의 위험을 75%나 줄이는 것이다.

3.3.3 대안을 문제에 맞추기

어떤 옷매무새가 어떤 사람에게 잘 어울리는 것처럼 특정한 부류의 대안이 결정문제의 특정한 부류에 잘 맞을 수 있다. 예를 들어 대부분의 투자 결정에서 불확실성과 위험(危險; risk)이 한 결정의 결과를 결정하는 중요한 역할을 할 때 다변화와 헤징(hedging; 분산대비－分散對備)과 같은 수단을 통하여 위험을 줄이는 대안을 추구할 수 있다. 예를 들면 과정대안, 두루 좋은(win-win) 대안, 정부수집(情報蒐集; information gathering) 대안, 및 시간벌기(time-buying) 대안 등이 특정한 부류의 문제에 특별히 어울릴 것이다.

🄵 과정대안(過程代案; process alternatives)

이상하게 보일지 모르지만 때로는 명쾌한 선택보다 과정이 최선의 대안이 된다. 두 사람 중에서 한사람을 택해야 할 때 어느 한 사람을 택하는 것은 너무 냉정하므로 동전던지기를 통해 정하는 것이다. 적어도 동전던지기는 공정하다고 생각하게 하여 준다.

과정대안은 상충하는 이해관계가 걸려있는 결정의 공정성을 보장하고 오랜 기간의 관계를 유지하고 발전시키는데 도움을 줄 수 있다. 기타 익숙한 과정대안에는 다음과 같은 것이 있다.

- 투표(voting)
- 구속력 있는 조정(binding arbitration)
- 최소한의 필요조건 설정을 위한 표준화된 검사 점수
- 밀봉입찰(密封入札; sealed bid)
- 경매(競買; auction)

과정대안을 만들어내기 위해서 우리는 우선 선택할 모든 기초 대안의 목록을 작성하여야할 것이다(예를 들면 회장을 뽑으려면 후보자 명단을 작성하여야 한다). 그 다음으로 최선의 대안을 선별하기 위한(무기명 비밀투표와 같은) 바른 과정기법(過程技法; process mechanism)을 마련해야 한다.

七 두루 좋은 대안

때로는 대단한 대안을 고안하는 것이 문제가 아니라 우리의 결정이 누군가의 승인이 필요하다는 것이 문제라는 것이다. A씨는 의과대학 교수이다. 그는 지금 일생에 딱 한번 있을까 말까 하는 기회 – 아프리카 오지 병원에서의 자원봉사를 기회로 활용하기 위해 휴가를 신청하기로 결정하였다. 학장이 의사결정자로 허가하여 주어야 하는데 학장은 그럴 의향이 없다. 학장의 마음을 바꾸기 위하여 A씨는 그 자신의 목적을 충족하면서 학장의 관심을 불러일으킬 대안이 필요하다.

그런 대안을 만들어 내는 길은 물러서서 그의 결정 문제를 분석하는 것이다. 학장의 목적은 무엇이며 A씨는 학장과 그 자신 두 사람 다에 이득이 되는 두루 좋은 대안을 만들어내기 위하여 그 목적을 어떻게 이용할 수 있을까? 학장은 그간에 수술로봇을 도입하기로 결정하였는데 학장은 이일에 A씨가 적합하다고 판단하고 있다고 하자. 이때 A씨가 앞으로 6개월간 야간 및 주말 작업을 포함하여 로봇도입을 성공적으로 완수하겠다고 제안하면서 휴직을 제안하여 학장이 휴직을 허가한다면 둘 다에 좋은 결과가 될 것이다.

누군가의 결정문제의 대안을 나의 것과 일치하게 만드는 것은 – 두루 좋은 대안을 만들어내는 것은 일조이석과 같은 것으로 경제적이고 만족스러운 그리고 일이 이루어지도록 만드는 것이다.

㉰ 정보수집(情報蒐集, information-gathering) 대안

정보는 일부 결정에 맴돌고 있는 불확실성의 구름을 걷어내는 데 도움을 준다. 예를 들면 의사는 진단에 관한 불확실성을 줄이기 위하여 환자의 병력(病歷; history), 진찰 및 검사로부터 정보를 모은다. 사업체는 새 제품의 성능에 대한 모든 기대를 충족시킨다는 것을 보장하기 위하여 그 신제품의 시험제작원형(試險製作原型; prototype)을 만들어 검사함으로써 정보를 얻는다. 좋은 정보는 좋은 결정을 의미한다.

결정에 영향을 주는 불확실성이 있을 때 각각의 불확실성을 줄이기 위해 필요한 정보를 수집하기 위한 대안을 만들어내는 것이 도움이 된다. 우선 불확실성의 출처가 되는 분야를 열거(列擧; list)한다. 이어서 각 분야에 대해 소요되는 정보를 모으기 위한 방법을 열거한다. 이들 방법 각각이 한 개의 정보수집 대안이 된다. 때때로 대안들은 예측할 수 있는 비용과 정확성을 가지고 쉽게 확정된다. 비교쇼핑(comparison shopping)과 의료진단이 그 예이다. 그러나 다른 경우에 우리는 우리의 필요에 맞추어 정보수집 대안을 설계할 필요가 있다. 예를 들면 전화설문조사(telephone poll)와 광고용 우편물조사(direct mail survey) 그리고 시장검사(市場檢査; market test)[13]의 우열(優劣; relative merits) 및 비용효율성(費用效率性; cost effectiveness)을 평가하는 것이다.

13) 사람들에게 신제품이나 서비스를 시험적으로 사용하게하고 의견을 제시하게 하는 것.

타 시간벌기(time-buying) 대안

"오늘 할 수 있는 일을 내일로 미루지 말라"라는 말은 의사결정을 위해 좋은 원칙이다. 그러나 대부분의 원칙과 마찬가지로 예외가 있을 수 있다. 결정을 미루는 것이 결정문제를 더 잘 이해하고 중요한 정보를 수집하며 복잡한 분석을 해내는 시간을 마련하게 하여줄 수도 있다. 결과적으로 불확실성을 분산시키고 위험을 줄일 수도 있다. 때로는 여분의 시간이 모든 지금의 대안들보다 훨씬 좋은 새 대안을 만들어 내게 할 수도 있다.

그러나 결정을 미루는 것은 대가를 치러야 한다. 일부 대안은 그 사이에 사라질 수도 있다. 예를 들어 보아둔 몇 대의 중고차가 매장에 돌아 왔을 때는 이미 팔려나갈 수도 있다. 어떤 대안은 악화되어 있을 수도 있다. 시장을 조사하면서 신제품의 출하를 늦추는 동안 경쟁자가 들어오게 될 수도 있다. 타협안으로 부분적인 책임만을 지게 함으로써 전적인 책임을 피하려는 지연(遲延: delay)의 문제점을 피할 수 있다. 제주도에 별장을 사는데 결심이 생기지 않을 때 정가로 살 옵션(option)이 있는 별장을 2년간 임대하기로 결정할 수도 있다. 시간벌기 대안인 이 임대가 별장을 소유하기 전에 정말 그 집과 지역을 좋아하는지를 결정할 기회를 준다.

당장 정하기가 불편할 때는 마감기한(deadline)에 의문을 제기하자. 그 기한이 진짜 마감기한인가 아니면 단지 추정된 제한(制限; constraint)인가? 기다림의 장단점은 무엇인가? 장점이 단점보다 많다면 시간벌기 대안을 찾아보자. 그러나 조심하자. 미루어진 제안이 정말로 이득인가를 확인하자. 이를 단순히 마음 편하지 않은 또는 힘든 결정을 피하기 위하여 사용하지 말자.

3.3.4 대안 찾기를 끝낼 시기

"완벽한 해법은 거의 없다"는 불행한 진실이다. 그러나 이것이 많은 사람들이 끊임없이 그리고 비현실적으로 완벽한 해법들 추구하지 못하게 하지 않는다. 대안을 설계하여 제시함에 있어 주의 깊고 철저를 기하는 일은 중요하다. 그럼에도 불구하고 대안에 대해 강박관념을 가질 필요는 없다. 대안을 설계한다는 일에는 필요 이상의 시간과 정신적 및 정서적 에너지가 들어갈 수도 있다.

끝낼 때가 언제인지를 어떻게 알 수 있을까? 우리는 발견된 대안의 질(質; quality)과 이에 주어지는 노력의 균형을 잡을 필요가 있다. 옳게 균형을 맞추기 위하여 다음 질문에 자문자답 해보자.

예 3.3.4.1

- 3.3.2에 열거된 기법을 사용하여 대안들에 관하여 깊이 생각하였나?
- 현재 있는 대안 중 하나를 마지막 결정으로 만족하는가?
- 다양한 대안을 가지고 있는가? 일부 대안들은 뚜렷하게 다른 것과 차이가 나는가?(대안들이 모두 너무 비슷하다면 더욱 창조성을 발휘해야 할 것이다.)
- 결과(結果; consequences)와 절충(折衷; tradeoffs)과 같은

다른 결정의 요소들이 시간과 주의(注意; attention)를 요구하고 있는가?

- 다른 결정이나 활동에 쓰이는 시간이 더 생산적인가?

위의 질문 각각에 대한 대답이 "예"라면 더 이상의 대안을 찾는 일을 멈추고 다른 일에 힘쓰자.

3.4 모든 대안들의 결과와 목적의 비교

우리는 우리의 문제를 정의(定義; define)하였으며 우리의 목적들을 구성하였고 그 중에서 선택할 대안들을 설정하였다. 이제 현명한 결정을 내리기 위하여 우리는 상충(相衝; competing)되는 대안의 장점을 비교하여 그 각각이 우리의 기본적 목적을 얼마나 잘 충족시키는지를 평가할 필요가 있다. 이 비교를 위하여 우리는 우선 우리가 각각의 대안이 우리의 목적들을 실현시켜주는 결과(結果; consequences)를 정리하여 나열할 필요가 있을 것이다. 우리가 만일 결과들을 잘 기술(記述; describe)한다면 우리의 결정은 더 이상의 심사숙고 없이 분명해질 것이다.

이 장의 목적은 "선택하기 전에 우리가 우리의 대안들의 결과들을 진짜로 이해하고 있는지 확인하자. 그렇지 않으면 크게 후회할 것이다."라는 말로 요약될 수 있을 것이다. 결과를 기술함으로써 얻어지는 이득은 이해(理解; understanding)이다. 결과 자체뿐만 아니라 목적 그리고 결정문제 조차도 더 잘 이해하게 될 것이다. 더 깊게 이해할수록 현명한 결정을 내릴 가능성이 더 커진다.

3.4.1 적정한 정확성과 완벽성 그리고 정밀성을 가지고 결과를 기술하자

겉보기에 간단한 문제 하나를 검토해 보자. 우리가 오늘 저녁에 음악회에 가기로 되어있는데 퇴근 후 저녁식사를 어디서 해야 하는지를 결정해야 한다고 치자. 물론 우리는 즐거운 분위기에서 맛있는 그리고 너무 비싸지 않은 음식을 들기를 그리고 무엇보다 음악회에 늦지 않기를 원한다. 여유 시간은 한 시간 반 정도이다. 두 개의 대안이 찾아졌다. 풍문에 의하면 전주식당은 훌륭한 음식을 내지만 분위기가 별로이고 서비스가 늦다. 반면에 호남식당은 분위기는 최고이고 음식도 서비스도 좋은 편이지만 값이 전주식당보다 더 비싸다. 인생사가 다 그런 것처럼 두 식당 모두 우리가 찾는 모든 것을 만족시켜 주지 않는다. 결국 우리의 선택은 어느 식당이 우리의 목적에 맞는지 그리고 이들 목적에 우리가 부여하는 상대적 중요성에 따르게 될 것이다. 만일 우리가 우리의 두 대안의 중요함을 적정하게 이해하였다면 우리는 현명한 결정을 내릴 수 있을 것이다.

쉬운 일이 아닐까? 아니다. 중요성(결과; consequences)을 기술하여 이해하는 일은 언뜻 보이는 것처럼 쉬운 일이 아니다. 실은 아주 어려운 일일 수 있다. 우리의 이해(기술)가 부정확하거나 불완전하거나 정밀하지 않다면 세 개의 아주 큰 함정에 빠진다면 우리는 잘못된 선택을 하게 될 위험에 빠지게 된다. 위 식당의 예에서 우리의 이해는 몇 가지 면에서 부족하다 할 수 있다.

예 3.4.1.1

- 부정확(不正確: inaccurate)함: 풍문과는 다르게 호남식당의 음식이 전주식당의 음식보다 좋다면 어떻게 할 것인가?
- 불완전(不完全; incomplete)함: 호남식당이 전주식당보다 극장에서 15분 더 멀리 떨어져 있다면 어떻게 할 것인가? 식사하면서 막걸리를 먹고 싶은데 호남식당에서는 막걸리를 팔지 않는다면 어떻게 할까?
- 정밀(精密; precise)하지 않음: 전주식당의 서비스는 얼마나 더딘가? 호남식당의 음식 값이 얼마나 비싼가?

3.4.2 결과표 만들기

요령은 현명한 선택을 하기 위하여 충분히 정밀하게 결과를 기술하면서도 불필요하고 소모적(消耗的; exhausting)인 세부사항(細部事項; detail)에 빠지지 않는 것이다. 어떻게 이 요령을 완전하게 익힐까? 다음 네 단계를 거치자.

[1단계]

마음속으로 미래로 들어가자.

결정의 결과들은 미래에 흔히 이제부터 몇 달 몇 년 후에 일어나므로 결정의 진정한 모습이 드러나도록 우리의 마음가짐을 미래의 시간에 맞추어 바꿔야한다. 각각의 대안에 관하여 생각할 때 그것을 선택하였을지도 모른다고 상상하는 대신에 그것을 선택하였다고 상상하자. 예를 들면 건축가가 제출한 설계도대로 집을 수리하였다고 상상하자. 수리한 집에서의 삶이 어떻게 변할지 스스로에게 물어보자. 주중의 날은 어떨까? 주말의 날은? 여름날은? 겨울날은? 아이들의 나이가 세 살 더 먹으면 어떻게 달라질까? 스스로를 미래로 들어가게 하는 것은 단지 당장의 것들보다 장기적 결정결과에 집중하게 도와줄 것이며 그것이 우리로 하여금 그들 결과를 그것들의 실제 맥락에서 보도록 도와줄 것이다.

[2단계]

대안 각각의 결과를 자유로운 형식으로 기술하자.

각각의 결과를 그들의 핵심특성을 가장 잘 포착(捕捉; capture)한 단어와 숫자를 사용하여 적는다.

○ 구체적(具體的; hard) 정보(예를 들면 응모자(應募者; job candidate)의 이력서뿐만 아니라 응모자가 열성적이라든가 인간미가 있다든가 하는 주관적 판단(主觀的 判斷; subjective judgments)도 수집한다.

○ 적절한 곳에 숫자(응모자의 희망급료: 월 300만원)를 그렇지 않으면 단어(광범위한 컴퓨터 활용능력 및 분석 기능)를 사용하자. 그래픽(graphics – 도표, 사진, 상징부호)도 잘 활용하자.

○ 목적목록(目的目錄; objective list)에 맞추어 기술하는데 빠진 것이 없는지 살펴보고 빠진 것이 있으면 채워 넣어야 한다. 기술사항이 전에 언급되지 않은 목적을 내포하고 있는가? 그렇다면 그 적정성(適正性; appropriateness)을 평가해야 할 것이고 그것이 존속될 것이면 이를 다른 대안에도 적용하자.

[3단계]

분명하게 열등(劣等; inferior)한 대안은 삭제하자.

이 단계에서 많은 대안들이 빠르게 취소되고 결단이 내려지기 때문에 많은 결정과정의 시간이 단축될 수 있다. 우리는 기본적으로 한 대안을 다른 대안과 비교하여 하나를 탈락시켜 나아감으로써 제일 좋은 대안의 후보를 만들어간다.

○ 두 대안을 택한 뒤 하나를 제일 좋은 대안의 후보로 선택하자. 현재의 상태가 대안 중의 하나라면 이것이 자주 좋은 최초의 후보가 된다. 예를 들면 현재의 스마트폰(smart-phone)과 사고자 하는 새 모델 중 하나와 비교하기를 시작할 수 있다.

○ 기술된 사항을 사용하여 두 번째 대안과 선택된 후보의 장단점을 비교한다. 한 대안이 분명하게 우월(優越; superior)하다면 다른 것을 제거하고 남은 하나를 다음번 비교를 위한 후보로 사용한다. 어느 것도 제거되지 않는다면 두 번째 대안을 남겨두고 당초의 왕을 사용하여 비교를 계속한다.

○ 목록에 있는 모든 대안을 둘씩 짝을 지어 비교해 나아간다. 이 비교과정의 끝에는 한 대안이 분명하게 선택될 것이다. 그렇지 않다면 다음 단계로 넘어간다.

[4단계]

남은 대안의 기술사항(記述事項; descriptions)을 결과표로 만들자.

연필과 종이 또는 컴퓨터 스프레드시트(computer spread sheet)를 사용하여 왼쪽에 세로로 목적들을 그리고 맨 위에는 가로로 대안들을 나열한다. 이것이 빈 행렬(行列; matrix)

이 된다. 각각의 칸에 세로 줄로 주어진 대안이 가로 줄로 주어진 목적에 대해 가지고 있는 결과의 간략한 설명(說明; description)을 적어 넣는다. 일부 결과는 숫자를 사용하여 정량적(定量的; quantitatively)으로 그 외는 단어를 사용하여 정성적(定性的; qualitative) 용어를 사용하여 기술한다(표 3.4.1). 주어진 목적에 대한 모든 결과를 기술함에 있어 일관된 용어를 사용하여야 한다는 것이다. 이제 대안들의 한 쌍씩을 비교하여 열등(劣等; inferior)한 것을 제거한다.

선택이 분명해지면 결론이 난 것이다. 그렇지 않다면 절충하여야 하는데 절충에 관하여는 다음에 설명될 것이다. 어떤 경우에도 만들어 낸 결과표는 서로 다투는 대안들을 평가하기 위한 기본적인 도구가 된다.

3.4.3 결과표를 사용하여 대안 비교하기

결과표의 힘과 유용성(有用性; usefulness)을 분명하게 보여주기 위하여 A씨가 만들어낸 결과표를 검토해 보자. 혼자 사시는 아버지의 유일한 자식인 A씨는 중병을 앓고 있는 아버지를 돕기 위하여 경영학을 전공하고 있는 대학을 휴학하고자 한다. 학교를 떠나 있는 동안 살아가기 위해서 그는 일자리를 구해야 할 것이다.

그는 적정한 급료를 지급하고 좋은 수당과 휴가가 있는 그리고 일이 재미있는 일자리를 원한다. 그러면서도 그는 그가 학교로 돌아왔을 때 유용한 경험을 얻고 싶어한다. 아버지의 병 때문에 직장의 근무가 응급상황에 대처하기 위해 융통성이 있다는 것이 중요하다. 많은 노력 끝에 A씨는 다섯 개의 일자리를 찾아냈다. 그 각각은 그의 목적에 대해 아주 다른 결과를 갖고 있으며 그는 이들 결과를 가지고 표 3.4.1을 만들었다.

[표 3.4.1] A씨의 일자리 결정을 위한 결과표

대안					
목적	일자리 가	일자리 나	일자리 다	일자리 라	일자리 마
월 급료	100만원	140만원	90만원	95만원	110만원
근무융통성	중간	하위	상위	중간	열악
능력개발	컴퓨터 컴퓨터	인사관리 컴퓨터	작업관리	조직관리 복합업무 분담	시간관리
휴가(일/년)	14	12	10	15	12
복리후생	암보험 치과보험 퇴직보험	암보험 치과보험	암보험 치과보험	암보험 퇴직보험	암보험
일의 재미	아주 좋음	보통	보통	아주 좋음	재미없음

표에서 보는 것처럼 결과표가 많은 정보를 간결하고 정돈된 구성방식(構成方式; format)으로 정리하여 주고 있는데 이 구성방식은 우리들로 하여금 대안들을 목적별로 비교할 수 있게 하여 준다. 이 표는 비교를 위해 필요하다면 절충을 위한 분명한 뼈대도 제공

한다. 더 나아가 그것은 모든 대안, 목적 및 결과를 하나의 간결한 뼈대로 합치게 하는 역할을 한다. 이런 종류의 표는 만들어 내기에 그리 어렵지 않음에도 불구하고 놀랍게도 의사결정자들이 복잡한 결정의 모든 요소들을 종이에 적기위하여 시간을 별로 쓰지 않는다. 결과표가 없으면 필수적 정보를 못 보고 지나칠 수 있으며 비교가 막연하게 이루어질 수 있어 비뚤어진 결정을 내릴 수 있다.

3.4.4 결과를 설명하는 기술(技術; art)을 연마하자

의사결정의 다른 모든 측면에서와 마찬가지로 결과를 적정하게 설명하려면 상당한 기술이 있어야 한다. 이 기술을 익히기 위해 다음의 기법을 사용하여 보자.

🗔 사기전에 해보자

이 말은 실행 가능할 때마다 한 대안을 선택하기 전에 그 대안의 결과를 경험해 보라는 것이다. 늘 세단(sedan)만을 사왔지만 이번에는 밴(van)을 사려고 할 때 일 주일간 밴 한 대를 렌트하든지 친구의 밴을 빌리자. 결과를 직접 경험함으로써 그 결과가 더욱 더 뜻 깊게 되는 것이다. 그에 더하여 우리가 전에 생각하지 않았던 결과를 알게 될 가능성이 커지게 된다. 어쩌면 사용 중인 주차공간에는 차가 너무 클지 모른다. 또는 나이든 사람에게는 차에 오르내리기가 어려울지도 모른다.

사기전에 해보는 길은 많이 있다. 특정한 대학을 염두에 두고 있다면 그 대학 내에서 하루 밤을 머무를 수도, 구내식당에서 식사를 해 볼 수도, 일부 강의를 청강해 볼 수도, 또는 그 재학생과 사귀어 볼 수도 있다. 사려고 하는 새집과 직장간의 예상되는 출퇴근길을 운전해 볼 수도 있다. 설계중인 신제품의 컴퓨터 이미지를 만들어 낼 수도 있다.

㉯ 결과를 설명하기 위하여 누구나 통용할 수 있는 척도를 사용하자

아무리 잘 정리되었다 할지라도 결과를 구두로 설명하는 것이 결정 문제를 해결하는데 충분치 못할 때가 있다. 이런 경우 척도가 결과를 더 분명하게 설명할 수 있게 그리고 어려운 결정을 쉽게 내릴 수 있게 하여 준다.

도움을 주기 위해서 척도는 우리의 목적의 진수(眞髓; essence)를 포착한 측정가능하고 의미 있는 특성을 나타내 주어야 한다. 원(제품의 원가나 수입), 백분율(百分率; percentages: 열차의 정시 도착율), 평(건물의 면적) 등과 같은 측척(測尺; measures)들이 이들 특성을 가지고 있지만 어떻게 기업 영업권이나 조직의 사기 또는 정신적 고통같은 무형의 특질을 측정할 수 있을까? 이에는 두 가지 가능성이 있다.

- ○ 해당되는 목적의 본질을 잘 짚어 주는 의미를 담은 척도를 선택하자. A씨의 일자리 목적 중 하나는 작업 스케줄의 융통성이다. 그의 결과표는 이 요인(要因; factor)의 일반적 사정(査定; assessment)을 보여 주고 있다. 그렇지만 더 정밀하게 이를 측정할 수는 없을까? 그의 결정을 위해 승인 없이 재조정될 수 있는 예정된 작업시간의 백분율(百分率;

percentage)이 적당한 척도일 수도 있다.

- 목적을 직접 측정하는 주관적 척도를 만들어내자. 우리는 주관적 척도에 기초를 두고 결정을 내리거나 수락한다. 학교에서 사용되는 A에서 F까지의 학점이나 스키장(ski slopes)의 난이도(難易度; difficulty)에 대한 녹색 서클(green circle)과 청색 사각형(blue squares) 그리고 흑색 다이아몬드(black diamond)와 같은 것이 그 예이다.

목적이 측정하기 어렵기 때문에 고심하는 것이 중요한 장점이 될 수 있다. 어떤 목적을 어떻게 측정할 것인가를 결정함으로써 그 목적이 진짜로 무엇을 의미하는지를 알 수 있게 될 것이다.

구체적 자료(具體的 資料; hard data)에만 의존하지 말자

어떻게 해서라도 자료가 믿을 수 있고 일관성이 있으며 관련성이 있을 때는 언제나 구체적 자료를 사용하자. 그러나 단순히 그것들이 객관적이고 얻기 쉽기 때문에 그것들에 끌리지 말자.

- 구체적 자료로 측정될 수 없는 목적에 대해 충분히 인식하자. 예컨대 고속도로가 어디에 자리 잡아야 하나를 정함에 있어 단순하게 비용의 최소화가 구체적 데이터로 측정될 수 있다는 이유 때문에 비용최소화를 위해 환경과의 시각적 조화를 무시하지 말자.
- 구체적 자료의 취득용이성(取得容易性; availability)에 구애받지 말고 관련성이 있는 척도를 택하자. 그러나 마지막

으로 관련이 없는 척도도 검토할 필요가 있을 때도 있다. 주거지를 결정함에 있어서의 척도로 "직장까지의 거리"가 더 쉽게 측정할 수 있지만 오히려 직접 관계가 적은 "일상의 통근시간"을 택하는 것이 더 좋을 수 있다.

日 가용정보를 최대한 활용하자

때로는 A씨 예상급료의 경우에서처럼 구체적인 자료가 쉽게 구해질 수 있다. 다른 때는 자료를 구할 수 없을 것이고 A씨가 그의 직장에 재미를 얼마나 느낄 것인가의 경우처럼 판단하나만을 가지고 해내야 할 때도 있다. 그렇지만 일부 경우에 우리는 자료가 조금 있지만 이를 판단뿐만 아니라 논리로 보충해야 한다. 호주(濠洲; Australia)와 뉴질랜드(New Zealand)에 살고 있는 가족을 위해 4주간의 여행을 계획하는 사람이 몇 개의 여행일정을 고려하고 있다. 다른 목적들은 모두 같지만 단지 하나가 여행의 총비용을 최소화하는 것일 가능성이 큰데 이 목적은 각각 다른 여러 비용구성요소의 추정을 필요로 한다. 항공비는 정확하게 구할 수 있을 것이다. 호텔비용에 대해서는 특정적으로 숙박하게 될 호텔의 등급에 관한 판단을 이용해야 할 것이고 그런 호텔의 평균요금에 관한 최근의 정보를 모으게 될 것이다. 식사비용은 여행사의 최선의 판단에 기초를 둘 것이다. 여행기간 동안 갖게 될 행사비용을 추산하는데도 많은 판단을 사용할 필요가 있을 것이다. 이들 비용의 일부에 대한 자료가 있을 수도 있지만 그 외는 경험과 지식을 통한 추측을 요하게 된다. 마지막으로 총 여행비용의 견적을 얻기 위해서 모든 비용을 더해야 한다.

🗗 전문가를 잘 활용하자

우리가 전문가라고 부르는 사람들은 있을 수 있는 결과들에 관하여 우리보다 더 잘 알고 있다. 공인 회계사와 세무사가 당신의 이름이나 아이들의 이름으로 하는 투자의 효과를 아주 잘 평가할 것이다. 아홉 살 먹은 아이가 어떤 생일선물이 여덟 살 먹은 사촌 아이를 즐겁게 하여 줄지에 대한 가족전문가일 수도 있다.

타인의 판단을 찾아내려면 그들이 예상한 결과뿐만 아니라 어떻게 그들이 그들 결과를 도출해 냈는지도 이해해야 한다. 우리는 데이터, 판단 및 논리 밑에 깔려있는 것들 모두에 관해 설명을 들어야 한다. 이 설명은 가족이나 동료 또는 그 외의 사람에게 설명하고 정당화 할 필요가 있는 논란이 많은 결정에 대해 특히 중요하다.

🗗 척도의 정밀도를 적정한 수준으로 선택하자

결과를 설명하는데 사용된 용어는 너무나 자주 타당성이나 편리성의 정도 보다 더 높거나 낮은 정밀도로 비쳐진다. 33,475,000으로 어림짐작된 비용은 척도로서는 너무 정밀하게 비친다. 이는 33,000,000±10%라고 나타내는 것이 더 확실하지 않을까?

다른 경우 사람들은 추정치의 정확도를 축소해서 말해주는 척도를 도입하는 반대의 오류(誤謬; error)를 범한다. 그들은 단순함을 위해서 이렇게 하지만 그 과정에서 그들은 중요한 차이를 감추는 우를 범한다. 그와 같은 오류의 한 예에서 정부의 고속도로 엔지니어들이 수십 개의 교량의 5개년 개량 및 수리 계획에 포함되도록 가려낸다. 각각의 다리에 대한 당초 원가 추정치는

5억에서 200억 범위 안에 들어가는데 고작 ±20% 정확할 뿐이다. 정밀도의 부족을 염려하여 엔지니어들은 원가를 비교하기 위하여 비싸지 않음을 나타내는 A, 중간 정도임을 나타내는 B 및 비쌈을 나타내는 C의 세 개의 척도를 만들어냈다. 불행하게도 이들 세 부류는 이미 이루어진 정확도의 수준을 감출만큼 넓은 비용범위를 나타낸다. B급으로 나타낸 범위는 예컨대 30억에서 100억 안에 들어가며 당초 20% 변동을 무색하게 만든다.

주요 불확실성에 정면으로 대처하자

일부 결과들에 대해 무엇이 일어날지 확실하지 않을 수 있다. 불확실성이 심하지 않다면 통상 추정치나 대표적인 값을 사용하여 결과들을 정의할 수 있다. 구매할 새 차를 비교할 때 흥정이 끝나기 전에는 실제 가격을 모를 것이다. 그러나 시장을 좁히는데 또는 나아가 선택을 하는데 까지도 합당한 추정이 역할을 해줄 것이다. 이런 경우의 불확실성은 결정에 영향을 별로 주지 않는다. 그러나 다른 많은 결정에서 불확실성은 결과를 적정하게 설명하기에 너무 복잡하여 우리가 다루기에 벅찬 경우가 많다. 투자나 보험 또는 복잡한 의료문제나 법률문제를 포함하는 결정에서 우리는 불확실성을 명쾌하게 다루기를 원할 것이다. 불확실성의 문제는 뒤에서 따로 다루기로 한다.

3.5 절충(折衷; tradeoff)

이 시점에서 대안들의 결과를 비교함으로써 우리는 일부 좋지 못한 선택을 제거하게 될 것이다. 남은 것들은 거의 서로 균형을 잡고 있는 것으로 보인다. 즉 대안 A는 일부 목적에서 대안 B보다 좋을 것이지만 다른 점에서는 나쁠 것이다. 통상 중요한 결정일수록 상충(相衝; conflicting)하는 목적을 가지고 있다. 따라서 우리는 절충을 하지 않으면 안 된다. 우리는 다른 면에서 더 많이 이루기 위해 하나의 목적의 일부를 포기해야 할 필요가 있다.

예를 들면 고속도로의 속도제한을 풀어야 한다는 주장이 있다. 시간당 100km의 속도제한은 기름 소비량 면에서 경제적이고 교통사고 사망자 수를 줄인다는 목적이 있었다. 그런데 근간에 새로운 논란이 벌어지고 있다. 속도제한을 지지하는 사람들은 구조된 수많은 사람들의 목숨을 지적한다. 속도제한을 철폐해야 한다는 사람들은 오늘날의 자동차의 연비는 크게 향상되어 기름 소비량을 줄인다는 것은 큰 의미가 없고 성능도 훨씬 좋아졌으므로 속도를 높여 통행대수를 늘리고 목적지에 빨리 도착하도록 하여야 한다고 주장한다. 일부 사람들은 정부의 규제를 풀 때가 되었다고 주장한다. 이들 관점의 각각은 각각 다른 목적을 강조한다. 인명구조, 편리성 및 정부의 규제권한이 그것이다. 그것들 사이의 적절한 균형을 찾는다는 것은 어려운 일이지만 그들 간의 균형을 찾아보지 않는 것은 문제의 중심을 저버리는 것이다. 거기에 문제가 있다. 다수의 목적을 가진 결정은 어느 하나의 목적에 집중하여 해결될 수 없다.

하나의 목적만 있다면 결정은 간단하다. 서울에서 부산까지 비행기로 가능한 한 싸게 이동하는 것이 목적이라면 가장 싼 항공사를 찾아 그 항공권을 구매하면 되는 것이다. 단지 하나의 목적을 가진다는 것은 흔한 일이 아니다. 통상 우리는 동시에 많은 다른 목적을 추구한다. 그렇다 낮은 요금뿐만 아니라 편리한 출발시간, 직행, 뛰어난 안전기록을 가진 항공편도 원할 것이다. 거기에 더하여 통로 쪽 좌석과 많은 마일리지 혜택도 원할 것이다. 이렇게 되면 결정은 상당히 복잡하게 된다. 모든 목적을 동시에 충족시킬 수 없으므로 그들 사이에 균형을 찾지 않을 수 없다. 절충을 해야 한다.

현명한 절충을 한다는 것은 의사결정에서 가장 중요하고 어려운 노력의 대상이다. 많은 대안을 고려할수록 많은 목적을 추구할수록 더 많은 절충이 요구된다. 그렇다 할지라도 많은 량의 절충이 의사결정을 그렇게 어렵게 만드는 것이 아니다. 각 목적은 각기 비교의 기준을 가졌기 때문이다. 어느 한 목적에 대해 우리는 정확한 숫자나 백분율(百分率; percentages) (32%, 43%, 57%)을 사용하여 대안을 비교할 수 있다. 다른 대안에 대해서는 넓은 관계 판단(높다, 낮다, 중간이다)을 내려야 할지도 모른다. 또 다른 대안에 대해서는 순수하게 설명하는 용어(노랑, 오렌지, 파랑)를 사용할 수도 있다. 사과와 오렌지만을 가지고 절충하는 것이 아니다. 사과와 오렌지 그리고 코끼리를 가지고 절충하는 것이다.

그런 아주 이질적인 사물들 사이에서 어떻게 절충을 할 것인가? 이제부터 이에 대해 알아보기로 하자.

3.5.1 열세인 대안을 찾아내고 제거하자

첫 번째 단계는 어려운 절충을 시작하기 전에 남은 대안의 일부를 배제할 수 있을지를 알아보는 것이다. 대안이 적을수록 절충을 많이 할 필요가 없으며 결정이 더 쉬어질 것이다. 제거될 수 있는 대안을 찾아내기 위하여 다음과 같은 단순한 규칙을 따르자. 즉, 대안 A가 일부 목적에서 대안 B보다 더 좋고 그 외의 다른 목적에서 B보다 나쁘지 않다면 B는 고려의 대상에서 탈락시킬 수 있다. 그런 경우 A는 B보다 우월하다고 말한다.

휴식이 필요하고 편안한 주말휴가를 생각중이라고 하자. 다섯 곳을 마음에 두고 있는데 세 개의 목적이 있다. 즉 저비용(低費用; low cost), 좋은 날씨, 및 짧은 여행시간이 있다. 선택조건을 보고 대안 C는 비용이 더 들고 날씨가 나쁘고 대안 D와 같은 여행시간을 요한다. 대안 C는 열세이므로 탈락시킬 수 있다.

우열관계(優劣關係; dominance)에 관하여 생각하는데 엄격할 필요는 없다, 선택대상 사이를 계속해서 비교함에 있어 예를 들면 대안 E 또한 대안 D보다 비용이 더 들며 날씨가 나쁘지만 여행시간에서 약간의 장점이 있는데 E보다 30분 정도 덜 걸린다. 비교적 짧은 시간상의 장점은 날씨와 비용상의 단점보다 크지 않다고 쉽게 결론 낼 수도 있다. 실제로는 대안 E가 대안 D에 열세이다(우리는 이것을 실제적 열세라고 부른다). 그래서 우리는 대안 E 또한 탈락시킬 수 있다. 우열관계를 찾음으로써 우리는 결정을 훨씬 쉽게 할 수 있다. 우리는 다섯이 아니라 단지 세 대안 중에서 선택하면 되는 것이다.

앞에서 검토된 결과표가 열세인 대안을 가려내는데 큰 도움을 준다. 왜냐하면 결과표가 비교를 할 수 있게 해주는 틀을 제공해 주기 때문이다. 그러나 많은 대안과 목적이 있다면 표에 아주 많은 정보가 있을 수 있어 그 표는 우열관계를 알아채기 어렵게 된다. A씨의 결과표를 뒤 돌아보면 그 의미를 알게 될 것이다. 우열관계를 알아내기 쉽게 하기위하여 결과의 설명이 단순한 순위(順位; rankings)로 대체된 두 번째 표를 만들기로 하자.

[표 3.5.1] A씨의 일자리 결정을 위한 목적 각각의 대안들 순위 매기기

목적	일자리 가	일자리 나	일자리 다	일자리 라	일자리 마
월급	3	1	5	4	2
근무융통성	2	4	1	2	5
능력개발	4	1	3	5	2
휴가	2	3	5	1	3
복리후생	1	2	5	4	2
일의 재미	1	3	3	1	5

한 줄 한 줄 즉, 한 목적 한 목적 순서대로 목적을 제일 잘 충족시키는 결과를 정하고 이를 숫자 1로 대체한다. 다음으로 두 번째로 좋은 결과를 숫자 2로 대체한다. 이런 방식으로 모든 대안들의 결과에 대해 순위를 매길 때까지 계속한다. A씨가 "휴가" 목적을 볼 때 15일이 1위가 되고 14일이 2위, 두 12일이 3위 10일이 5위가 된다. A씨가 정량적(定量的; quantitatively)으로 측정된 목적들에서 정성적(定性的; qualitatively)으로 측정된 목적들로 옮겨갈 때 그는 순위 매기기가 객관적 판단이 아니라 주관적 판

단에 기초를 둘 필요가 있으므로 많은 생각을 해야 한다는 것을 알게 된다. 예를 들면 복리후생제도를 평가함에 있어 그는 치과보험이 퇴직보험보다 중요하다고 결정하고 이를 기초로 하여 순위를 매긴다. A씨의 순위표는 표 3.5.1과 같다.

우열관계는 단순한 순위를 살펴볼 때 알아보기가 훨씬 쉽다. A씨는 일자리 마가 분명히 일자리 나보다 열세라는 것을 알아차렸다. 일자리 마는 네 개의 목적에서 나쁘고 두 개에서 동등하다. 일자리 가와 일자리 라를 비교한 뒤 A씨는 일자리 가가 세 개의 목적에서 좋고 한 개(휴가)에서 나쁘고 두 개에서 동등하다는 것을 알아차렸다. 어느 한 대안이 다른 것과 비교하여 대안 라처럼 하나만이 유리하다면 그 대안은 현실적인 우열관계 때문에 탈락 후보가 된다. 이 경우 A씨는 하루 휴가의 장점은 급료, 능력개발, 및 복리후생에서의 단점이란 면에서 볼 때 별로 중요하지 않다고 쉽게 결론짓는다. 따라서 일자리라는 현실적으로 일자리가보다 열세이며 이 역시 탈락될 수 있다.

열세인 대안을 탈락시키기 위해 순위표를 사용하는 것이 우리로 하여금 많은 노력을 아낄 수 있게 하여 준다. 때로는 하나 이외의 모든 대안이 열세이고 나머지 대안이 최선의 선택이라면 사실상 이 방법이 바로 결론으로 이끌어줄 수 있다. 우열관계를 결정하는 과정은 또한 열악한 대안을 선택하는 우를 범하는 것에서 우리를 보호해 준다. 왜냐하면 열악한 대안들은 경쟁에서 제외되기 때문이다.

3.5.2 균등교환(均等交換; even swap)을 이용해 절충하자

균등교환법이란 무엇인가? 이 개념을 설명하려면 우리는 우선 의사결정의 분명하고도 본질적인 가르침을 알아둘 필요가 있다. 즉, 만일 모든 대안들이 어느 하나의 목적에 대해 동등하게 평가된다면 예를 들면 모든 비용이 같다면 우리는 그들 대안 중에서 선택함에 있어 그 목적을 무시할 수 있다. 모든 항공사의 서울에서 부산까지의 항공료가 같다면 항공료는 문제가 안 되는 것이다. 결정은 나머지 목적에만 달려있게 된다.

균등교환방법은 다른 대안들을 어떤 한 목적이란 입장에서 동등하게 만들기 위하여 그들 다른 대안들의 결과들을 조정(調整; adjust)하는 길을 알려준다. 그리하여 이 목적은 상관이 없게 된다. 그 말이 나타내주는 것처럼 균등교환은 한 목적에서 그 가치를 어느 정도 감소시키는 대신에 다른 목적에 그 감소된 가치만큼 증가시킨다. 본질적으로 균등교환방법은 물물교환(物物交換; bartering) 형식이다. 이 방법은 우리로 하여금 하나의 목적의 가치를 다른 목적의 가치란 면에서 생각하게 만든다. 예를 들면 대한항공이 서울-부산간 운임을 아시아나항공보다 만원을 더 받는다면 우리는 만원에 상당하는 마일리지 혜택을 대한항공의 마일리지 혜택에서 빼고, 즉 만원의 운임과 이에 상당하는 마일리지 혜택을 교환하고) 운임을 비교대상에서 제외시킬 수 있을 것이다. 우열관계의 평가가 대안을 제외시킬 수 있게 하여주는 반면에 균등교환방법은 목적을 제외시키게 하여 준다. 목적이 더 많이 제외됨에 따라 우열관계 때문에 추가적으로 대안들이 제외될 수 있고 결정이 더 쉬어지게 된다.

3.5.3 균등교환 방법의 응용

균등교환방법이 어떻게 작동하는 지를 알아보기(再認; recognition) 위하여 이 방법을 조금 단순한 문제에 적용해 보자. 지금 튀김통닭집을 경영하고 있다고 상상하자. 몇몇 사람이 체인점의 형태로 가맹하여 영업하기를 희망하고 있다. 그들은 시설과 영업 노하우 (know-how)를 제공받고 재료를 구매해 가는 조건이다. 현재의 여건으로는 하나의 가맹점만을 받아들일 수 있다.

이 통닭집의 현재의 매상고는 연간 1억2천만원이고 이익은 2400만원(20%)이다. 이 통닭집은 내년도 목표를 매출증대 및 이익증대로 결정한 바 있다. 한 가맹점을 받아들이면 첫 해에 이 가맹점의 창업과 영업개시를 지원하게 되어 이익이 1200백만원으로 줄어든다. 그 대신 매출액은 4천만원이 늘어나 1억6천만원이 되는 반면에 가맹점을 받아들이지 않으면 매출액이 1억2천만원이 되고 이익은 2천5백만원이 될 것으로 추산된다. 이를 결과표로 만들면 표 3.5.2가 된다.

[표 3.5.2] 튀김통닭집의 시장전략에 대한 년간 결과표

	대 안	
목 적	가맹점 받아들임	가맹점 안 받아들임
이익(%)	20	20
매출(만원/년)	1억7000	1억2000

어떤 결정이 현명한 결정이 될까? 표가 보여주는 것처럼 결정의 핵심은 가맹점을 받아들이지 않음으로써 발생하는 이익 1,200만원과 매출액 증가 5,000만원/년 중 어느 쪽이 더 가치가 있는가이다. 이 문제를 풀기 위하여 우리는 다음과 같은 간단한 과정에 따라 균등교환 법을 이용할 수 있다.

첫째, 목적 하나를 제거하는데 필요한 변화를 결정한다. 이익증가라는 목적을 제외시키게 되면 이 결정문제는 매출액 문제만 남는다.

둘째, 필요한 변화(이익증가 목적의 제외)를 보상하기 위해 남은 목적이 얼마나 달라져야 하나를 계산한다. 이익감소를 보상하기 위해 매출이 얼마나 증가되어야 하나를 결정해야 한다. 미래의 불확실성을 감안하여 매출액 증가로 2년 안에 보상이 되기를 기대한다고 하자.

셋째, 균등교환을 한다. 이익감소를 보상하는 매출액은 1.5년간의 매출증가 즉, 6,000만원이다. 이를 반영한 결과가 표 3.5.3과 같다.

넷째, 이제는 상관없는 목적을 제외한다. 이제 두 대안의 이익은 동등하므로 결정의 고려대상에서 제외할 수 있다. 모두가 매출액으로 귀결된 것이다.

다섯째, 우세인 대안을 선택한다. 당초의 결정과 동등한 새 결정은 쉬운 일이 되었다. 가맹점을 받아들이는 대안이 2년 후 매출 목표인 2억2000만원보다 적은 매출로도 같은 이익을 올리므로 가맹점을 받아들이는 것이 당연한 선택이다.

튀김 통닭집을 위해서 단지 한 번의 균등교환으로 아주 우수한 대안을 내놓았다. 통상적으로 더 많은 교환을 하게 된다. 균등교환법의 장점은 아무리 많은 대안과 목적을 다룬다 할지라도 계통적으로 분명한 선택이 나타날 때까지 고려할 필요가 있는 목적의 수를 줄일 수 있다는 것이다. 다른 말로 하면 이 방법은 반복적이라는 것이다. 오직 하나의 대안이 남을 때까지 균등교환(목적의 제거)과 우열관계 확인(대안의 제거)을 교대로 계속하는 것이다.

[표 3.5.3] 튀김 통닭집의 균등교환

	대 안	
목 적	가맹점 받아들임	가맹점 안 받아들임
이익(만원)	2,400	2,400
매출(만원)	1억8000	1억2000

3.5.4 균등교환을 위한 현실적 조언(助言; advice)

일단 균등교환법을 이해하게 되면 그 기계적인 부분은 쉬어 거의 게임(game)이 된다. 모든 절충과정의 핵심인 서로 다른 결과들의 상대적 가치를 정하는 것이 어려운 부분이다. 계획적으로(고의로) 균등교환법은 하나씩 신중히 생각하여 가치결정에 집중하도록 한다. 한 대안을 얼마로 다른 대안과 교환할 것인가를 결정하는 쉬운 비결이 있는 것은 아니지만(모든 교환이 주관적 판단을 요한다.) 다음의 제안들을 명심함으로써 이루어진 절충이 건전하다는 것을 믿을 수 있을 것이다.

⊡ 쉬운 교환을 먼저 하자

어떤 교환의 가치를 정하는 것이 그 이외의 가치를 정하는 것보다 더 어려울 수 있다. 예를 들어 항공편을 선택함에 있어 우리는 상당히 정밀하게 어떤 마일리지 수를 계산할 수 있다. 결국에는 무료 항공권을 얻기 위해서 얼마나 많은 마일리지가 소요되며 항공권으로 얼마를 치는지 우리는 안다. 따라서 요금과 마일리지의 교환은 간단한 과정이다. 반면에 항공사의 안전기록과 항공기 이륙시간 간의 교환은 훨씬 명확하지 않다. 이 경우 우리는 요금－마일리지 교환(쉬운 교환)을 먼저 하여야 한다. 흔히 우리는 쉬운 교환을 하는 것만으로 어려운 것들과 씨름하지 않고 결론에 도달할(적어도 많은 대안을 제거할) 수 있다.

⊡ 목적을 얼마나 중요하다고 느끼는가가 아니라 교환의 양에 집중하자

고려중인 대안에 대한 결과들 사이의 차이(差異; variation)의 정도를 고려하지 않고 어떤 목적이 다른 것보다 중요하다고 말하는 것은 의미가 없다. 급료가 휴가보다 더 중요한가? 그럴 수도 그렇지 않을 수도 있다. 모든 대안이 되는 일자리의 급료가 비슷하고 휴가기간이 아주 많이 차이가 난다면 휴가목적이 급료목적보다 더 중요할 것이다.

감지된 목적의 중요성에 집중하는 것은 현명한 절충에 방해가 될 수 있다. 돈을 절약하기 위하여 도시에서 일어날 수도 있는 도서관의 공개시간을 줄여야 하는지를 결정하려는 논쟁을 생각해보자. 도서관을 지지하는 사람은 "현행 도서관 시간을 유지하는 것이 비용을 줄이는 것보다 더 중요하다"고 주장한다. 회계감시단은 반대로 "아니다, 우리는 절대적으로 예산적자를 줄여야 한다! 돈을 절약하는 일이 더 중요하다"고 맞받아 친다. 만일 양측이 문제가 되는 시간과 돈의 실제 양에 초점을 맞춘다면 합의에 도달하기 쉽다는 것을 알게 될 것이다. 일주일에 하루 오전에 단지 두 시간 개관 시간을 늦추는 것이 일 년에 2억5천만원을 절약하게 하여준다면 도서관 지지자도 절약되는 금액에 비하여 특히 다른데 사용될 돈을 고려해 볼 때 도서관에 주는 피해가 그리 크지 않다는데 동의할 것이다. 대신에 절약금액이 연간 단지 2천5백만원이라면 회계감시단 조차도 도서관의 피해가 절약금액에 미치지 못한다는데 동의할 것이다. 가장 중요한 점은 이것이다. 균등분할을 할 때 목적의 중요성이 아니라 문제가 되는 양에 집중하라는 것이다.

🄵 가지고 출발한 것에 기초하여 그 증분(增分; incremental change)을 평가하자

보다 큰 전체의 일부분을 예컨대 사무실 전체 면적의 일부분을 교환한다면 전체와 비교하는 시각에서 그 가치를 평가하여야 한다. 예를 들면 700평 사무실에 300평을 늘리는 것은 비좁음과 널찍함이라는 차이를 가져다 줄 것이다. 한 편 1,000평에 300평을 추가하는 것은 큰 증가로 평가하기 어려울 것이다. 300평의 가치는 교환되는 아무 것의 가치처럼 가지고 출발하는 것(1,000평)에 상대적(相對的; relative)이다. 조각의 크기만을 보는 것으로는 불충분하다. 파이 전체 또한 볼 필요가 있다.

단 일관성 있는 교환을 하자

교환하는 것의 가치가 비록 상대적이라 할지라도 교환 자체는 논리적으로 일관성이 있어야 한다. B를 A와 그리고 C를 B와 교환한다면 C를 A와 교환하여야 한다. 황무지를 있는 그대로 보존하기위한 그리고 연어 산란장을 될 수 있는 한 싸게 확장하기 위한 자연보호 계획을 운영한다고 하자. 비용－이득분석(費用－利得分析; cost-benefit analysis)에서 $4km^2$의 황무지와 4km 길이의 산란을 위한 강이 함께 4억원의 가치가 있다고 계산된다면 교환을 함에 있어 황무지 $2km^2$와 2km의 양식용 강이 같다고 보아야 한다. 가끔 일관성이 유지되고 있는지 검사해 보자.

단 교환의 근거가 되는 정보를 찾아내자

결과들 간의 교환은 판단을 필요로 하지만 이들 판단은 사실과 분석에 의하여 뒷받침 된다. 예를 들면 환경문제의 절충에서 우리는 어류 생물학자에게 얼마나 많은 연어가 새롭게 조성된 산란강 1km를 사용할지, 결과적으로 얼마나 많은 알이 부화(孵化; hatch)할 지, 얼마나 많은 연어가 살아서 하류로 헤엄쳐갈 지, 그리고 몇 년 후에 얼마나 많은 연어가 알을 낳기 위해 이 강으로 돌아올지에 관한 정보를 알려달라고 요구해야 하지 않을까?

일부 결정을 위해서 우리 자신이 많은 관련정보의 원천(源泉; source)이 될 수 있다. 일자리를 선택함에 있어 휴가시간과 급료를 절충할 경우 절충을 하는 사람만이 어떻게 2주간과 4주간을 보낼 것인지 그리고 그 가치의 차이는 얼마인지를 안다. 본인이 외부출처로부터의 객관적 자료(資料; data)를 평가함에 있어 철저한 만큼 본인 자신의 판단을 통하여 판단함에 있어서도 철저해야할 것이다. 절충이 아무리 주관적이라 할지라도 변덕에 끌려 다녀서는 안 될 것이다. 자신에게 주는 각각의 결과의 가치에 관하여 주의 깊게 생각하자.

실습이 완벽을 가져다준다

오래된 문제에 대한 새로운 시도처럼 균등교환 방법은 익숙해지는데 시간이 어느 정도 걸릴 것이다. 교환을 하는 처음 몇 번은 아마도 상대적 가치 각각 뿐만 아니라 전 과정과 씨름을 해야 할 것이다. 다행이 과정 자체는 비교적 단순하며 언제나 같은 방식으로 작동한다. 일단 요령을 터득하고 나면 다시 그 방식에 관하여 생각하는 일은 결코 없을 것이다. 반면에 적절한 교환을 결정하는 일은 결코 쉽지 않을 것이다. 각각의 교환은 주의 깊은 판단이 필요할 것이다. 그렇지만 경험을 쌓아감에 따라 이해도 쌓게 될 것이다. 모든 관심을 집중하는데 그리고 진정한 가치의 출처를 나타내는데 더욱 숙달하게 될 것이다. 무엇이 중요하고 무엇이 그렇지 않은지 알게 될 것이다. 아마도 균등교환 방법의 가장 큰 장점은 이 방법이 모든 절충의 가치를 합리적이고 신중한 방법으로 충분히 생각하게 하여 준다는 것이다. 결국 그것이 현명한 선택의 비결이다.

3.6 결정에 따르는 불확실성[14)]

이 장에서 이제까지 우리는 실제로 결정하기 전에 대안 각각의 결과들을 알 수 있을 때 올바른 선택을 하기 위한 종합적인 방법을 정리하여 보았다. 이제 우리는 얼마나 많은 시간과 생각을 쏟아 붓는다 할지라도 결정을 내린 이후가 아니면 결과들을 알 수 없는 상황을 살펴보기로 한다. 그런 결과들은 불확실하다. 결정하기 전에 일어날 수도 있는 것을 알 수 있을지 모르지만 일어날 것을 알 수는 없다.

삶은 불확실성(不確實性; uncertainty)으로 가득 차있기 때문에 내려지는 많은 결정이 미리 예상되는 위험(危險; risks)을 내포하고 있다. 펀드에의 투자, 모르는 사람과의 소개팅(blind date), 사업의 시작, 아이를 갖기로 결정하는 것, 새로운 제품의 출시와 같은 것들을 상상해 보자. 우리는 손바닥을 뒤집듯이 불확실성을 비켜갈 수 없다. 이에 우리는 일기예보를 듣고 우산을 들고 나가거나 사고에 대비하여 보험에 들거나 한다. 그러나 폭발적으로 늘어나는 정보, 국제화, 급속히 발전하는 기술, 가변적인 정부의 정책, 미리 알 수 없는 결과 언제나 일어날 수 있는 사고(事故; accidents) 등은 이런 통상적인 방법으로 대처할 수 없음을 우리에게 알려준다. 주먹구구에 매달리지 않으려면 무엇보다 불확실성을 정복하여야한다.

불확실한 상황에서도 우리는 좋은 결정을 내리는 가능성을 높일 수 있다고 믿는다. 어떻게? 첫 단계는 불확실성의 존재를 인정

---

14) 강성안, 위의 책, pp.17-29.

하는 것이다. 그런 뒤 우리는 펼쳐질지도 모르는 여러 가지 결과와 그 가능성 그리고 그 영향을 체계적으로 이해하고 불확실성을 연구할 필요가 있다.

3.6.1 불확실성의 성질

불확실성은 다양한 개념을 포함하는 넓은 의미의 용어이다. 불확실성은 예를 들어 “2020년의 우리나라 일년 예산이 얼마일까?”의 답에서 보듯 불완전한 정보, “2006년 중국 국방예산은 얼마일까?”의 답에서 보듯 정보원(情報源; information sources) 사이의 정보의 불일치, “한강의 폭은 얼마일까?”라는 질문의 언어표현상의 불명확, “한강의 유량은 얼마일까”에서 유량의 변화성(變化性; variability) 등등에서 온다. 우리가 완전한 정보를 가지고 있을지라도 정보를 더 쉽게 인식하고 계산할 수 있게 하기위하여 단순하게 그리고 간략하게 하는 과정에서 불확실하게 되는 경우도 있다.

외부세계 상황의 불확실성과 함께 우리가 무엇을 좋아하는지에 대하여 그리고 우리가 무엇을 해야 하는지에 대하여 불확실한 경우도 있다. 또한 얼마나 불확실한지에 대해서도 불확실할 수도 있다. 불확실한 정도가 혼돈(混沌; chaos)과 무지(無知; ignorance)에 이르면 우리는 아직 이를 다룰 좋은 도구를 가지고 있지 않다. 용어가 통일되지 않음으로써 불확실성의 형태(形態; types)와 원천(源泉; sources)에 혼선이 빚어지기도 한다. 결국 불확실성의 양쪽 끝은 확실성(確實性; certainty)과 무지이다.

불확실성이란 용어만큼 사용하는 사람에 따라 그 뜻을 다른 의

미로 사용하는 용어는 없을 듯하다. 그러나 확실성과 무지 사이에 자리 잡고 있는 위험과 모호성을 이해하면 일상생활에서의 결정을 이해하는데 충분하리라 생각된다.

위험(危險; risk)은 경험적 자료를 기초로 하여 확률(確率; probability)[15]이나 빈도(頻度; frequency)와 같이 수치로 표현될 수 있는 정보를 갖고 있는 상황에서의 불확실성이다. 동전 던지기에서 앞면이 나올 확률이 1/2임을 우리는 안다. 동전을 던져 앞면이 나오면 이기는 게임에서 우리가 이길 것인지 질 것인지 불확실하지만 이길 확률이 1/2임은 안다.

모호성(模糊性; ambiguity)은 사용가능한 정보가 불충분하거나 신뢰할 수 없거나 상충하는 상황에서의 불확실성이다. 다른 말로 하면 무지와 위험의 중간 상태이다.

불확실성의 결과가 나타나기 전에 행위가 먼저 이루어진다. 그러므로 우리는 언제나 가장 잘 일어날 만한 일을 위해 준비해야 함은 물론 이에 못하지 않게 기대하지 않았던 일이 일어났을 때 이에 적절하게 대응할 일반적 능력을 구비하여야 한다. 일이 일어나기 전에는 기대(期待; expectations)가 있다. 기대가 어긋났을 때 후회 또는 놀라움을 경험한다.

3.6.2 올바른 결정과 좋은 결과를 구별하자

불확실성이 있을 때마다 언제나 올바른 결정이 좋은 결과를 가져다 줄 것이라는 보장은 있을 수 없다. 많은 사람들이 그들 자신

15) 강성안, 위의 책, pp.30-68.; Hammond, Keeny, & Raiffa, 위의 책, pp.105-129.

이나 남들의 결정의 질(質; quality)을 결과의 질로(어떻게 일들이 전개되는 지로) 판단하지만 이는 뒤따르는 두 예에서 보는 것처럼 잘못된 생각이다.

올바른 결정, 나쁜 결과

A씨는 아이들이 성장함에 따라 집을 증축하는 일이 시급하게 되었다. 근간의 온난화로 인해 해빙기가 빨라졌음을 감안하여 3월 중에 증축공사를 하는 것이 좋겠다고 생각하였다. 연초의 장기일기예보는 금년 봄 기후가 예년과 같아 3월에는 비도 많지 않을 것이라고 하므로 3월 중 공사를 마치기로하고 자재발주를 마쳤다. 그러나 예년과 달리 1, 2월에 혹한이 계속되었을 뿐만 아니라 3월에 들어서서는 눈비가 오락가락하여 공사가 지연되었으며 자재의 소모가 커 공사비가 크게 증가하였다. 그의 결정은 어리석은 것이었나? 그렇지 않다. 결정은 옳았다. 다만 결과가 나빴을 뿐이다. A씨는 말할 것이다. 내가 기후조건이 그렇게 나쁠 것을 알았더라면 공사착공을 한두 달 연기하였을 것이라고. 그러나 그가 어찌 그것을 알았겠는가?

좋지 못한 결정, 좋은 결과

투자에 경험이 없는 B씨는 어떤 조사도 하지 않은 채 아는 사람으로부터의 정보만 믿고 서울 교외에 있는 땅을 사기로 결정하였다. 곧 시작될 것이라던 지역개발이 5년이 넘도록 이루어지지 않아 큰 적자를 보게 되어 파산지경에 이르게 되었다. 그런데 기대하지 않았던 일이 벌어졌다. 큰 회사가 인근 지역에 큰 사무실 빌딩을 지어 이사하기로 하고 빌딩건축을 시작한 것이다. 3년 후

B씨는 이 부지를 사들일 때의 3배가 넘는 값으로 팔게된 것이다. 이 투자는 영리한 결정이었을까? 그렇지 않다. 결과는 좋았지만 의사결정은 형편없었다. 다른 결정을 같은 방식으로 한다면 같은 결과를 가져올까? 극히 의심스러운 일이다.

불확실성 하 결정은 의사결정의 질로 판단할 것이지 결과의 질로 할 일이 아니다. 중요한 결정을 내림에 있어 우리가 할 수 있는 최선의 것은 우리로 하여금 불확실성에 관하여 분명하게 알아차리고 생각하게 하는 건전한 과정을 밟는 다는 것이다. 우리는 불확실성을 살아지게 할 수 없지만 우리의 의사결정 과정에서 불확실성에 대해 고심하고 명백하게 다루어야 한다.

3.6.3 불확실성이 포함된 결정을 단순화 하기 위해 위험개요를 사용하자

불확실성이 의사결정을 복잡하게 만든다. 어떤 결정은 중요성의 수준이 서로 다른 여러 불확실성을 수반할 수도 있다. 그리고 그 불확실성들이 최종적인 결과에 대하여 모두가 뒤얽혀 서로 영향을 주고 받을 수도 있다. 불확실성을 이해하기 위해서 우리는 그것을 단순화 하고 즉 불확실성의 요소들을 분리하고 그들을 하나씩 평가할 방도를 찾아내야 한다. 위험개요(危險槪要; risk profiles)를 사용함으로써 이를 달성할 수 있을 것이다.

위험개요는 불확실성이 한 대안에 어떻게 영향을 주는가에 관한 기본적 정보를 가지고 있다. 이 개요는 다음 네 주요 질문에 답을 준다.

- 주요한 불확실성에는 어떤 것들이 있나?
- 이들 불확실성에서 나올 수 있는 결과에는 어떤 것들이 있나?
- 각각의 나올 수 있는 결과가 일어날 확률은 얼마인가?
- 각각의 결과가 가져다 주는 결과물은 무엇인가?

대안들 각각에 영향을 주는 불확실성들을 비교하기 위한 일관된 기준을 마련함으로써 위험개요는 주변 요인들을 무시하고 선택에 영향을 주는 주요요인에 집중할 수 있도록 하여 준다. 단순한 예를 생각해보자. A씨는 작은 건설회사를 운영하고 있다. 그의 회사는 그럭저럭 어느 정도의 이익을 내고 있는데 A씨는 권태를 느끼기 시작하게 되어 새롭고 더 큰 사업을 열망한다. 어느 날 그는 시가 아파트단지 건설계획을 확정하고 건설회사를 선정하는 입찰공고를 냈다는 것을 알게 되었다. 그는 계약을 딴다면 막대한 이익을 취할 수 있겠지만 입찰제안서를 준비하는데 따르는 막대한 비용이 회사의 재정상태를 어렵게 할 수도 있다는 것을 알고 있다. 물론 입찰을 딸 수 있을지도 불확실하다. 그는 입찰비용을 고려하여 아파트단지 건설에 경험이 있는 회사와 하도급 계약을 통하여 공동으로 입찰에 참여하는 것도 고려할 수 있다. 그에게는 세 가지 길이 있다. 하나는 입찰에 이기는 것이고 또 하나는 공동으로 참여하는 것이고 마지막으로 계약을 포기하는 것이다.

A씨는 입찰제안서를 준비하고 제출하는 대안에 대한 위험개요를 만들어 냈다. 그는 있을 수 있는 결과와 일어날 가능성 그리고 관련된 결과물을 간결하게 기술하였다. 그는 아래 표 3.6.1과 같이 단순한 표로 요약하였다. 이 위험개요를 공부하여 그는 분명한

선택을 알게 된다. 공동 참가(결과 B)나 입찰에 이기기(결과 C)가 아무 계약도 따지 못하는 것(결과 A)보다 가능성이 높으며 B와 C 두 결과가 현재의 상황보다 훨씬 바람직하다는 결말에 도달한다. A씨는 가능성과 입찰준비에 드는 비용을 고려하여 공동참가를 추진하기로 결정하기로 한다.

[표 3.6.1] 입찰 준비 및 제출에 대한 A씨의 위험개요

불확실성: 입찰 결과		
결과	가능성	결말
A. 입찰 실패	낮음	일거리 부족으로 회사축소가능성
B. 공동 참가	높음	안정적, 괜찮은 이익
C. 입찰 성공	보통	큰 이익, 큰 비용

제한된 수의 대안 및 있을 수 있는 결과와 함께 A씨의 입찰에 관한 경험이 그가 위험개요를 만들어 내기 쉽게 만들어 주었다. 불확실성이 포함된 많은 결정문제가 더욱 시험에 도전하게 한다. 모든 경우에서 분명하고 빈틈없는 위험개요는 지극히 중요한 첫 걸음이다.

3.6.4 위험개요는 어떻게 만드나?

이제 조금 복잡한 위험개요를 어떻게 만드는지 예를 들어 살펴보자. A씨는 우편 판매업을 하고 있다. 그는 회사 창립기념일을

맞이하여 회사직원 30명을 위해 축하모임을 갖고 축하와 함께 지난해 그들이 열심히 일해 준데 대해 감사하기로 하였다. 그의 이 모임에 대한 목적은 즐거움과 가족참여 그리고 적정한 비용이다. 그가 비공식적으로 종업원의 의견을 들어본 결과 그들은 여름에 맞게 두 개의 대안에 찬성하고 있음을 알게 되었다. 하나는 수영장이 있는 산장으로 피크닉을 가는 것이고 또 하나는 시내 호텔에서의 저녁 파티를 갖는 것이다. A씨는 그의 세 가지 고려사항을 감안하여 볼 때 피크닉이 좋겠다고 생각하였다. 모두들 게임과 놀이시설을 즐길 것이고 특히 아이들이 좋아할 것이며 비용도 적게 들 것이다. 그러나 피크닉의 성공은 호텔파티보다 훨씬 더 그날의 날씨에 의존한다. 8월은 비가 오지 않을 공산이 크지만 때로는 태풍이 올 수도 있다. 비가 온다면 피크닉은 실패작이 될 것이다. 식사는 텐트 아래에서 추가비용을 드려 먹을 수 있겠지만 다른 행사들은 축소되거나 취소될 것이고 많은 사람들이 집에 머물거나 일찍 떠날 것이다. 반면에 비 때문에 호텔파티를 포기하지는 않을 것이고 비록 호텔 옥외 테라스가 날씨가 좋은 저녁에는 기억에 남을 만하다 할지라도 비오는 날에는 별 쓸모가 없을 것이지만 호텔의 대 연회장은 품격있고 즐거운 저녁을 위해 충분히 널찍할 것이다.

두 대안을 빠르게 두루 생각하여 A씨는 네 개의 위험개요 질문에 이미 답을 내놓았다. 그는 불확실성(날씨), 있을 수 있는 결과(비 또는 개임), 결과의 가능성(비올 가능성 낮음), 결말(結末; consequences) (비오면 피크닉 실패)을 알아냈다. 어떤 경우 간략하고 일상적인 설명으로 최종 결정을 내리기에 적합할 수도 있지만 A씨는 정보가 올바른 결정을 내리는데 충분하다고 느끼지 못한다. 그는 그의 결정에 영향을 미치는 불확실성, 결과, 가능성, 결말을 체계적으로 명확하게 해 나아갔다.

🄵 주요 불확실성을 알아내자

사실상 어떤 결정도 불확실성을 포함하고 있지만 대부분의 불확실성은 결말에 문제가 될 만큼 큰 영향을 주지 않는다. 위험개요에 포함될 만큼 충분히 중요한 불확실성을 선택하려면 다음 두 단계를 거쳐야 한다.

- ㅇ 어떤 대안의 결말에도 의미 있게 영향을 주는 모든 불확실성을 나열한다.
- ㅇ 이들 불확실성을 한 번에 하나씩 숙고(熟考; consider)하고 그들의 여러 가지 있을 수 있는 결과가 결정에 영향을 주는지 여부와 준다면 어느 정도 주는지를 정한다. 많은 불확실성이 있다면 가장 문제가 될 가능성이 있는 몇 개로 걸러낸다.

A씨의 결정에는 날씨 이외에 참석자와 비용 등 여러 불확실성을 내포하고 있다. 참석자에 대한 예상에서 A씨는 거의 모든 종업원이 양 행사에 참석할 것이고 그 정확한 수를 아는 것이 그의 선택에 별로 영향을 주지 않을 것이라고 결론 내렸다. 비용 알아보기를 위하여 A씨는 두 곳의 행사담당 부장에게 견적을 요청하여 피크닉은 대략 5백만원 파티는 천만원 정도 든다는 것을 알았다. 이 견적은 손님의 정확한 수 그리고 음식, 음료 및 여흥의 선택에 따라 약간 달라지지만 그 차이가 A씨의 생각에 크게 영향을

주지는 않을 것이다. 그래서 참석자 수와 비용에 약간의 불확실성이 있지만 그로 인한 있을 만한 결과가 A씨의 선택에 변화를 줄 만큼 최종결말에 영향을 주지 않을 것이다. 결국 날씨가 핵심 불확실성으로 남게 된다. 피크닉이 제 아무리 사람들의 마음을 끈다 할지라도 비가 온다면 많은 사람이 참석하지 않거나 일찍 떠날 것이다. 피크닉은 비로 인한 실패작이 될 것이다.

결과를 정의(定義; define)하라

이제 각각의 불확실성으로 인한 결과를 명시(明示; specify)하여야 한다. 이를 위해 두 개의 질문에 답해야 한다.

- 각 불확실성의 정도를 나타내기 위하여 그것으로 인하여 생길만한 결과를 얼마나 많이 정의하여야 하나?
- 각각의 결과를 어떻게 최상으로 정의할 수 있을까?

명시하여야 할 결과의 수는 역점을 두어 다루고 있는 불확실성의 종류에 따른다. 일부 불확실성으로부터는 본래부터 분명히 정의된 결과가 소수 생길 수 있다. 다음 두 질문의 해답에는 두 결과만이 있을 수 있다. 바둑 경기의 두 대국자 중 누가 이길까? 현재 심의중인 법안이 통과될까 아니면 부결될까? 그 외의 불확실성은 많은 수의 결과가 있을 수 있다. 이번 일요일 야구장에 얼마나 많은 관중이 모일까? 이 주식을 삼으로써 돈을 얼마나 벌까? 에 대한 답을 생각해 보자.

생길 만한 결과가 많을 때는 그들을 범위나 범주(範疇; categories)로 조직하여 단순하게 표현하여야 한다. 범주는 수량적(천만원에서 2천만원, 2천만원에서 3천만원, 등등) 또는 기술적(記述的; descriptively) (상, 중, 하; 대, 중, 소; 성공, 중간, 실패)일 수 있다. 일부 경우에서 수적 범위에 대푯값을 부여할 수 있다. 예를 들면 계산과 비교를 쉽게 하기 위하여 2,000에서 3,000까지의 범위를 대신하여 2,500을 사용하는 것이다.

범위의 수가 늘어남에 따라 복잡성(複雜性; complexity)도 늘어나기 때문에 언제나 결과의 집합이 가능한 한 제일 적도록 줄여야 한다. 그러나 불확실성을 설명하는데 충분하면서도 지나치지 않아야 한다. 작은 수의 결과를 정의하는 것으로 시작하고 필요할 때만 추가하도록 하자. 예컨대 신제품 출시로 생길 수 있는 결과를 예상하고 있다면 오직 두 개의 범주, "많이 팔림"과 "적게 팔림" 두 범주만으로 시작하고 결과의 범위를 포착하기에 불충분하다면 "중간 정도 팔림"이라는 범주를 만들 수 있을 것이다.

그러나 많은 결과가 지정된다면 세 개의 추가된 기준에 맞아야 한다. 첫째 범주들은 중복됨이 없이 서로 분명하게 달라야 한다(즉 서로 배타적이어야 한다). "넓게 분산된 소나기"는 "비"와 "개임" 양쪽 모두에 포함되어서는 안 된다. 둘째 결과들에는 모든 가능성을, 즉 하나 또는 또 다른 범주에 들어가는 생길 수 있는 모든 만일의 사태를 포함하여야 한다. 다른 말로 하면 집합적으로 망라(網羅; exhaustive)되어야 한다. "널리 분산된 소나기"는 "비" 또는 "개임" 어느 한 쪽에 포함되어야 한다. 셋째 결과들은 불확실성이 해결되었을 때 벌어진 일이 하나 또는 기타 정의된 범주에 속하는 것으로 분명하게 알아볼 수 있도록 명료하게(모호하지 않게) 정의되어야 한다. 널리 분산된 소나기가 왔다면 날씨는 비가 온 것인가 또는 개인 것인가?

㉶ 가능성을 사정(査定; assign)하라

생길만한 결과나 결과의 범주를 분명하게 정의하는 것이 가능성이나 공산(公算; likelihood)을 판단하는 것을 도와줄 것이다. 그럼에도 불구하고 특히 문제의 주제를 잘 모르고 있을 때 또는 시간에 쫓기고 있을 때가 가능성이나 공산을 사정하기에는 제일 어렵고 가장 골치 아픈 일일 수 있다. 그러나 다음 제안들을 따르면 사정된 것이 타당하고 쓸모 있다고 믿게 될 것이다.

- 판단하라. 우리는 흔히 일어날 결과의 가능성을 우리 자신의 지식과 경험에 기초하여 타당한 사정을 할 수 있다. 오즈메이커(oddsmaker)가 스포츠 내기(betting)에서 언제나 그 일을 한다. 소개팅을 마련할 때 친구들이 그 일을 한다. 일상생활에서 우리 모두 거의 무의식적으로 그 일을 한다. 오는 목요일에 퇴근길이 늦어질 가능성은 얼마나 될까?
- 가지고 있는 정보를 참고하라. 흔히 결과가 생길 가능성을 사정하는데 도움이 될 정보가 있을 것이다. 읽어날 가능성이 있는 결과의 실마리를 던져줄 수 있는 모든 정보원(情報源; sources of information) – 도서관들, 인터넷, 조직 내의 문서들, 연구 데이터, 전문 출판물들 – 을 주의 깊게 고려하여야 할 것이다. 예를 들어 A씨는 이번 여름의 오후나 저녁에 비가 올 것인지를 판단하기 위하여 기상청에서 날씨자료를 받아 볼 수도 있다.
- 새로운 데이터를 수집하라. 필요로 하는 특정한 데이터가 바로 손에 넣을 수 없을 때가 있어 스스로 직접 수집해야 할 때

도 있다. 식품회사가 시험판매나 전화설문을 통하여 새로 나온 우유 브랜드를 구매할 가구의 비율을 추정할 수도 있다.

- **전문가에게 묻는다.** 대부분의 불확실성에 대해 아마도 우리보다 그것에 대하여 잘 아는 누군가가 어딘가에 있을 것이다. 의사나 변호사 또는 회계사나 경제학자와 같은 전문가를 찾아서 그의 판단을 이끌어내자. A씨의 경우 지역 기상학자가 적정한 전문가일 수도 있다.

- **불확실성을 그 구성요소로 분해하라.** 때로는 불확실성을 그의 구성요소로 분해하여 그 구성요소에 관하여 생각하고 나서 그 결과를 결합하는 것이 확률을 밝혀내는데 도움이 될 수 있다. 한 기업인이 현재 개발이 진행되고 있는 지역에서 새 세차장의 성공은 인근 지역에 들어설 쇼핑몰이나 복합 상업지구의 규모에 의하여 이 지역에 얼마나 많은 자동차가 들어오게 될 것인가에 따르게 되리라는 것을 알아차렸다. 그는 쇼핑몰이 건설될 것을 상정하고 하루에 몇 대의 세차가 이루어지리라는 범위에 대한 가능성을 추정할 수 있다. 마찬가지로 복합 상업지구가 들어설 때의 하루 세차 범위에 대한 가능성을 추정할 수 있다. 그런 뒤 그는 몰 및 상업지구의 건설 각각에 추정한 가능성에 비례하는 결과를 혼합하여 하루 세차 량의 전반적 평가를 얻을 수 있다.

가능성을 나타낼 때 비수치적인 방식이 제일 먼저 생각날 수 있다. 일상 대화에서 사람들은 “가능성이 없는(unlikely)”, 가능성이 반반인(toss-up), 가능성이 희박한(barely possible), 상당히 가능성이 있는(fairly likely), 가능성이 높은(pretty good chance), 거의 확실한(almost sure), 등등의 문구를 사용하여 가능성을 나타낸다. 그들은 그것이 쉽기 때문만 아니라 그들이 그들의 판단에 진짜로 연관된다고 생각하기 때문에 그리하는 것이다. 그러나 한 사람의 "상당히 가능성이 있는" 다른 사람의 그것과 같을 수도 다를 수도 있다. 그런 주관적 문구는 다른 사람에게 정당성을 설명할 필요가 없는 개인적 결정에서는 충분할 수도 있겠지만 대부분의 결정에 대해서도 충분할 만큼 정밀하지 못하다. 물론 대부분의 경우 우리는 실제로 소수(小數; 0.3)나 분수(分數; 2/3) 또는 백분율(百分率; %)을 사용하는 확률과 같이 수치를 가지고(quantitatively) 표현하고 싶어 한다. 숫자를 사용함으로써 오해의 가능성을 줄이고 결정을 분명하게 한다.

판단을 양적으로 표현하는데 또는 그렇게 하기 위해 누군가 다른 사람을 끌어드리는데 어려움이 있다면 극단에서부터 방향을 잡아가자. 예약 없는 바쁜 식당에서 여성안내(女性案內員; hostess)에게 목요일 오후 6시에 한자리 잡을 수 있겠느냐고 물었을 때 그녀는 잡을 수 있을지 없을지 갈피를 잡을 수 없다고 대답할지 모른다. 이 질문과 다르게 "가능성이 25%는 넘느냐?"라고 묻는다면 "그보다는 훨씬 높죠." "50%보다 높죠." "예." "90% 정도는 되죠." "아주 높죠." 범위가 50%에서 90% 사이로 좁아졌다. 몇 개의 질문을 더 함으로써 한층 더 정밀한 범위가 마련될 수도 있다. 통상 가능성을 부여함에 있어 한 치의 오차도 없는 정밀도가 요구되는 것은 아니다. 자주 결정을 이끌어냄에 가능성이 특정한 범위 안에 들어간다는 것을 안다는 것으로 충분할 수 있다. 어느 결과가 나올 가능성이 30%와 50% 사이에 들어간다고 추정된다면 40%를 사용하는 대안과 비교하자. 그 뒤 30%일 때와 50%일 때를 생각해 본다. 대개 그 변화가 문제가 되지 않고 결정은 그대로일 것이다.

어떤 불확실성이 일어날 확률은 모두 합해 100%가 되어야한다. 만일 소수를 사용한다면 1.0이 되어야한다. 날씨에 대한 두 범주가 "비 옴"과 "개임"이라면 그리고 비올 확률이 30%라면 개일 확률은 반드시 70%이어야 한다. 우리가 부여한 어느 결과가 일어날 확률은 사정이 변함에 따라 또는 새로운 정보가 입수됨에 따라 변할 수도 있다. 결정과정을 진행해 감에 따라 규칙적으로 우리가 부여한 가능성의 타당성을 당장의 정보에 근거하여 보장하기 위하여 다시 조사하여야 한다.

결말을 분명히 하라

다른 결과(結果; outcomes)는 다른 결말(結末; consequences)을 가진다. 그리고 이들도 역시 정의되어야 한다. 일반적으로 앞에 나온 3.4.1의 결과를 기술하는 기법에서 설명된 과정을 밟아 결말을 설계하여야 한다. 결정의 복잡성에 따라 결말을 다음 세 방식 중 하나로 설계하여야 한다.

- **작성된 기술**(記述; description): 가장 정확하지 않지만 광범위하게 작성된 기술이 때로는 충분히 좋을 수도 있다. "미미한," "OK," 또는 "별 소득 없는 노력의 낭비"와 같은 문구들은 개인적인 결정에 맞을 수 있을지는 몰라도 다른 사람들과 바로 소통하려면 너무 많은 해석이 필요하다.

○ **목적에 의한 질적(質的; qualitative) 기술**: 목적에 의하여 질적으로 표현된 결말은 단순한 작성된 기술보다 더 많은 정보를 포함한다. 야외피크닉에 대해 A씨의 목적 각각에 대한 맑은 날씨의 결말은 (1) 즐거움이 큼, (2) 가족참여율 높음 그리고 (3) 비용 적음과 같이 기술될 것이다.

○ **목적에 의해 수치로 기술**: 비록 만들어 내는데 많은 시간이 걸리겠지만 금액으로 표시된 비용 추정치와 같이 목적에 의해 수치로 표현된 결말이 가장 분명하고 제일 쉽게 비교할 수 있고 사용하기 제일 쉽다. 5백만원(±)으로 표시된 중고차 가격이 "저렴(低廉; low on cost)"이라고 표시된 것보다 훨씬 편리하고 의미를 담고 있다.

그렇지만 모든 경우에서 결말의 기술은 올바른 선택에 도달하기 위해 필요한 정보를 제공하는데 충분하기만 하면 된다는 사실에 유념하자. 우리의 결정이 작성된 기술로 분명하다면 정밀하고 수적인 추정을 만들어 내기 위해 많은 시간을 쓸 필요가 없다.

3.6.5 위험개요를 결정나무(decision trees)로 표현하자

흔히 위험개요의 개발 자체가 스마트한 결정이 분명해지도록 불확실성을 명확하게 하여준다. 그러나 항상 그런 것은 아니다. 일부 결정은 특히 고도로 복잡한 것들은 조금 더 분석을 하여야 한다. 그럴 때 결정나무[16]가 아주 편리하게 이용될 수 있다. 결정나무는 결정의 진수(眞髓; essence)를 도표로 나타내어 모든 결

16) 강성안, 같은 책, pp.206.

정 및 불확실성간의 상호관계를 보여준다. 어떤 의미에서 결정나무는 청사진(靑寫眞; blue print)과 같은 것으로 결정이란 건축물을 설계하여 보여준다. 건축업자가 청사진이 없이 집을 지을 수 없는 것처럼 의사결정자는 불확실한 조건 하에서의 어려운 결정을 해결하기 위하여 결정나무가 자주 필요할 것이다.

A씨의 종업원 파티 문제의 진수는 그림 3.6.1에서 볼 수 있는 것과 같은 결정나무로 구성할 수 있다. 나무는 결정의 지점(1이 들어간 네모)에서 시작된다. 이 지점에서 서로 대치하는 대안들이 뻗어 나가게 되는데 A씨의 경우에는 두 대안, 즉 산장피크닉과 호텔파티가 아래위로 뻗어나가고 있다. 대안 가지 각각은 분기점 2와 3이 들어간 동그라미에 이르게 된다. 여기서 불확실성의 결과(이 경우 비 옴 또는 개임)가 갈라지게 된다. 이들 결과 가지에 각각의 일어날 가능성(A씨가 지역 일기예보관으로부터 알아낸 30%와 70%)을 표기한다. 결과 가지 각각은 결국 여러 개(이 경우에 세 개)의 결말로 끝나게 된다.

네 개의 있을 수 있는 통로가 있는 이 단순한 결정나무는 어떻게 그림이 대안과 불확실성 그리고 결말 간의 관계를 분명하게 해주는가를 보여준다. 결정나무는 위험개요에 활기를 불어넣는다. 이런 방식으로 표현된 A씨의 결정을 보면 그의 생각이 그대로 분명해진다. A씨는 성공적인 피크닉이 30%의 비올 가능성을 받아 드릴만큼 호텔파티보다 훨씬 더 잘 그의 목적에 맞는다는 결론을 내린다. A씨는 피크닉을 선택한다. 결정나무는 특히 결정과정을 다른 사람에게 설명하는데 편리하다. 결정나무를 그리는 습관에 빠짐으로써 불확실성이 포함된 비교적 단순한 결정에 대해서조차 두 가지 면에서 의사결정의 솜씨를 향상시켜줄 것이다.

첫째 결정나무는 빈틈없는 논리적 사고를 고무(鼓舞; encourage)할 것으로 키울만한 유용한 습관이다. 둘째 단순한 문제에 대해 나무를 구성하는 일에 숙달함으로써 아주 복잡한 문제를 다루는 기법을 쉽게 익힐 수 있게 된다.

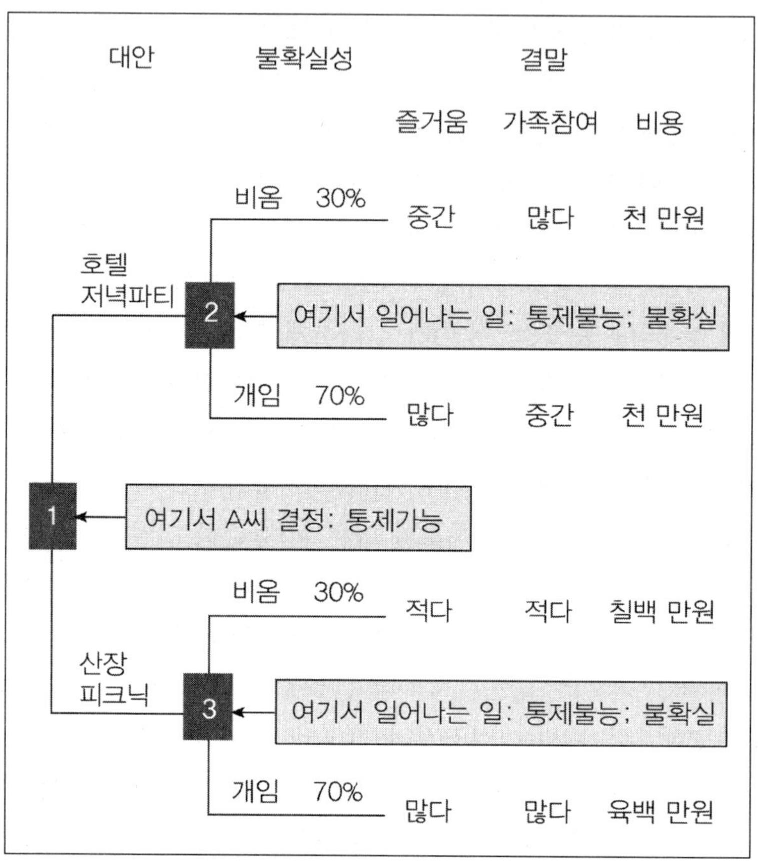

[그림 3.6.1] A씨의 종업원 파티에 대한 결정나무

3.7 연계결정(連繫決定; linked decision)[17]

우리는 지금 결정하면서 이 결정과 연계되어 장래 파생될 몇몇개의 대안 중에서 한 두개를 선택해야 하는 경우가 많다. 예를 들면 대학 전공과목 선택이 장래 직업선택에 크게 영향을 줄 수도 있다. 이때 직업선택이 연계결정이 된다. 이제 무엇을 할 것인가를 가장 올바르게 결정하기 위하여 우리는 장래에 할지도 모르는 결정에 관하여 생각하여야 한다.

물론 모든 결정이 미래에 영향을 준다. 그러나 대부분은 본질적으로 새로운 결정 상황에 따라 이루어지는 별개의 결정이다. 여기서 우리가 이야기하고자 하는 결정에는 현재의 결정과 하나 또는 그 이상의 나중 결정과 불가피하게 연결되어 있다. 예를 들어 심각하게 아픈 환자의 치료를 시작하는 의사는 있을 수 있는 병발증(竝發症; complications)에 어떻게 대응해야하는지 그리고 장래의 대안이 되는 치료의 가능성을 열어두어야 하는지 배제해야하는지 관하여 생각하여야 한다.

그런 연계결정에서 오늘 선택된 대안이 내일 사용가능한 대안을 만들어 내고 그들 미래 대안들 중 어느 대안이 상대적으로 더 바람직한지에 영향을 준다. 연계결정은 대학 전공의 선택과 뒤따르는 직업의 선택에서처럼 수년간 떨어져 있을 수 있다. 또는 러시아워(rush our)에 차로 출근할 때 어느 경로로 갈 것인가를 정할 때와 같이 수분 간 떨어져 있을 수도 있다. 그렇긴 하지만 그것들이 의사결정을 새로운 복잡하게 만든다.

---

17) Hammond, Keeny, & Raiffa, 위의 책, p.159.

3.7.1 연계결정은 복잡하다

여기에 사업상의 예를 들어보자. 주스회사의 판매담당 부장이 비타민이 강화된 새 신선과일 음료의 출시를 책임지고 있다고 상상하자. 이 음료의 성공은 음료시장에서 그 제품을 정의하여 줄 이름, 가격, 포장, 광고 등등의 복합인 마케팅 개념에 달려 있다. 소비자의 마음속에 그 음료의 이미지를 만들어 줌으로써 그 개념은 누가 그 음료를 얼마나 살지에 엄청난 영향력을 가질 것이다.

이 음료에 대한 당초 개념은 젊은 성인을 위한 갈증해소 음료이었다. 시장조사는 그 개념이 성공할 수 있으며 목표고객을 확보할 가능성이 크다는 것을 보여 주었다. 그러나 조사는 아직 충분이 밝혀지지는 않았지만 다른 개념이 오히려 더 성공할 수도 있다는 신호를 보여주기도 한다. 이 개념은 주 고객을 25에서 55세의 활동적인 성인으로 하는 에너지 음료로 재구성하는 전략이다.

갈증해소 음료인지 에너지 음료인지 어느 개념을 선택할 것인가? 각각의 개념은 판매에 관한 불확실성을 가지고 있다. 에너지 음료로써 이 제품은 갈증해소 음료를 압도할 수도 있겠지만 실패한다면 그 결과는 훨씬 더 나쁠 가능성이 크다.

어느 개념이 더 바람직한지 평가함에 있어 당신은 있을 수 있는 장래결정에 관하여 생각할 필요가 있다. 예를 들면 이 제품의 최초 판매가 실망스럽다면 당신은 그것을 어떻게 호전시킬 것인가? 다른 광고전략? 소매아웃렛에서의 가격프로모션(price promotion)? 갈증해소 음료가 판매부진이라면 그것을 에너지 음료로 재구성할 수도 있을 것이며 나이든 고객을 목표로 바꿀 수도 있을 것이다. 그러나 실패된 에너지음료는 아무리 마케팅 개념을 재구성하거나 포장을 바꾸어도 갈증해소 음료로 젊은 층에 어필할 가능성은 낮다. 당신의 결정은 이들 장래결정과 연계되어 있다.

물론 개념을 실제로 선택하기 전에 당신은 에너지 음료에 대한 시장조사를 시행하기로 정할 수 있다. 조사는 잠재적 판매에 관한 불확실성을 줄여줄 것이다. 그리고 개념의 올바른 선택을 위한 더 많은 정보를 줄 것이다. 그러나 그것은 많은 돈이 들 것이며 새 음료의 출시를 지연시켜 경쟁사가 경쟁제품을 가지고 나올 시간을 제공할 것이다. 그럴만한 가치가 있나?

이 음료의 개념설정이 직면한 상황이 연계결정의 모든 요소들을 가지고 있다.

- 기초적 결정은 현재에 초점을 맞추어야 한다(어떤 개념.)
- 기초적 결정에서의 각 대안의 바람직함은 불확실성에 의하여 영향을 받는다(각각 얼마나 팔릴까?).
- 상대적 바람직함 또한 기초적 결정에서의 불확실성이 (음료의 최초 판매에서 얻어진 데이터로) 해결된 뒤 장래의 결정(어떻게 성공적이지 못한 제품출시를 성공적인 제품으로 전환시키는가)에 의하여 영향 받는다.
- 기회는 기초결정을 내리기 전에 정보(에너지 음료개념에 대한 시장조사)를 얻는 데 있다. 이 정보는 기초결정에 있었던 불확실성을 줄여줄 수 있을 것이며 장래결정에 희망을 주고 개선하여줄 것이지만 비용(시간과

돈)이 들 것이다.

- 일반적 의사결정 패턴은 결정하고 나서 배우기의 연속이다. 결정하고 나서 더 배우고, 결정하고 나서 또 배우기 등등이다.

3.7.2 미리 계획함으로써 올바르게 연계결정 내리기

연계결정을 올바르게 내리기에는 그것들 사이의 관계를 이해할 필요가 있다. 기초결정에 연계결정은 두 형태를 취할 수 있다.

- 기초결정들을 내리기 전에 정보결정이 추구되어야 한다. 그것은 당신이 얻은 정보가 당신이 기초결정에서 올바른 선택을 하도록 도와주기 때문이다.
- 장래 결정은 기초결정의 결말이 알려진 뒤에 내려진다. 그것들은 장래에 사용할 수 있게 될 대안들이 지금 내려지는 선택에 의존하기 때문이다.

올바른 연계결정내리기의 요체(要諦; essence)는 미리 계획하기이다. 효과적인 연계결정을 내리는 사람은 성공하는 바둑기사처럼 그의 현재의 결정을 내리기 전에 몇 개의 앞으로의 결정을 미리 계획한다. 기초결정(바둑기사로서의 착점의 결정)을 내린 후의 전개(展開; developments) (미결의 불확실성을 해결해 주는 상대의 수)를 본 후에 의사결정자는 다음 선택을 하기 전에 미리 몇 개의 결정을 다시 계획한다. 이를 계속함으로써 의사결정자의 목적의 충족을 향해 한 걸음 한 걸음 일연의 결정을 내린다.

3.7.3 연계결정을 분석하기 위한 여섯 단계를 따라가자

연계결정들은 한 번에 모두를 기억하기에는 너무도 많은 수백 또는 수천의 있을 수 있는 대안과 결과의 조합(組合; combinations)을 내놓을 수 있다. 그런 결정들을 내리기 위한 비결은 상황을 비중에 따라 가르고 가장 문제가 되는 것에 집중하는 것이다. 본질적 특성을 간직하고 있는 단순화된 변형(變形; version)을 만들어 냄으로써 그것에 관하여 분별력 있게 그리고 효과적으로 생각할 수 있다. 다음 5단계의 과정이 안내해 줄 것이다.

[1단계]

기초결정 문제를 이해하자.

일반적 접근의 세 핵심 요소, 즉 문제의 정의, 목적의 특정, 및 대안 만들기로부터 시작하자. 그 뒤 대언들의 결말에 영향을 주는 불확실성들을 확인하자. 이 불확실성들이 연계결정의 핵심이다. 그것들이 없으면 결정을 결정-학습의 연쇄에 연계할 이유가 없다. 왜냐하면 결정들 사이에서 배울 것이 없기 때문이다.

불확실성의 리스트를 만들자. 그 뒤 그 리스트를 좁혀 결말에 가장 영향을 주는 몇 개 아마도 한두 개를 선정하자. 덜 중요한 불확실성들에 대해 그것들이 어떻게 모습을 드러낼지 합리적으로 가정하자. 직면하고 있는 모든 불확실성의 전반적인 분석을 할 필요는 없다. 예를 들면 마케팅 예에서 주스가 얼마나 잘 팔릴 것인가는 뚜렷한 불확실성이다. 반면에 제조원가에 관한 불확실성은 비교적 중요하지 않으며 따라서 비용에 관한 합리적인 가정으로 충분하다.

[2단계]

불확실성을 줄이기 위한 방법이 있는지 확인하자.

결정하기 전에 정보를 수집한다는 것은 결정-학습-결정-학습-의 연쇄 중 배우기 부분에 관해 사전대책을 강구하는 것을 의미한다. 우리는 의식적으로 장래의 불확실성을 줄이거나 해결하는 정보를 찾기 위하여 그리고 우리의 기초결정을 개선하기 위하여 기초결정을 뒤로 미룬다. 예컨대 시의회선거에서 이길 기회가 아주 좋다고 믿는 정치가는 잠정적으로 출마하기로 계획을 세울 것이다. 그러나 출마결정을 뒤로 미루고 여론조사를 실시하여 조사결과가 그를 지지하는 사람이 그가 믿는 것만큼 많지 않다는 것을 보여준다면 그는 그의 결정을 재고하게 될 것이다. 정보수집 전략을 만들어내기 위하여 당신은 어떤 정보가 중요하며 어떻게 수집할 것인가를 정해야 한다. 즉

○ 종요한 불확실성 각각에 대해 그 불확실성을 줄여줄 수 있는 정보의 종류를 리스트로 만들자. 그런 뒤 새로운 정보에 접하여 그 결정에 대한 관점을 어떻게 바꿀지를 정하라. 예를 들어 예의 정치인은 만일 그가 그의 이름의 인지도와 유권자들 사이의 평판에 대한 데이터가 있다면 그의 지지에 관한 불확실성을 줄일 수 있을 것이다. 만일 유권자의 반 이하가 그의 이름을 알아보고 그들 중 반 이하만이 그를 호의적으로 본다면 그는 그가 당선될 기회는 없다고 결론내리고 출마하겠다는 그의 잠정적 결정을 바꿀 것이다.

○ 중요한 정보를 얻는 방법에 관하여 연구하자. 유권자 태도에 관한 정보를 수집하기위하여 예의 정치인은 전화설문 조사나 포커스그룹(focus group)[18]을 이용할 수 있을 것이다.

어떤 정보를 어떻게 입수할 것인지를 정하고 나면 정보에 대한 다음 문제는 당신의 기초결정을 내리기 전에 그것을 입수할 가치가 있는지 여부이다. 이에 관해서는 4단계에 나온다.

18) 시장조사나 여론조사를 위해 각 계층을 대표하도록 뽑은 소수의 사람들로 이뤄진 그룹.

[3단계]

기초결정에 연계된 장래 결정에는 어떤 것이 있는지 확인하자. 관련된 장래결정을 확인하기 위하여 기초결정의 대안 각각에 어떤 결정이 자연적으로 뒤따르는지를 스스로에게 물어볼 필요가 있다. 예를 들어 예의 정치인이 출마안하기로 결정했다면 그는 그의 다음 행동을 고려하여야 한다. 그는 그의 지지층을 다른 후보에게 넘겨주어야 할까? 사무소를 찾고 그의 지명도를 강화하기 위한 작업에 착수해야 할까? 그는 다음 선거를 위한 자금을 마련하는 계획을 짜야 할까? 연계결정을 위해 생각할 수 있는 모든 장래 결정의 리스트를 만들자. 그리고 그 리스트를 가장 중요한 것처럼 보이는 몇 개로 걸러내자.

잠재적인 장래결정을 고려할 때 얼마나 멀리 앞을 내다보아야 할까? 너무 멀리는 아니다. 당신의 기초결정의 결말과 단지 약하게 연계된 자연스러운 시간경계(時間境界; time horizon) 내에서 내다보라. 대부분의 경우 당신의 기초결정과 많아서 두 개의 장래결정을 포함시키자. 항상 단순하자.

[4단계]

기초결정에서 무엇을 할지 결정하라. 기초결정에서 무엇을 할까를 정하는 데는 (만일 있다면) 어떤 정보를 기초결정 전에 수집할까를 정하는 것이 포함된다. 이를 위하여 우선 과정 2에서 구성된 리스트들을 기억하자. 리스트 상의 각 사항에 대해 정보수집 비용과 이득을 추정하자. 비용에는 일반적으로 돈, 노력, 시간, 불편 및 지연이 포함된다. 추가되는 정보로부터 끌어낼 이득이 무엇인가를 이해하기 위해서 추가 정보를 수집하지 않았다면 무엇을 선택하였을까를 알아야 한다. 새 정보는 그것이 결정을 바꾸었을 경우에만 이득이 된다. 학습된 정보와 상관없이 당신이 같은 기초결정을 내린다면 그 정보는 수집할 가치가 없는 것이다. 정보수집 대안에서 잡초를 뽑아내기 위한 빠르고 좋은 검사는 그 불확실성을 완전히 해결하기 위하여 얼마나 지불해야 할지를 묻는 것이다. 정보 대안이 비용이 더 든다면 그 정보는 분명히 수집 대상이 아니다.

[5단계]

나중 결정을 새 결정문제로 다루자. 시간은 지나간다. 당신의 기초결정에 대한 대안(갈증해소 음료)을 선택하였으면 그리고 무엇인가(잘 안 팔리는 것)를 알게 되었으면 무엇을 해야 할까? 잘 준비가 되었더라도 실제로 뒤 이은 결정시점에 도달하였을 때는 상황을 재고하여야 한다. 환경과 관점이 바뀌었을 수도 있으며 시간의 흐름으로 인하여 이제 이 시점에서 전보다 더 멀리 앞을 내다보게 되었을 수도 있다. 새로운 결정문제에 대한 이해를 높이기 위해 그리고 계획을 개선하기 위해 새로운 지식을 이용하자.

3.7.4 유연(柔軟; flexible)한 계획을 위해 선택의 여지를 남겨두자

때때로 불확실성이 크고 현재 환경이 변화무쌍하여 확신을 가지고 장래결정을 계획하기 어렵다. 응급실 의사, 소방관, 뉴스 작성실 편집자, 및 사업 매니저는 자주 자신이 그런 빠르게 발전하는 상황에 있음을 발견하는 사람들 중에 있다. 이런 경우 당신이 어떤 환경이 일어나더라도 이를 최대한 활용할 수 있게 하여주는 유연한 계획의 개발을 생각해 보아야 한다. 유연한 계획은 당신의 선택의 여지를 유지케 한다. 이에는 몇몇 형태가 있다.

- **전천후 계획:** 전천후 타이어처럼 전천후 계획은 대부분의 상황에서 잘 작동한다. 그러나 그것들은 어느 한 상황에 최적의 선택은 아니다. 그것들은 절충의 전략을 대변한다. 전면적 실패의 위험이 큰 고도로 불안정한 상황에서 다목적 계획이 자주 가장 안전한 계획이다.
- **단기 사이클 계획:** 이 전략은 우선 있을 수 있는 당장의 최선의 선택을 하는 것이다. 그리고 그 선택을 자주 재평가하는 것이다. 사업 매니저는 그들이 일 년 계획을 짜지만 그 사이의 사업의 전개를 참작하여 그것을 분기별로 갱신하여 보완한다.
- **선택의 폭 확대:** 때로는 최상의 전략이 당신의 장래대안들을 여러 개 갖는 방식을 택하는 것이다. 예를 들면

컴퓨터제조업자가 하나의 칩 공급업자만 있다면 공급자 리스트를 확대하여 예컨대 정기 공급원으로부터 그 칩의 90%를 그리고 두 새로운 공급원으로부터 각각 5%씩 구매하는 것을 고려할 수 있을 것이다. 자리 잡은 공급선으로부터의 공급이 중단되었을 때 대안이 보다 빨리 개발될 것이다. 세 공급원에서 구매한다는 것이 비용이 약간 더 들지만 장기적으로 그것이 회사를 구할 수도 있다.

- **예비 계획:** 이들 예비계획은 준비성 – 대부분의 만일의 사태에 사용가능한 합리적 대응책을 가지는 것을 강조한다. 예를 들면 많은 사람들이 비상시에 대비하여 의약 캐비닛에 구급상자와 기초약을 가지고 있으며 친구의 갑작스런 방문에 대비하여 냉장고에 한 병의 와인과 한 주전자의 아이스티를 넣어둔다. 옛 이야기에 있듯이 "성공은 준비가 기회를 만났을 때 생기는 것이다."

4. 그래도 알아두어야 할 것들

4.

그래도 알아두어야 할 것들

이론이 과거자료를 기반으로 한다는 의미에서 미래를 예측하는데 오늘날과 같이 변화가 심한 세상에서 큰 역할을 할 수 있을까 하는 의문이 생기지만 그래도 불확실성과 결정을 다루는데 있어 알아두어야 할 것들이 있다.

4.1 확률[19)]

확률은 불확실성을 계량화하기 위한 가장 잘 알려지고 널리 사용되는 개념이다. 확률이란 어떤 일이 일어날 가능성의 정도를 수량적으로 표현한 것이다. 따라서 확률이론은 불확실성의 언어이며 불확실성의 개념 및 측정과 관련된 수학의 한 분과이다. 그런 의미에서 확률의 개념과 그 특성을 이해하는 것이 불확실성하 의사결정을 공부하는 출발점이라 말할 수 있다.

---

19) 강성안, 같은 책 pp.30-68.

4.1.1 확률의 기본개념

우선 확률은 어떤 일이 일어나지 않을 때의 확률을 0, 언제나 반드시 일어날 때를 1이라고 정의하는 것으로부터 출발한다. 확률개념에는 일반적으로 객관적 개념과 주관적 개념이 있으며 객관적 개념에는 다시 고전적 개념과 상대빈도(相對頻度; relative frequency)가 있다.

㉠ 고전적 확률 개념

이 개념은 동전 던지기에서 동전의 앞뒷면이 나올 확률에서 알 수 있듯이 서로 발생할 확률이 같고 각 결과는 서로 배타적(독립적)이어서 앞뒷면이 동시에 나올 일은 없다는 것을 근거로 확률을 평가한다. 이 개념에 의하면 동전의 앞면 또는 뒷면이 나올 확률은 각각 1/2이다.

이 개념은 17세기 중엽에 놀음(주사위나 카드 노름)을 위하여 개발된 배경에서 고전적이라는 이름이 붙은 것이다. 예를 들어 화투놀이에서 흑싸리가 나올 확률은 12 종류의 화투 패에서 흑싸리라는 한 가지 패가 나올 확률은 1/12이다. 흑싸리의 피가 나올 확률은 화투 패 전부가 48개이고 이중 흑싸리의 피는 둘이고 흑싸리와 나머지 패는 서로 배타적이므로 2/48, 즉 1/24(0,04167)이다.

상대빈도 개념

이 개념은 어떤 사건이 반복하여 일어날 수 있으며 이 사건이 얼마나 자주 일어나는가를 측정할 수 있다는 것을 전제로 하고 있다. 어떤 과정이 n번 반복되는 경우 E라는 사건이 m번 일어난다면 E라는 사건이 일어나는 상대빈도는 m/n이며 반복되는 회수 n이 증가함에 따라 그 확률이라고 정의한다. 이 객관적 확률은 반복되지 않는 경우 일어나거나 일어나지 않는, 즉 확률이 1 또는 0만 있을 수밖에 없게 된다.

주관적 확률

주관적 확률은 [우리에게 알려진 현재의 모든 관련 정보를 근거로 우리가 어떤 일이 일어날 가능성에 대한 우리의 믿음의 정도]라고 정의 되는 것으로 상대빈도처럼 과정의 반복을 전제로 하지 않고 단 한번 일어나는 사건에 대해서도 적용할 수 있다. 따라서 주관적 확률은 사건뿐만 아니라 정보의 함수가 된다. 의사결정자에 따라 하나의 사건에 관련된 정보가 다를 수 있고 시간이 지나면서 같은 사람이 새로운 정보를 얻을 수도 있으므로 한 사건의 확률은 시간과 사람에 따라 다를 수 있다. 이러한 관점에서 확률은 근본적으로 뉴턴 물리학에서의 질량이나 길이와 같이 객관적으로 측정할 수 있는 성질을 가지고 있지 않다. 오직 관측자에 의존할 뿐이다. 그러므로 우리는 하나의 확정된 확률이 아니라 너나 나의 또는 어느 전문가의 확률이라고 하는 것이다. 이 주관적 확률은 임의적일 수 있으며 객관화가 어려운 것이다.

4.1.2 확률의 특성과 형태

확률은 항상 영(零; zero; 0)보다 크거나 갖고 1보다 작거나 갖다. 일어날 가능성이 없는 사건의 확률은 0이고 확실히 일어날 사건의 확률은 1이다. 사건이 독립적으로 일어나고, 즉 서로 배타적 (mutually exclusive)이고, 다시 말해 한 번의 시도로는 오직 한 사건만 일어나고 집합적(集合的; collectively)으로 망라(網羅; exhaustive)되었으면, 다시 말해 일어날 수 있는 모든 사건이 다 포함되어 있다면 이들 사건의 확률의 합은 1이다. 이 서로 배타적이라는 성질과 모든 가능한 사건이 포함된다는 것이 확률의 특성일 뿐만 아니라 필수조건이다.

확률에는 세 가지 형태, 즉 단순 확률, 조건부 확률(條件附 確率; conditional probability) 및 연합확률이 있다. 단순 확률은 다른 확률과 연관되지 않은 단일 확률이다. 사건 A가 일어날 확률은 $P(A)$, 사건 B가 일어날 확률은 $P(B)$라고 각각 표기한다. 조건부 확률은 어떤 다른 사건(들)이 일어나는 것을 조건으로 다시 말해 어떤 사건 B가 일어난 뒤에 다른 사건 A가 일어날 확률로 $P(A|B)$라고 표기한다. 연합확률은 사건 A와 사건 B가 함께 일어날 확률로 $P(AB)$라고 표기한다.

4.1.3 확률변수 및 기대가치

의사결정을 함에 있어 불확실성을 다루려면 어떤 결정이나 실험의 결과를 모두 고려하여야 하므로 이들 결과를 종합적으로 다루기 위한 수단이 필요하다. 그 수단으로 확률변수가 사용된다.

㐂 확률변수(確率變數; random variable)

동전 던지기, 서울시의 내일 날씨, 이달 생산되는 A공장 등산화의 불량품 수, 이번 주 경기도의 자동차 사건 수 등은 지금 그 결과를 알 수 없지만 그와 같은 예측은 과거기록이나 실험 또는 표본조사에 의하여 확률로 이루어질 수 있다. 그러나 과거자료는 높은 신뢰도(信賴度; level of confidence)를 가질 수 있도록 오랜 기간과 넓은 범위의 자료이어야 하며 이 실험이나 표본조사는 잘 정의되고 안정적으로 반복할 수 있어야 한다. 한편 그 결과에는 불확실성이 함께한다. 이 말에는 조사나 실험 때마다 그 결과가 다를 수 있다는 뜻이 포함되어 있다. 즉 변수이며 값이 주어질 수 있다. 이 변수가 확률변수이다.

동전 던지기를 예를 들어 보자. 동전을 여섯번 던져 앞면(또는 뒷면)이 나올 수 있는 횟수는 한 번도 안 나오거나(0), 한번(1), 두번(2), 세번(3), 네번(4), 다섯번(5) 그리고 여섯번(6) 여섯 가지이다. 이 경우 확률 변수는 앞면 또는 뒷면이고 그 값은 0, 1, 2, 3, 4, 5, 6이다. 여기서 우리의 관심은 이 확률변수의 각각의 값의 확률이다. 예를 들면 동전을 여섯번 던지기 하여 앞면이 4번 나올 확률은 얼마인가 이다. 날씨의 경우 비가 온다와 안 온다가 확률변수이고 그 확률이 우리의 관심사이다. 이와 같이 확률변수는 어떤 투자의 수익률과 같이 구체적인 실수일 수도 있고 동전의 앞면/뒷면과 같이 언어적 표현일 수도 있다.

㐂 기대가치(期待價値; expected value)

의사결정 상황에서 확률변수는 극단적으로 무한히 많을 수 있으므로 확률변수의 평균이 자주 쓰인다. 여러 번 반복되는 무작위(無作爲; random) 실험에서 어떤 한 번의 실험결과, 즉 확률변수는 꼭 나온다. 극도로 많은 회수의 실험이 행해지고 그때마다 나오는 값들을 추적하여 관찰된 모든 확률변수의 값을 합하고 이를 행해진 실험의 횟수로 나누면 그 결과 값의 산술평균이 된다. 실험횟수가 무한대에 근접할수록 이 계산된 산술평균은 진짜 산술평균에 가까워진다. 이 산술 평균을 기대가치라고 부른다.

4.2 통계적 방법

통계학의 이론을 사용하여 전문가들이 미래를 예측하거나 현상을 파악하는 기법인 통계적 방법을 간략하게 알아보기로 한다. 여기서 살펴보는 방법을 실제 일상생활에서 바로 사용하기는 어려울 것이나 결정을 내림에 있어 미래의 예측이나 복잡한 현상의 판단이 필요할 경우 전문가에게 의뢰하여야 할지 여부를 위해 정리해 보기로 한다.

4.2.1 과거자료에 의한 예측

⊡ 상관분석 및 회귀분석에 의한 예측

우선 사용가능한 과거자료 중 서로 얼마나 밀접한 관계가 있는가를, 즉 상관관계가 얼마나 깊은가를 분석하여 깊은 상관관계가 있는 변수들을 찾는다. 이 중에서 쉽게 구할 수 있는 변수를 독립변수로 그리고 예측하고자 하는 변수를 종속변수로 찾아 이 변수간의 관계를 회귀분석(回歸分析)을 통하여 알아낸 수리적 함수관계를 이용하여 예측하는 방법이다.

상관분석(相關分析; correlation analysis)은 두 변수간의 밀접도(密接度)를 말하는 상관관계를 통계학적으로 구하는 기법이다. 상관분석으로 얻은 결과가 상관계수이다. 상관계수는 −1에서 1사이의 실수이며 그 절댓값이 0.8이상이면 밀접한 상관관계가 있다고 보며 1에 가까워질수록 밀접도가 높아진다. 1이면 함수관계가 있다. 함수관계가 있다면 독립변수(설명변수)에서 바로 종속변수를 구할 수 있다.

회귀분석(回歸分析; regression analysis)은 밀접도와 관계없이 함수관계를 찾아낼 수 있지만 상관계수가 낮은 분포에서 얻어진 함수관계는 별 의미가 없다. 알아내기 쉬운 자료에서 독립변수를 택하고 상관계수가 0.8이상인 분포를 갖는 관계를 회귀분석하여 함수관계를 얻게 되면 미래의 독립변수 자료를 구하고 이 함수를 이용하여 그 종속변수를 계산하면 미래의 자료를 예측할 수 있다.

타 시계열분석에 의한 예측

현재의 추세가 계속된다는 것을 전제로 하는 예측방법으로 과거자료를 시계열(時系列; time series)로 정리하여 미래를 예측하는 것이다.

시계열은 일정 기간에 걸쳐 어떤 변수를 관측하여 이를 시간의 변수로 변환할 수 있게 한 것으로 통상 숫자로 나타난다.

과거 10년간 국내에서 일 년에 판매된 승용차 대수, 어느 상점의 월간 매출액의 연간 자료, 우리나라 GNP의 과거 10년간 자료

등을 그 예로 들 수 있다. 이러한 시계열 자료는 일정한 방향성을 가지고 변동하는데 이 변동요인을 분석하여 장차 어떻게 변동해 갈 것인가, 즉 장차 어떤 값을 갖게 될 것인가를 예측하는 것이다.

그런 의미에서 변동요인의 분석이 중요한데 변동요인에는 추세변동(趨勢變動; secular trend), 계절변동(季節變動; seasonal variation), 순환변동(循環變動; cyclical variation) 및 불규칙변동(不規則變動; irregular variation)이 있으며 이들 요인이 단독으로 나타날 경우도 있지만 중복으로 나타날 때도 있다.

추세변동은 장기간에 걸쳐 증가 또는 감소하는 장기적 변동을 말한다. 인구, 물가, 국민소득 등의 장기적 변화상태가 그 예이다. 증가나 감소 추세가 일정기간 유지되는 것이 추세변동의 특징이다.

계절변동은 일 년 이내의 기간 내에서 반복적으로 발생하는 변화이다. 매일 변화를 근거로 조사된 시계열은 주간 단위로 파악할 수 있고 월별 변화를 근거로 조사된 시계열은 일년을 주기로 파악할 수 있다. 또한 4계절에 따라 분기별로 변동하는 시계열도 일년을 주기로 반복되는 계절변동의 한 종류이다.

순환변동은 주기가 계절변동보다 길지만 추세변동보다는 짧아 일년 이상의 주기를 갖고 반복되는 변동이다. 순환변동은 추세변동과 달리 증가와 감소가 반복적으로 나타나는 변동이다. 호황(好況; boom), 침체(沈滯; stagnation), 불황(不況; recession) 및 회복(回復; recovery)의 단계로 변동하는 경기순환과정(景氣循環過程; business cycle movement)이 대표적인 예이다.

🄵 시계열분석

상기 세 변동은 시간의 함수로 파악될 수 있어 독립변수로 시간을 사용한 회귀분석을 통해 함수관계를 구하는 것이 시계열 분석이라 할 수 있다. 과거 10년간의 자료의 독립변수인 시간을 1, 2, 3, ……, 9, 10으로 하는 시계열 자료를 구하여 회귀분석을 통한 시계열 함수를 구하면 여기에 향후 시간에 11, 12, 13, ……, 19, 20을 대입하여 미래를 향후 10년간의 시계열을 예측할 수 있다. 일 년간의 계절변동을 시계열분석을 통해 계절 시계열을 구할 수 있다.

4.2.2 표본자료를 이용한 판단

어떤 대상에 대하여 판단을 내리려할 때 표본(標本; sample)을 추출하여 분석하는 이유는 그 대상이 큰 집단이어서 시간, 돈 또는 자원이 너무 많이 들어 엄청난 대가를 치러야 하기 때문이다. 국민의식조사를 할 때 모든 국민을 대상으로 면접 조사하는 일은 불가능하므로 표본을 이용하는 것이 그 예이다. 또는 측정하는 과정에서 파괴검사가 필요한 경우에도 표본을 아용한다. 전자제품 생산업체가 자기 제품의 평균수명을 알고 싶을 때 모든 제품을 검사한다는 것은 비현실적이며 표본을 통해서만 정보를 얻을 수 있다. 이 대상이 되는 집단을 모집단(母集團; population)이라고 한다.

이와 같이 표본을 이용한 결과 값을 기초로 모집단에 관한 정보를 얻는 과정을 통계적 추론(統計的 推論; statistical inference)라고 부르며 추정(推定; estimation)과 가설검정(假說檢定; hypothetical testing) 두 형태가 있다.

다 추정

모집단에서 추출된 표본의 통계치(統計値; statistics)로는 일반적으로 평균치와 분산 또는 편차가 사용된다. 이 추정치가 정확하게 모집단의 값을 나타낸다면 이를 점 추정치(점 추정치; point estimate)로 사용할 수 있지만 실제로 표본을 추출할 때마다 다른 값이 나오는 것이 현실이기 때문에 어느 정도의 신뢰의 정도를 나타내는 구간 추정치를 사용하는 것이 통상적이다. 예를 들어 여론조사 결과 발표를 보면 평균값을 95%의 신뢰수준에서 오차범위 3% 포인트인 X라고 말한다. 이 경우 구간추정치가 되는 것이다. 여기서는 가설검정은 생략하기로 한다.

4.3 효용이론(效用理論; utility theory)[20)]

회사경영과 관련지어 불확실한 상황을 상상해 보자. 시장에 내놓을 새 제품에 대해 사줄 것으로 예상되는 잠재고객(潛在顧客; potential customers)의 반응은 어떨까? 회사는 신문광고에 집중하여야 할까? TV광고에 집중해야 할까? 회사가 이사를 하려하는데 빌딩을 사야 하나, 임차해야 하나? 사용하던 건물은 팔아야 하나, 임대해야 하나? 부품의 재고를 얼마나 가져가야 하나? 등등 수많은 문제가 있다. 모두 결정을 요구하고 있다.

위의 각 문제에는 각각 선택해야 할 대안(代案; alternatives)들이 있다. 회사는 새 제품을 내놓을 수도 있고 보류할 수도 있다. 회사는 생산량을 늘릴 수도 줄일 수도 아니면 현 수준을 유지할 수도 있다. 부품재고를 높게 또는 낮게 유지할 수도 있다. 있

20) 강성안, 같은 책, pp.322-335.

을 수 있는 선택대안 중에서 제일 좋은 것을 선택하는 것이 의사결정자의 책임이다.

각 결정에는 그 결정에 따르는 결말(結末; consequence)이나 결과득실(結果得失; payoff)이 있다. 결과득실은 이득일 수도 손실일 수도 또는 0일 수도 있다. 불확실한 상황에서는 결과득실이 어떤지 미리 알 수 없다. 결과득실이 어떤가는 내려지는 결정의 결과(結果; outcome)나 사건(事件; event)에 의해 정해진다. 이 결정의 결과를 자연의 상태라고 부를 수 있다.

회사가 신제품을 출시하였을 때 인기를 끌 수도 있고 외면당할 수도 있다. 그 회사 잠재고객들은 주로 TV시청자일지 모른다. 또는 TV는 별로 보지 않고 신문을 주로 볼지도 모른다. 그 낡은 건물은 좋은 조건의 임대료를 기대할 수도 있지만 낙후되어 임차할 사람이 별로 없을지도 모른다. 부품의 가격이 미래에 올라갈 것이므로 가능한 한 많은 량의 재고를 가져가는 것이 경제적일 수도 있고 보관비용이 가격인상분보다 더 클지도 모른다.

결국 의사결정자가 결정을 내릴 때의 상황, 즉 그 불확실성을 어떻게 판단하는가에 따라 결정이 내려질 것이다. 따라서 불확실성에 대한 개인의 태도 말하자면 판단기준이 있을 것이며 이를 계량화(計量化; quantify)한 것이 효용(效用; utility)인 것이다. 효용을 공부하기 전에 몇 가지 효용에 기초가 되는 개념을 알아보자.

4.3.1 기대가치(期待價値; expected value)

앞 (4.1.3)에서 기대가치의 기본 개념을 설명하였는데 이 개념을 일반화하면 어떤 결정 A의 결과가 V의 가치를 가지지만 P의 확률로 나타난다면 그 결과의 기대가치 EV는 가치와 확률을 곱한 PV이다.

확실등가(確實等價; certainty equivalent)

불확실한 상황에서의 가치, 즉 기대가치가 확실한 상황에서의 가치와 같을 때 그 기대가치를 확실등가라고 한다. 어떤 사람의 기대가치가 그 사람의 확실등가보다 크다면 그 사람은 위험추구(危險追求 risk seeking)라고, 같다면 위험중립(危險中立; risk neutral)이라고 그리고 작다면 위험기피(危險忌避; risk averse)라고 한다. 쉽게 말하면 위험추구는 불확실한 미래를 보다 낙관적으로 보는 것이고 위험기피는 불확실한 미래를 보다 비관적으로 보는 것이다. 위험추구는 적극적, 위험기피는 소극적이라고 할 수도 있겠다. 물론 위험중립은 위험추구와 위험기피의 중간을 말한다.

표준도박(標準賭博; standard gamble)

표준도박은 효용을 도출하기위하여 사용되는 내기로써 내기의 큰 금액 x^*이 나올 확률이 p이고 작은 금액 x^0이 나올 확률이 $1-p$인 도박을 말한다. 5,000만원을 투자하면 0.5의 확률로 1억원이 되고 0.5의 확률로 0원이 되는 도박 또는 5,000만원을 투자하면 0.7의 확률로 1억원이 되고 0.3의 확률로 0원이 되는 내기,

5,000만원을 투자하면 0.7의 확률로 8,000만원이 되고 0.3의 확률로 3,000만원이 되는 내기 등이 그 예이다.

4.3.2 효용(效用; utility)

이제 표준도박을 이용하여 효용을 구해 보자. 우선 우리가 사용할 표준도박에서 제일 작은 금액과 제일 큰 금액을 설정하자. 그리고 이들의 효용을 0과 1이라고 가정하여 효용지수로 사용하기로 한다. 우선 여기서는 −5천만원을 0 그리고 1억원을 1 이라고 하기로 한다. 이를 기호로 표시하면 $U(-5\text{천만원}) = 0$, $U(1\text{억원}) = 1$이다.

이제 한 경영자의 효용을 사정해 보자. 이 경영자에게 5천만원을 투자하면 0.5의 확률로 1억원이 생기거나 0.5의 확률로 5천만원의 손실이 생기는 투자 A와 1천만원의 이익을 내는 확률이 1인 (확실한) 투자 B 중에서 어느 쪽을 선택하느냐고 묻기로 한다. 그가 B를 선택하면 투자 A에서 1억원의 이익을 내는 확률이 최소한 얼마이면 A와 B가 같겠느냐고 묻는다. 다시 말하면 A와 B가 확실등가가 되는 확률을 묻는 것이다. 이 확률이 p라면 이 경영자는 5천만원을 버는 확률이 p보다 크면 A에 투자하고 p보다 작으면 B에 투자할 것이다. 그가 p을 0.85라고 한다면

$$
\begin{aligned}
U(1\text{천만원}) &= U(1\text{억원}) + U(-5\text{천만원}) \\
&= 0.85(1) + U(0) \\
&= 0.85
\end{aligned}
$$

즉 이 경영자의 1천만원의 효용지수는 0.85이다. 이 경영자에게 A와 B의 확실한 이익 5천만원 사이의 p을 물어 0.95의 답을 얻었다면

$$U(5천만원) = 0.95(1) + 0.05(0)$$
$$= 0.95$$

즉, 5천만원의 효용지수는 0.95이다. B의 손실금액이 2천만원으로 바뀌었을 때 이 경영자가 p가 0.52라고 하였다면 2천만원의 효용지수는

$$U(-2천만원) = 0.52(1) + 0.48(0)$$
$$= 0.52$$

이다.

같은 방법으로 −5천만원과 +1억원 사이의 어느 값에 대해서도 이 경영자의 효용지수를 구할 수 있다. 우리는 이 효용지수를 −5천만원과 1억원 사이의 효용으로 사용할 수 있다. 결국 효용은 불확실성이 감안된 개인의 가치판단이나 선호의 강도이다.

ⓓ 효용곡선(效用曲線; utility curve)

이것들을 가지고 금액과 효용을 x축과 y축으로 하는 그래프를 만들 수 있다. 더 많은 점을 찾아내어 이들을 연결하면 이 경영자(의사결정자)의 효용함수에 상응하는 효용곡선을 만들어 낼 수 있다. 예의 경영자의 −효용 그래프는 그림 4.3.1과 같으며

이 곡선은 직선이 아니라 곡선이며 아래쪽에서 내려다 볼 때 오목하다.

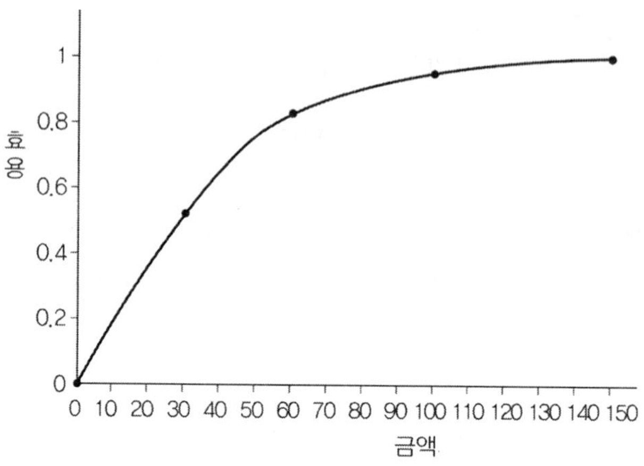

[그림. 4.3.1] 효용-금액 그래프

효용곡선은 극단적으로 말하면 각자 다 다르다 하겠지만 크게 보아 그림 4.3.2에서 볼 수 있는 것처럼 세 가지 형태가 있을 수 있다. 위험 기피자(危險 忌避者; risk avoider)의 곡선은 위의 경영자의 곡선과 같이 곡선이 오목이며 대각선인 사람은 위험중립 의사결정자이고 위쪽에서 올려다 볼 때 볼록인 사람은 확실한 것보다 도박을 좋아하는 위험 선호자(危險 選好者; risk preferrer)이다.

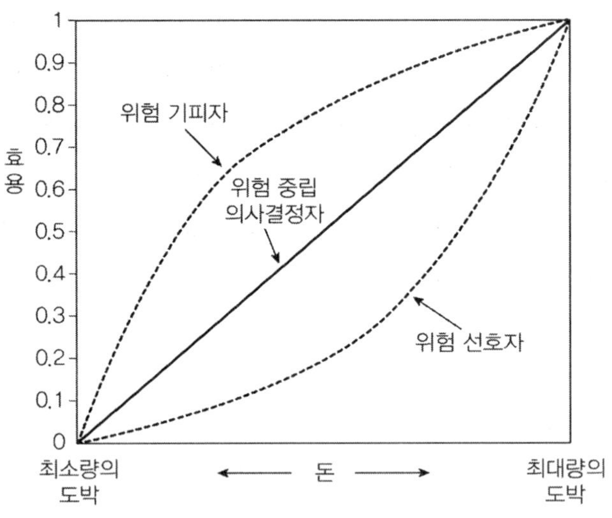

[그림. 4.3.2] 효용곡선의 세 형태

4.4 기대효용이론(期待效用理論; expected utility theory)[21]

현재의 가치가 불확실한 미래에 나타날 때 기대되는 가치로서 그 실현 가능성 또는 나타날 공산(公算; likelihood)을 감안한 가치를 기대가치라 함은 앞에서 4.1.3과 4.3.1에서 설명한 바 있다. 그렇다면 기대효용은 실현가능성 또는 나타날 공산을 감안한 미래의 효용이라는 것을 쉽게 이해할 수 있을 것이다. 기대효용은 의사결정자의 미래가치에 대한 가치판단이나 선호의 강도라 할 수 있다.

21) 강성안, 같은 책, pp.484-528.

불확실한 상황에서의 판단과 의사결정은 그 동안 확률과 효용을 거쳐 기대효용을 근간으로 하여 연구되었다고 하여도 과언은 아닐 것이다. 기대효용 이론은 요약하면 사람들은 기대효용이 큰 쪽을 택해야 한다는 것이다. 여기서 해야 한다는 말을 염두에 두면서 규범적(規範的; normative)이란 용어와 실증적(實證的; empirical) 또는 기술적(記述的; descriptive)이란 용어의 의미를 고찰해 보기로 한다.

모든 분야 이론의 학문적 노력을 편의상 두 개의 범주(範疇; categories)로 나눌 수 있다. 규범적인 것과 실증적인 것으로 그 가장 큰 차이는 목적에서 온다. 더 간단하게 말하면 "이래야 한다."와 "이러하다."의 문제이다.

4.4.1 규범적 이론(規範的 理論; normative theory)

규범적 모형은 이루어지는 것이 아니라 이루어져야 하는 것을 강조한다. 지침(指針; guidelines), 절차(節次; procedures), 분석도구(分析道具; analytical tools) 등등이 강조된다. 결정이 현실세상에서 어떻게 내려져 왔고 내려지고 있는 지에는 관심이 없다. 오히려 규범적 접근은 결정의 최적화를 위한 이론을 제공한다. 조직의 목표는 무엇일까? 문제해결을 위한 이상적(理想的; ideal) 접근법은 무엇일까? 모형 만들기, 효과의 잣대, 합리성, 계량화, 과학적 방법 등이 강조된다.

4.4.2 기술적 이론(記述的 理論; descriptive theory)

실증적 모형(模型; model)은 현실세상에서 일이 어떻게 일어나는가를 설명하려 한다. 그래서 의사결정 학계에서는 주로 기술적(記述的)이란 용어를 사용한다. 의사결정 이론에서 기술적 이론은 다음과 같은 질문에 해답을 구하려 한다.

예 4.4.2.1

- 현실세상에서 결정은 어떻게 내려지나?
- 실제 행동은 무엇인가?
- 경영자들은 어떤 과정을 밟는가?

기술적 의사결정 이론은 주어진 선택상황에서 사람들이 어떻게 행동하는 가에 관한 이론으로 그와 같은 상황에서의 사람들의 행동을 잘 설명하기 위하여 필요한 것이 무엇인가 라고 묻는다. 기술적 이론은 사람들의 행동을 관찰하는 것을 시작으로 그들의 행동을 체계적으로 설명하려 한다. 기술적 의사결정 이론의 목적은 특정한 부류의 사람들에게 특정한 상황에서 적용되는 규칙, 그와 같은 의사결정을 예측하게 하여주는 규칙을 발견하는 것이다. 그러나 사람에 따라 또는 상황에 따라 다른 선택을 하므로 의사결정에 적용되는 일관된 규칙을 발견하기 어려운 문제가 있다.

이와 같은 개인의 성향과 상황에 따라 효용이든 기대효용이든 달라진다는 현실에 부닥치며 기대효용 이론은 한계에 도달하게 되면서 규범적 모델을 뒷받침하는 합리성에 대한 재검토에 들어가게 된다. 물론 경제학자들 중에는 사람들이 경험과 배움을 통해 더 합리적이 된다고 주장하는 학자들이 많지만 경험과 배움이 합리적 행동을 보장하지 않는다는 증거도 많이 있다. 여기에 한정된 합리성이란 개념이 나오게 된 것이다.

4.5 한정된 합리성[22)]

한정(限定)된 합리성(合理性; bounded rationality)이란 용어는 의사결정자의 인지적 한계, 지식 및 계산능력의 한계를 고려한 합리적 행동을 뒷받침하기 위하여 사용된다. 인식의 한계 특히 지식의 부족과 미래를 예상하는 능력의 한계가 예컨대 초음속 수송기구의 구축, 산성비를 다루기 위한 대책, 이자율에 대한 중앙은행의 정책, 전쟁을 할 것인지의 결정 등등과 같은 국가적 규모에서 이루어지는 결정에서 뿐만 아니라 펀드(fund)에 투자할 것인가, 어느 대학에 가야 하나, 전공과목은 무엇으로 할까와 같은 우리들의 일상생활에서의 결정에서 분명하게 볼 수 있다.

한정된 합리성을 인정하게 될 때 우리는 경험과 배움을 통해 우리들의 의사결정을 향상시킬 수 있는 방도를 찾아야 할 것이고 나아가 직관의 중요성을 부정하지 말아야 할 것이다. 이런 맥락에서 체험직감해법(體驗直感解法; heuristic)은 우리 일상생활에서 결정을 내릴 때 사용할 수 있는 아주 좋은 해법이라 할 것이다.

---

22) 강성안, 같은 책, pp.248.

5.

체험직감 해법(體驗直感解法; heuristics)

5.

체험직감해법(體驗直感解法; heuristics)[23]

우리는 일상생활에서 모르거나 겨를이 없어 확률이나 효용을 계산하지 않고 결정을 내릴 경우가 많을 뿐만 아니라 정보가 부족하여 불확실한 상황에서 즉각적으로 결정을 내리지 않을 수 없을 때가 많다. 어떤 회사에 취업해야 할까? 어떤 주식에 투자할까? 누구와 결혼할까? 와 같은 문제가 그 예이다. 이런 경우 경험을 통해 발견된 해법 또는 직감을 이용한 해법이 단순하고 간소하여 시간을 절약하는 유용한 방법이 될 수 있다.

환자가 심장마비로 병원 응급실에 들어왔다. 의사는 이 환자를 중환자실로 보낼지 일반 병실로 보낼지를 당장 가지고 있는 단서만 가지고 결정해야 한다. 환자가 정말로 위급하여 값비싼 최고의 진료를 받아야 한다면 중환자실로 보내져야 할 것이다. 이 결정이 옳으면 그는 생명을 구하게 될 것이며 잘못이라면 필요없는 많은 돈과 시간을 허비하게 될 것이다. 상식적으로 생각해 볼 때 이 결

23) 강성안, 같은 책, pp.587-610.

정을 내리려면 여러 단계의 의학적 검진이 필요한데 실제적으로는 많은 환자 때문에 이 여러 단계 검진의 시간적 여유가 없으며 더구나 환자의 상태가 급박하여 빨리 결론을 내려야 할 경우가 많다.

예를 들어 미국 California 대학 San Diego Medical Center에서는 심장마비 의심환자가 입원하면 바로 혈압과 나이 등 19가지나 되는 진단을 위한 단서들을 측정하였다. 이 한자를 응급실로 보낼지 일반병동으로 보낼지를 결정하는 최상의 방법은 이들 측정결과 각각을 살펴보고 그 중요도에 따라 순위를 매긴 뒤 가급적이면 성능 좋은 통계 소프트웨어를 사용하여 이들을 종합하여 최종 결론을 내리는 것이다.

한편 Breiman과 동료들[24]은 간단한 방법을 고안하였다. 그들은 심장마비 환자들을 단지 세 개의 변수만을 사용하여 위험의 정도를 분류하였다. 수축기 혈압이 91 이상인 사람은 다른 정보 없이 즉시 고 위험환자로 분류되어 중환자실로 보내진다. 여기서 저 위험으로 분류된 사람들 중에서 나이가 62.5세 이하인 사람은 낮은 위험환자로 분류되어 일반실로 보내지고 이상인 사람들은 동성빈맥(洞性頻脈; sinus tachycardia)[25] 현상이 있는지 확인하여 있으면 고위험 환자로 분류되어 중환자실로 보내지고 없으면 일반실로 보내진다.

위의 두 방법을 비교해 보면 뒤의 방법은 몇 가지 점에서 단순하다. 우선 뒤의 방법은 많은 종류의 의료검사들을 필요로 하지

---

24) Brehman et. al., 1993.
25) 동결절(洞結節)의 흥분주기가 단축하여 심박 수가 매분 100이상으로 되는 경우를 말한다.

않는다. 또한 수량적 정보를 요구하지 않으며 단계적 과정을 밟아 첫 번째 질문에서 끝날 수도 있고 두 번째로 끝날 수도 있다. 단순할 뿐만 아니라 빠르고 간소하다. 그러면서도 Breiman과 동료들에 의하면 실제로 더 정확하다. 이 예에서 보듯이 복잡한 통계적 내지 기대효용 이론 등을 이용한 합리적 방법보다 체험과 직감에 의한 해법이 빠르고 간편한 해법이 될 수 있음을 알 수 있다. 이제 이들 체험직감해법(體驗直感解法; heuristic)에 대해 공부하기로 한다.

5.1 무지기반(無知基盤; ignorance-based) 의사결정[26]

5.1.1 알아보기 체험직감해법(recognition heuristic)

🄵 무지(無知; ignorance)가 득이 될 수 있다?[27]

고등생물의 놀라운 알아보기 능력은 여러 적응기능으로 진화하여왔을 가능성이 크다. 들쥐의 식습관을 보면 그들은 강한 신기혐오증(新奇嫌惡症; neophobia)을 나타낸다. 즉 그들은 알아보지 못하는 음식을 싫어한다. 이 현상은 독(毒; poisons)을 피하려는 적응이다. 살아있는 쥐가 먹어온 음식물은 그들을 죽이지 않아 왔다. Norway 쥐들은 맛을 보아 알아본 또는 다른 쥐들의 입김에서

26) Gigerenzer et. al., 1999, Simple heuristics that make us smart, pp.35-72.
27) Gigerenzer et. al., 위의 책, p.40.

의 냄새로 알아본 음식을 선호한다. 어떤 음식을 먹고 냄새를 풍긴 쥐가 그 즈음에 앓게 되었을 때에도 이 냄새를 맡은 다른 쥐가 이 음식을 선택하지 않음으로써 체험직감해법은 사용된다. 즉 알아보기가 병(病; illness) 정보를 이긴 것이다. 우리는 앞으로 인간을 대상으로 하는 관련 실험을 보게 될 것인데 이 실험이 알아보기에 상충되는 정보를 알아보기가 이긴다는 것을 보여준다.

무지가 우리를 영리하게 만들어 주는 경우가 많다. 그 예로 알아보기에 대하여 살펴보기로 한다. 한정된 합리성이란 개념의 원조로 유명한 H. A. Simon은 인간이 알아보기 능력(能力; capacity) 및 선택적 탐색(選擇的 探索; selective search) 능력을 가지고 있으며 이를 이용하여 생각을 가다듬는다고 말하였는데 우리가 지식이나 정보 없이 의사결정을 할 수 있는 힘이 이 인간의 능력에서 나온다고 할 수 있다. 그 예를 알아보기 체험직감해법에서 볼 수 있다.

우리는 거리에서 초등학교 동창생을 보는 경우가 있다. 그를 불렀을 때 상대방은 대답이 없이 쳐다만 본다. 아마도 어디서 본 듯한데 누구인지를 모르는 것이 아닐까? 반대로 전철 안에서 맞은편에 앉아 있는 사람이 어디서 많이 본 사람 같은데 그의 이름은 물론 전에 어디서 만났는지 아무 것도 생각이 안 나는 경우도 있다. 이것은 알아보기와 기억 되살리기가 분리될 수 있다는 것을 보여주는 예이다.

우리가 무엇을 보았거나, 어떤 소리를 들었을 때 또는 무엇을 맛보았거나, 어떤 냄새를 맡았을 때 비록 다른 어떤 정보도 기억할 수 없다 할지라도 우리는 전에 있었던 일을 알아내는데 별 어려움을 겪지 않는다. 그래서 우리의 알아보기라는 인식은 다른 기억능력과 별도로 작동될 수 있는 특별한 기억시스템을 구성한다고 학자들은 주장하는 것이다. 기억상실증을 앓고 있는 노인들은 어떤 대상에 관하여 심지어 어디서 그 대상을 보았었는지에 대해서 잘 말하지 못한다. 그런데도 그들은 전에 그 대상을 만났었던 것처럼 행동한다. 단순한 알아보기는 본질적으로 우리가 이전에 무언가를 경험했다는 또는 경험하지 않았다는 이원적 느낌으로써 지식의 가장 낮은 상태라 할 수 있다. 그렇다면 단순한 알아보기의 좋은 점은 무엇일까?

여기서 가장 단순한 체험직감해법인 알아보기 체험직감해법을 이용하여 복잡한 이론이나 깊은 통찰력의 도움 없이 빠르고 간편하게 문제를 해결하는 체험직감해법을 설명해 보기로 한다.

두 대상 중에서 어느 것이 어떤 기준(예: 속도, 높이, 강도)에서 더 큰 값을 가지는가를 추리하는 일을 위한 체험직감해법은 다음과 같이 간단하게 설명될 수 있다. 즉 만일 두 대상 중 하나는 알아보고 다른 하나는 알아보지 못한다면 알아본 대상이 큰 값을 갖는다고 추리하는 것이다.

예를 들면 누가 Dortmund는 들어본 일이 없고 Munich는 들어본 일이 있으므로 Munich의 인구가 더 많다고 추리하였다면 그는 옳은 답을 한 것이다. 알아보기 체험직감해법은 두 대상 중 하나는 알아보고 나머지 하나는 알아보지 못할 때에만 적용될 수 있다. 이를 Goldstein과 Gigerenzer[28)]가 발표한 실험결과를 가지고 설명해 나가기로 한다.

---

28) Gigerenzer et. al., 위의 책, p.37.

뜬 San Diego 혹은 San Antonio 중 어디가 더 인구가 많을까?

Goldstein과 Gigerenzer는 Chicago 대학과 Munich 대학 학생들에게 "San Diego와 San Antonio 중 어느 도시가 더 인구가 많은가?" 라고 물었다. Chicago 대학생의 62%가 옳은 답을 선택한 반면에 100%의 독일 학생이 옳게 답하였다. 독일인이 어떻게 San Diego가 크다고 추리하였을까? 독일 학생 모두가 San Diego는 들어본 일이 있지만 그들 중 많은 학생이 San Antonio를 알아보지 못하였다. 이처럼 그들은 알아보기 체험직감해법을 적용할 수 있었으며 옳은 추리를 할 수 있었다. 미국학생들은 두 도시를 모두 알아보았으며 이 체험직감해법을 적용할 만큼 무지하지 않았던 것이다.

위의 실험이 알아보기 체험직감해법의 생태적 합리성을 잘 보여준다. 알아보기 체험직감해법은 자연환경에서의 정보의 구조를 활용한다는 의미에서 생태적으로 합리적이다. 이들 환경에서 알아보지 못함은 무작위적(無作爲的; random)이 아니라 체계적이다. 이와 같은 무지(無知; ignorance)가 우리가 추리하고자 하는 것과 상관관계가 있다면 우리는 이를 이용할 수 있다. 체험직감해법은 그러나 이 상관관계가 어느 상황에서는 성립하지만 모든 상황에서 성립하지는 않으므로 아무데나 쓸 수 있는 전략은 아니다. 두 대학 중 어느 대학이 높은 등급인가 라든가 두 팀 중 어느 팀이 시합에서 이길 것인가 라든가와 같은 경쟁이 포함된 많은 환경에서 알아보기 체험직감해법은 쓸 만하다. 그러나 알아보기가 좋은 예측수단이 아닌 때도 있다.

알아보기 체험직감해법은 세상의 알려지지 않은 측면을 추리하기 위하여 사람들이 갖고 있는 아주 크고 효율적인 능력을 잘 이용한다. 얼굴, 목소리, 이름 등을 알아보는 과정은 결코 단순하지 않으며 인지과학(認知科學; cognitive science)에서 아직도 잘 이해되지 못하고 있다. 그러나 그 과정의 결과물은 단순한 신호로 사용될 수 있으며 이 알아보기는 아주 빠르고 단순한 체험직감해법으로 개발될 수 있다.

이제부터 지식의 부족이 이로움을 줄 수 있음을 설명하여 주는 모자람이-더-많음 효과(less-is-more effect)를 Goldstein과 Gigerenzer의 시험결과를 가지고 공부해 보기로 한다.

모자람이-더-많음(less-is-more) 효과

MacAlister의 세 아들이 독일 도시에 관한 실험에 참가하게 되었다. 실험은 무작위로 뽑은 두 대안으로 이루어진 독일의 50대 도시의 인구수에 관한 문제이다. 제일 막내는 무식하여 독일이란 말을 전에 들은 바가 없어 독일 도시에 대해 이야기 한 일이 없다. 둘째는 상식이 있고 때때로 엿들은 도시이름들로부터 50대 도시 중 25 도시이름을 알아본다. 둘째가 알아본 도시는 그가 알아보지 못한 도시보다 모든 비교의 80%에서 더 많았다. 즉 그의 알아보기 정확도는 0.8이다. 첫째는 모범생으로 독일 50대 도시의 이름 모두를 알아본다. 이 시험에서 누가 제일 좋은 성과를 올렸을까?

셋째는 무작위 수준(50%)의 성과가 나왔으며 첫째는 조금 좋은 60%가 나왔다. 놀랍게도 첫째보다 덜 알고 있는 둘째가 제일 정확한 추리를 하는 결과가 나왔다. 첫째는 모든 도시를 알아보고 셋째는 모든 도시를 알아보지 못하므로 둘째만이 알아보기 체험직감해법을 사용할 수 있다. 더 나아가 그는 도시 중 반을 알아보게 되어 그의 무지를 최대한 활용할 수 있었으며 이것이 그로 하여금 알아보기 체험직감해법을 사용할 수 있게 해주었었다. 알아보기 체험직감해법은 이처럼 더 많이 아는 사람의 추리가 적게 아는 사람의 추리보다 낮은 정확성을 보이는 모순된 상황으로 이끌 수 있다. 이는 모자람이-더-많음 효과로 생긴 것이다.

5.1.2 무지가 증권시장에서도 통할까?

투자가가 성공적인 주식 포트폴리오(portfolio)를 구성하기 위하여 사용할 수 있는 결정 도구가 존재할 수 있을까? 이 목표를 달성하기 위하여 얼마나 많은 특별한 정보를 얻어야 할까? 전문적인 투자회사들이 투자결정을 위하여 사용하는 도구와 정보는 보통사람들이 도달하기에는 너무 멀리 있다. 뿐만 아니라 전문가의 조언은 의심을 받아왔다. 억만장자 Warren Buffet는 "주식예측전문가의 유일한 가치는 점쟁이를 좋아보이게 하는 것이다."라고 말한 바 있다. 여기서 국내 연구자료가 없어 Borges와 동료들[29]이 주식 포트폴리오를 구성하기 위하여 시장특유(市場特有; market specific)의 정보와 도구를 사용하는 대신 빠르고 간소한 체험직감해법을 이용할 수 있는지를 검토한 내용을 빌려서 살펴보기로 한다. 그들은 알아보기 체험직감해법이라 불리는 무지기반 의사결정 메커니즘(mechanism)이 주식시장에서 돈을 벌 수 있는지 실험하였다. 그들은 투자결정을 내리는데 회사이름 알아보기라는 체험직감해법만을 사용하는 실험을 하였다. 이 실험에

29) Gigerenzer et. al., 위의 책, p.59.

서는 어떤 특별한 회사정보를 조사하지 않고 어떤 수준 높은 분석적 또는 수적도구를 사용하지 않으며 오직 필요한 것은 도움이 될 것으로 믿어지는 어느 정도의 무지이다.

그들은 알아보기 체험직감해법을 뮤추얼 펀드(mutual fund), 주가지수, 다트 판(dart-board)에 찍기, 개인적 투자결정 및 알아보지 못한 주식 포트폴리오 등 주식선택을 위한 다섯 가지 방법 중 하나와 비교하여 둘 중 어느 쪽이 더 효율적인지 조사하였다.

투자이론과 관행

금융시장이 예측하기 어렵다는 것은 주지의 사실이다. 알아보기 체험직감해법과 같이 단순한 전략을 쓴다는 것은 투자이론과 관행이란 측면에서 보면 큰 도전이라 할 수 있다. 주식시장에서 얻을 수 있는 엄청난 보상(報償; reward)을 위해 이론가들과 전문가들은 주식시장의 미래를 예측하는데 수많은 돈과 시간을 퍼부어 왔다. 일부 사람들은 시장을 이기는 일관된 성공은 있을 수 없다는 결론을 내리기도 했다. 예를 들어 신고전주의 경제학자는 투자자를 합리적 기대를 실현할 수 있는 무한정으로 합리적인 존재들이라고 묘사하기도 한다.

주요 미국 투자운영(投資運營; investment management) 및 상호회사(相互會社; mutual companies)의 노련한 전문가의 압도적 다수가 시장보다 더 나쁜 성과를 거두었다는 것이 입증된 바 있다. 이 정신이 번쩍 들게 하는 사실이 금융산업이 채택한 복잡한 모델화의 얼굴에 먹칠을 하는 격이 되었다. 전문적으로 운영되는 미국 주식펀드의 거의 75%가 Standard & Poor's 500 (S&P 500)의 1996년 성적기준을 밑돌았다(Kadlec, 1997).

사용가능한 최고의 금융모델 도구를 사용하는 그리고 최고의 정보를 획득하여 가공하는 전문가의 노력에도 불구하고 이들 전문가의 투자전략이 이론적 기반 위에서 단지 평균 수익만을 올리며 실제로는 더 나쁜 결과를 가져왔다.

무지기반(無知基盤; ignorance-based) 투자결정

앞으로 주식시장이 어떻게 변할까를 예견할 때 일반지식과 전문지식이 별로 사용되지 않는 것처럼 보이기 때문에 우리는 무지에 기반을 둔 투자 체험직감해법(投資 體驗直感解法; investment heuristic)이 얼마나 성능이 좋을지 궁금하지 않을 수 없다. 알아보기 체험직감해법은 그것이 무작위라기보다는 체계적으로 분포되었을 때 무지를 먹고 산다. 여기서 말하는 무지기반 투자결정은 두 대안 중 하나를 선택할 때 알아보기 체험직감해법을 사용하는 것이다. 두 대안 중에서 선택할 때 단지 하나만 알아본다면 알아본 대상을 택하라는 것이다.

한 개인을 위해 알아보기 체험직감해법은 다만 그가 알아본 주식만을 선택하라고 말한다. 집단의 집합적 알아보기를 살펴볼 때의 전략은 알아본 주식 모두를 선택하라는 것이다.

알아보기 체험직감해법이 작동하게 되려면 어느 정도의 무지(즉 알아보기의 결여)가 필요하다. 예를 들어 모든 주요 주식의 이름을 알아보는 금융전문가는 그들 주식 중에서 선택하기 위하여 알아보기 체험직감해법을 사용할 수 없다. 반면에 어떤 주식도 전혀 들어본 적이 없는 전적으로 무지한 사람도 이 해법을 사용할 수 없다. 이 두 극단 사이에 드는 많은 사람들이 "이익이 되는 정도로 무지"하다.

회사 알아보기(company recognition)

Borges와 동료들은 독일 및 미국 실험참가자들에게 New York 증권거래소(NYSE)와 몇몇 독일 증권거래소에 상장된 회사 중에서 그들이 알아본 회사들을 지적하라고 요구하였다. 총 480명이 미국의 S&P 500 지수(Dow 30 회사들 포함)의 500 회사와 298 독일회사(Dax 30 회사들 포함) 합계 798회사를 점검하였다. 이들 사람들은 네 부류; 미국인 전문가, 미국인 비전문가, 독일인 전문가, 및 독일인 비전문가로 나뉘었다. 비전문가들은 Chicago 또는 Munich 시내에서 조사받은 행인 360명이었으며 그들 한 사람 한 사람은 전체 회사 수의 6분의 1에 대해 알아보기 정보를 내놓았다. 전문가는 Chicago 대학교 또는 Munich 대학교에서 면접 받은 재무관리 또는 경제학 전공 대학원생 120명이었으며 그들 각각은 회사들 전체 집합의 절반에 대한 알아보기 정보를 내놓았다. 조사결과 만장일치로 알아본 회사 수는 독일 및 미국 비전문가 각각 8, 독일 전문가 16, 미국전문가 21이었다. 어느 그룹이 제일 많은 회사를 알아보았으며 어느 그룹이 제일 무지하였나? 미국 전문가가 제일 많은 회사를 알아보았으며 미국 비전문가가 뒤를 따르고 그 뒤가 독일 전문가 마지막이 독일 비전문가이었다. 독일 전문가들이 시카고 시내 행인들보다 더 적은 회사를 알아보았다는 사실은 놀랄만한 일이다. 가능성이 있는 이유 둘은 미국 대중이 주식 시장에 더 활발하게 참여

한다는 것과 독일의 주식수보다 미국 주식수가 더 많다는 것이다. 타국 회사 알아보기 비율은 제일 낮았다. 예를 들어 조사된 미국 행인들은 단 하나의 독일 회사도 만장일치로 맞추지 못 하였다.

알아보기 체험직감해법이 돈을 벌 수 있을까?

주식시장에서의 알아보기 체험직감해법의 성능을 검사하기 위하여 Borges와 동료들은 네 그룹 각각에 대해 아주 잘 알아보는 회사들로 구성된 두 개의 투자 포트폴리오(investment portfolios)를 마련하였다. 한 포트폴리오는 그룹의 모국 내에서 아주 잘 알아보는 회사들로 이루어졌다. 여기서 아주 잘 알아보는 회사는 그 그룹 내 참가자 90% 또는 그 이상이 알아보는 회사를 의미한다. 나머지 하나의 포트폴리오는 그룹 각각이 자국이 아닌 타국에서 제일 자주 알아보는(다른 나라 회사 알아보기) 10개 회사가 포함되었다. 그리하여 모두 여덟 개의 알아보기 기반 포트폴리오(네 부류 × 2 포트폴리오)가 있게 되었다. 알아보기 체험직감해법이 잘 알아보는 주식에 투자하라고 요구한다는 것을 염두에 두기로 하자.

그들은 6개월 동안의 이들 알아보기 기반 포트폴리오의 성과를 분석하였다. 알아보기 기반 포트폴리오의 수익은 (a) 알아보지 못하는 회사, 즉 실험참가자의 10% 이하가 알아본 회사와, (b) 주식 지수들, (c) 상호 펀드(mutual funds), (d) 운에 맡기는 포트폴리오(chance portfolios), (e) 개인의 투자 선택들 등과 비교되었다.

알아보기 체험직감해법과 알아보지 못한 회사를 택한 것과의 비교

Borges와 동료들의 실험에서 180명 독일 비전문가의 집단적 알아보기에 근거한 독일 주식의 투자 포트폴리오는 이 연구의 6개월 동안 47%의 이득을 올렸다. 알아보지 못한 회사에 근거한 포트폴리오는 단지 12%의 이득을 낳았다. 실험결과는 이 국내 회사 알아보기의 훌륭한 성과가 비전문가 및 전문가 그리고 미국 및 독일의 네 그룹에서 모두 성립함을 보여준다. 알아보기 체험직감해법의 성능은 가장 무지한 두 그룹 독일 비전문가 및 전문가에서 특별히 강하였다. 독일 전문가에게 57%의 수익이 돌아간 반면에 알아보지 못한 주식으로부터는 14% 뿐이었다. 모든 국내회사 대상 검사에 걸쳐서 알아보기 체험직감해법을 사용하여 구성된 포트폴리오의 평균수익은 알아보지 못한 주식으로 구성된 것들보다 세 배를 넘었다.

알아보기 체험직감해법과 시장지수의 비교

알아본 주식이 알아보지 못한 주식을 능가하였으나 이것은 주 관심이 시장을 이기는 것인 투자자들에게는 별로 흥미가 없을지 모르겠다. 시장전반의 성과는 보통 미국주식에 대해서는 Dow 30 독일 주식에 대해서는 Dax 30과 같은 지수들에 의하여 측정된다. 6개월의 조사기간 동안 Dax는 34% 증가하였다. 그러나 Dax를 구성하는 30개 주식 가격의 합계는 같은 기간에 41% 올랐다. 이 때문에 Dax 30 지수를 만들어내는 주식들은 실제로 Dax 지수보다 더 높은 성과를 올렸다. 이는 지수가 시장 전반의 성장을 반영토록 하기 위하여 가중(加重; weighted)되기 때문이다. 298 독일 회사의 주식 가격이 24% 올랐다. 같은 기간에 Dow 30은 23% 올은 반면에 Dow 지수에 들어 있는 30개 회사는 8% 올랐으며 이 연구의 모든 500개 미국 주식은 10% 올랐다. Dow 지수가 달성하기 어려울 수도 있다는 것이 명백해졌다.

알아보기 체험직감해법이 Dow 및 Dax 지수에 근접할 수 있을까? 그들은 이를 국내회사 알아보기와 타국회사 알아보기의 성과를 추적함으로써 검사하였다. 결과는 국내 알아보기의 비율이 타국 알아보기보다 높았다.

알아보기 체험직감해법과 잘 관리되는 펀드(funds)와의 비교

그들은 알아보기 체험직감해법에 의해 투자된 주식의 주가 상승을 시장의 평균 상승 그리고 알아보지 못한 주식의 상승과 비교하였다. 그 결과 지금까지 알아보기에 의해 선택된 주식 쪽이 모두 이겼다. 그렇다면 알아보기 체험직감해법이 전문적 포트폴리오 매니저의 도구와 지식에 대해서도 잘 해낼까? 두개의 주요 상호펀드, 미국기반 Fidelity Blue Chip Growth Fund 및 독일 Hypo-bank Investment Capital Fund가 알아보기 체험직감해법에 대한 벤치마크(benchmark; 기준)가 되 주었다. 12월−6월 기간에 Fidelity 펀드는 19% 그리고 Hypo−bank 펀드는 36% 증가하였다.

검사결과 알아보기 체험직감해법이 여덟 개의 있을 수 있는 검사 중 여섯 개의 검사에서 잘 관리된 펀드를 이겼다. 예컨대 Munich 시내에서의 행인 180명의 집단적 무지가 미국 및 독일의 펀드매니저들의 지식과 전문성보다 더 예견력이 있었다. 다시 한 번 그들은 국제적 무지가 국내 무지보다 더 강력하다는 것을 입증하였다. 이에 더해 두 가장 무지한 그룹인 독일 비전문가들과 전문가들은 그들의 가지고 있는 무지의 도움을 받아 대부분 이득을 취하였다.

알아보기 체험직감해법과 무작위 주식 포트폴리오와의 비교

그들은 미국 및 독일의 두 시장으로부터의 10개의 주식으로 이루어진 5000개의 무작위 포트폴리오를 구성하였다 그리고 그 포트폴리오들을 12월-6월 기간동안 평가하였다. 그 결과 무작위 포트폴리오의 평균 수익은 독일 주식이 22%, 미국 주식이 11%이었다. 그러나 알아보기 체험직감해법이 무작위 포트폴리오의 성과를 여덟 번의 검사에서 일곱 번 이겼으며 나머지에서 맞먹었다. 알아보기 체험직감해법이 주식선택에서 운에 맡기기보다 훨씬 좋은 결과를 가져왔다.

알아보기 체험직감해법과 개인의 투자 선택과의 비교

투자할 주식을 찍는데 전문가와 비전문가는 얼마나 잘 해낼까? 전문가와 비전문가 중 누가 더 좋은 포트폴리오를 만들까? 그들은 독일의 전문가와 비전문가에게 알아보기 검사에서 사용한 회사일람표에서 투자목적으로 찍을 회사 열 개까지를 찾아내게 하였다. 그들은 독일 전문가와 비전문가가 선택한 10개의 가장 자주 선택되는 10개의 독일 및 미국 주식 포트폴리오를 만들었다.

독일 비전문가들은 많이 알아보는 독일 주식을 투자대상으로 찍는 경향이 있었다. 그들이 제일 많이 선택한 10개 주식의 평균 알아보기 비율은 0.8이었다. 그러나 전문가들은 평균 알아보기 비율이 0.48로 적게 알아보는 독일 주식을 선택하였다. 여기서도 알아보기 체험직감해법이 확실한 예측을 한다. 더 많이 알아본 주식을 찍은 그룹이 더 큰 수익을 얻어야 한다. 실제로 비전문가의 주식 찍기는 믿기 어려운 수익을 달성한 반면에 전문가의 찍기는 실제로 손해를 보았다.

독일 사람의 10개 미국주식 찍기에서 평균 알아보기 비율은 0.27로 낮았으며 전문가와 비전문가 사이에 차이가 없었다. 그 결과 국제적 찍기의 두 포트폴리오 모두 알아본 주식의 포트폴리오보다 못하였다. 비전문가의 주식 찍기가 전문가의 찍기보다 큰 차이로 우월한 성과를 올렸다.

그들의 실험 결과를 요약하면 다음과 같다.

1. 많이 알아본 주식의 포트폴리오가 알아보지 못한 주식의 포트폴리오보다 성과가 컸다. 이 결과는 네 자국회사 검사 모두에서 그리고 네 타국회사 검사 모두에서 반복되었으며 포트폴리오 수익은 평균 알아보기 비율이 증가함에 따라 증가하였다.
2. 타국회사 알아보기 시험에서 알아보기 체험직감해법은 네 조건: 독일 비전문가 및 전문가에 의한 미국 주식 알아보기 및 미국 비전문가와 전문가에 의한 독일 주식 알아보기 각각에 대한 시장지수 이상으로 성과가 높았다. 이들 타국회사에 대한 시험이 한 그룹이 알아본 회사가 적을수록 알아보기 체험직감해법이 더 잘 해냈다. 독일에서의 국내회사 알아보기가 Dax를 능가했지만 미국에서는 국내회사 알아보기가 Dow를 이기지 못하였다. 이렇게 되어 여덟 시험 중 여섯에서 알아보기 체험직감해법이 시장지수를 아주 큰 차

이로 능가하였다.

3. 두 주요 잘 관리된 펀드, American Fidelity Blue Chip Growth Fund와 German Hypo-bank Investment Capital Fund의 비교에서 알아보기 체험직감해법이 여덟 시험 중 여섯에서 더 좋은 성과를 올렸다.
4. 무작위 주식 포트폴리오의 평균 수익은 알아보기 체험직감해법이 달성한 수익 밑이었다. 이결과는 여덟 번의 시험에서 일곱 번 성립하였다(나머지 하나는 대등).
5. 사람들의 투자 선택이 알아보기 체험직감해법을 따랐을 때 그들의 포트폴리오는 Dax 이상의 아주 인상적인 수익을 벌어드렸다. 찍은 주식이 평균적으로 잘 알아보지 못한 세 다른 경우에서 수익은 훨씬 더 낮았다. 전문가들은 별로 알아보지 못하는 주식을 찍었으며 그 성과는 참담하였다.

위에서 우리는 무지에 의하여 힘을 얻은 체험직감해법이 거래소에서 어떻게 그 힘을 발휘하는지 그리하여 우리에게 이득을 가져다 주는지 살펴보았다. 결론적으로 알아보기 기반 포트폴리오(recognition-based portfolio)가 높은 수익을 올린다는 실험결과가 알아보기 체험직감해법이 실세계영역에서 정확한 추리를 할 수 있다는 것을 뒷받침 한다. 적어도 실험에 참가한 행인들의 알아보기 지식은 상호 펀드 전문가들의 깊이 생각한 의견보다 수익성이 높은 것으로 판명되었다. 주식시장이 알아보기의 결여가 완전히 무작위적이지 않고 오히려 체계적이고 정보를 많이 주는 복잡한 실세계환경일 수도 있다. 투자에서 어쩌면 무지에 지혜가 있을 수도 있다.

5.2 한 근거에 의한 의사결정(one reason decision making)

5.2.1 한 근거에 거는 도박

우리는 이제 인간이 일상의 불확실성을 나름대로 잘 이용할 수 있다는 것을 이해하게 되었다. 실사회 환경에 관하여 우리가 모른다는 것이 다행이도 무작위적이 아니라 체계적으로 분포되어 있어서 우리가 알아보기 체험직감해법을 가지고 이 불확실성을 극복할 수 있다는 것을 알게 되었다. 이제부터 Gigerenzer와 Goldstein[30]의 실험결과 및 연구를 빌려서 단순한 체험직감해법을 이용하여 정보로부터 추리를 끌어내는 방법을 찾아보기로 한다. 이 정보는 직접적인 관찰, 기억으로부터의 상기(想起; recall), 직접체험, 또는 소문으로 얻을 수 있다. 실생활에서의 추리는 일반적으로 불확실한 지표(指標; indicators)에 의한 단서에 근거를 둔다.

한편 충분할 만큼 복잡한 현실에서 무한정한 합리성의 고전적 이상(理想; ideal)을 실현하려면 너무 많은 지식, 시간 및 계산(計算; computation)이 소요되며 강력한 컴퓨터를 사용하더라도 비용이 엄청나게 드는 경우가 자주 있다. 평범한 인간에게 이는 너무나도 비싼 대가일 뿐만 아니라 실생활에서 실현가능한지도 의문이다.

Herbert Simon은 "실제 인간의 복잡한 선택상황에서 이들 계산이 이루어질 수 있는지 또는 실제로 이루어지는지 그 증거는

---

30) Gigerenzer et. al., 위의 책, p.75.

거의 없다"고 반박하였다(Simon, 1955a.). Simon은 최적화보다는 오히려 한정된 합리성 모델을 만들어 내자고 제안하였다. 그러나 어떻게? 최근의 최적화를 위한 통계적 기법이 아니라면 어떤 정신과정(情神過程; mental processes)을 거쳐 이루어질 수 있을까?

단 단순 중단 규칙(單純 中斷 規則; simple stopping rules)

어떤 하나의 기준으로 두 대상 중에서 어느 것이 더 높은 점수를 받을까 하는 문제를 생각해 보자. 치료배당(예: 치료 후 기대수명을 기준으로 하여 응급실에서 두 환자 중 누구를 치료할 것인가?), 재무투자(예: 이익을 기준으로 하여 두 증권 중 어느 것을 사야 하나?), 인구학적 예측[예를 들면 두 도시 중 어느 도시의 공해(公害; pollution), 범죄(犯罪; crime), 사망률(死亡率; mortality rates) 등이 더 높을까?] 등등이 그 예이다.

Hannover와 Bielefeld 두 도시 중 어느 도시가 인구가 많은지를 추리하는 과정을 살펴봄으로써 체험직감해법을 이해할 수 있다. 에게 Hannover는 들어본 일이 있고 Bielefeld는 들어본 일이 없는 한국 사람은 Hannover가 더 큰 도시가 되며 옳은 판단이다.

어떤 사람이 두 도시의 이름을 다 알고 있으므로 알아보기 체험직감해법을 쓸 수 없다면 이 사람은 인구가 더 많다는 것을 보여주는 근거를 찾아야 할 것이다. 내적으로(기억 속에서) 또는 외적으로(도서관에서) 찾아볼 수 있다. 제한된 탐색이 빠르고 간편한 체험직감해법이 되려면 빠르고 간편하게 찾아내야 된다. 따라서 이 해법은 모든 가용정보를 조사하지 않고 결과적으로 이들 정보의 단지 일부분만을 판단에 이용해야 한다.

제한된 탐색은 적정한 선에서 탐색을 중단하는 것을 전제로 한다. 빠르고 간편한 체험직감해법은 단순한 중단규칙을 사용한다. 이 해법은 추가적인 정보 취득에 들어가는 한계이득이 그 한계비용을 초과하는 한 탐색을 계속하라는 고전적 처방을 따르지 않는다. 정보탐색모델은 이 비용과 이득을 절충하여 최적의 조건을 계산할 수 있을 것이라고 전제하지만 실제로 이는 타당치 않은 전제이다.

단순한 중단 규칙을 설명해보자. 네 개의 대상 a, b, c, d(예를 들면 도시들)와 (그 도시가 프로 축구팀을 가지고 있는지, 그 도시가 도청 소재지인지와 같은) 다섯 개의 근거를 가지고 판단을 내리는 것을 상상하자. 판단의 기준은 알아보기(그 사람이 그 도시에 대하여 전에 들어본 일이 있는지)이다. 예를 들어 한 도시가 프로축구팀을 가지고 있고 나머지 한 도시는 없다면 팀이 있는 도시가 확실하지는 않지만 인구가 많을 가능성이 크다. 가령 우리가 a시와 b시 중 어느 시가 더 큰지를 맞추기 원한다고 하자. a와 b를 둘 다 알아봄으로 알아보기 체험직감해법을 쓸 수 없다. 그래서 다섯 개의 근거를 기억 속에서 찾아내 그 중에서 우선 근거 1, 축구팀 근거에 관한 정보를 사용하기로 한다. a시는 프로축구팀을 가지고 있지만 b시는 그렇지 않다. 그래서 이 근거가 두 도시를 구별한다. 탐색은 종료되고 a시가 더 큰 도시라는 추리가 만들어진다. 일단 두 대상을 구별하는 근거가 발견되면 검색은 중단된다. 이는 단순한 중단 규칙이며 다음과 같이 요약된다.

匝 한 대상이 긍정적 이고 다른 하나는 부정적이라면 탐색을 중단한다

만일 중단규칙의 조건에 맞지 않으면 탐색은 다른 근거로 그렇게 계속된다. b와 c를 비교하여 결정할 때 근거 1로는 구별이 안 되지만 근거 2에서는 구별된다고 하자. 대상 b는 이 단 하나의 근거를 근거로 크다고 추리된다. 제한된 탐색은 단계적으로 이루어진다. 근거들은 중단규칙이 만족될 때까지 하나씩 검색된다. 아무 근거도 중단 규칙을 충족하지 못한다면 무작위 짐작이 행해진다. 탐색을 멈추기 위하여 비용이나 이득을 계산할 필요가 없다. 다음 체험직감해법 – 최소 근거주의(最小端緖主義; minimalist), 최종 취하기(take the last), 최선 취하기(take the best) – 이 이 단순한 중단규칙을 사용한다. 이 해법들은 오직 하나의 근거(또는 근거)를 가지고 추리한다. 이 해법들은 어떻게 근거를 탐색하는가에서 차이가 있을 뿐이다.

5.2.2 최소 근거주의(最小根據主義; minimalist)

근거를 기반으로 하는 추리에 필요한 최소의 직관이 예컨대 한 근거가 프로축구팀이 있느냐 없느냐가 인구가 많은지 또는 적은지를 나타낸다고 보는 것이다. 최소 근거주의는 단지 이 최소의 직관만을 가지고 판단한다. 예컨대 어느 근거가 다른 것들보다 더 좋은 예측변수인지 모른다. 따라서 최소 근거주의가 사용하는 탐색을 위한 체험직감해법은 근거를 무작위(無作爲) 순서로 찾아보게 된다. 최소 근거주의는 할 수 있을 때마다 알아보기 체험직감해법을 이용한다. 그러나 알아보기 체험직감해법이 사용될 수 없는 상황들이 즉 대상 둘 다를 알아볼 때 또는 알아보기가 기준과 상관관계가 없을 때가 있다.

최소 근거주의 체험직감해법을 다음과 같은 단계로 표현할 수 있다.

단계 [가] 가능하다면 알아보기 체험직감해법을 사용하라. 즉 단지 하나의 대상만 알아본다면 그 대상이 기준상 더 높은 가치를 가진다고 예측하라. 어느 것도 알아보지 못한다면 짐작을 하라. 둘 다를 알아본다면 단계 [나]로 나아가라.

단계 [나] 무작위 탐색: (대체 없이) 무작위로 근거하나를 뽑아라. 그리고 그 두 대상의 근거 가치가 긍정적인지 부정적인지를 알아보라.

단계 [다] 중단 규칙: 한 대상이 긍정적이라면 그리고 나머지 하나가 부정적이면 탐색을 멈추고 단계 [라]로 나아가라. 두 대상의 근거가치가 둘 다 긍정적이거나 부정적이면 단계 [나]로 돌아가서 다른 근거를 찾아라. 더 이상 근거가 찾아지지 않으면 짐작하라.

단계 [라] 결정 규칙: 근거가 긍정적인 대상이 기준상 높은 가치를 가지고 있다고 예측한다.

5.2.3 마지막 취하기(take the last)

최소 근거주의처럼 마지막 취하기도 하나의 근거가 가리키는 방향만 생각하지만 어떤 근거들이 다른 근거들보다 더 정당하다고 생각하지는 않는다. 마지막 취하기는 오직 단계 [나]에서만 최소근거주의와 다르다.

첫 번째 문제에 대해 마지막 취하기는 최소 근거주의처럼 무작위로 근거들을 써보지만 두 번째 문제부터 쭉 마지막으로 탐색을 멈춘 근거를 가지고 시작한다. 만일 이 근거가 탐색을 멈추게 하지 않으면 마지막 직전에 그것도 아니면 바로 그 전 것에 등등으로 탐색을 멈춘 근거를 찾아 올라간다. 최근에 탐색을 멈춘 근거들은 탐색을 멈출 다른 것들보다 가능성이 더 높은 경향이 있기(즉 그것들이 더 잘 구별되기) 때문이다. 마지막 취하기가 최소 근거주의보다 더 적은 근거를 탐색하는 경향이 있다. 예를 들어 마지막 결정이 축구팀에 근거를 두었다면 마지막 취하기는 다음 문제에서 첫째로 축구팀을 근거로 할 것이다. 최소 근거주의에 비해 마지막 취하기는 과거에 어떤 근거로 구별하였는지의 기억이 필요하다. 마지막 취하기의 단계 [나]는 다음과 같다.

단계 [나] 정지시기 탐색: 근거가 이전 문제들에서 탐색을 중단한 기록 이 있다면 가장 최근 문제에서 탐색을 멈춘 그리고는 아직 써보지 않은 근거를 선택하라. 두 대상의 근거 가치가 긍정적인지 부정적인지를 조사하라. 근거가치가 같다면 무작위 근거를 써보고 그 결과를 기록으로 만들어 두라.

5.2.4 최선 취하기(take the best)

인간이나 동물은(옳든 그르든) 근거의 신호뿐만 아니라 어느 근거가 다른 것들보다 좋은지도 모르는 환경에 살고 있다. 근거의 순서는 유전적으로 마련되거나(예: 많은 동물 종들에서의 짝 선택) 관찰에 의해 학습된다. 학습의 경우 기준을 예측하는 데 사용되는 상대빈도를 보고 근거의 순서를 정할 수 있다. 예를 들면 축구팀 근거의 정당성은 축구팀이 있는 도시가 없는 도시보다 크다는 상대빈도일 것이다. 그 정당성은 한 도시는 축구팀이 있고 다른 도시는 없는 모든 쌍에 걸쳐 계산된다. 사람들이 인식하고 있는 정당성에 따라 근거들의 순서를 매길 수 있다면 – 이 주관적인 순서가 생태적인 순서에 상응되든 안 되든 간에 – 이 근거들의 순서를 따라 탐색할 수 있다. 최선 취하기는 첫째로 제일 높은 정당성을 가진 근거를 써볼 것이다. 그리고 만일 그것으로 구별이 안 되면 그 다음으로 구별이 되는 순으로 이어갈 것이다. 여기서 모토(motto)로 삼는 것은 최선을 취하고 나머지는 무시하라는 것이다. 최선 취하기는 아래와 같이 단계 [나]에서만 최소 근거주의와 다르다.

단계 [나] 순서화된 탐색: 이번 선택 과제를 위해 아직 써 보지 않은 제일 높은 정당성을 가진 근거를 택하라. 두 대상의 근거 가치를 조사하라.

최선 취하기가 사용하는 순서가 “최적”이 아니라는 것에 주목하라. 그것은 오히려 간편한 순서매기기일 뿐이다. 그것은 근거간의 종속성을 파악하려는 기도(企圖; attempt)가 아니고 조건부 확률이나 부분 상관관계로부터 순서를 구성하려는 기도이다. 이 간소한 순서는 대상 및 근거의 작은 표본에서 사용된다.

요약하면 막 소개된 세 개의 빠르고 간편한 체험직감해법은

- 단계적 절차를 사용하는 제한된 탐색,
- 단순한 중단 규칙, 및
- 한 근거에 의한 의사결정

이라는 세 가지 성질을 갖추고 있다. 오직 하나의 근거에 의한 추리를 근거로 하는 한 근거 의사결정은 여기서 사용된 특수한 중단 규칙을 가지고 있다. 누구든 두 대안사이를 구별하는 많은 수의 근거들을 탐색할 수 있을 것이지만 한 근거 의사결정에서 결정은 오직 하나의 근거만 사용한다.

세 개의 체험직감해법은 반대방향을 가리킬 수도 있는 근거들

간의 갈등을 방지한다. 갈등 방지는 체험직감해법을 무보상이 되게 만든다. 나중에 나오는 다른 근거로부터의 반대 증거에 대해 대응하기 위해 또는 당초의 근거에 의해 내려진 결정에서 오는 손실에 대한 보상을 위해 지불할 것은 아무 것도 없다. 결정 전체의 근거를 한 근거에 둔다는 것은 대담하지만 영리하지 않을까?

⊡ 여기서 사용된 체험직감해법은 얼마나 간편하고 정확할까?

빠르고 간편한 체험직감해법이 얼마나 정확한가라는 질문에 답하기 위하여 세 표준적 통계전략과 여기서 소개한 세 개의 빠르고 간편한 체험직감해법을 경쟁시켜 그 성과를 비교 평가하였다. 목표는 가장 적은 근거를 조사하는 동안 어느 전략이 가장 정확한 추리를 내놓는지 보는 것이다.

[표 5.2.1] 세 빠르고 간편한 체험직감해법 간의 성과비교

전략	간소함(찾아본 근거 수)	정확도(%)
마지막 취하기	2.6	64.5
최소주의자	2.8	64.7
최선 취하기	3.0	65.8
Dawes의 규칙	10.0	62.1
Franklin의 규칙	10.0	62.3
다중 회귀분석	10.0	65.7

여기서 말하는 세 표준적 통계전략은 Franklin의 규칙, Dawes 규칙 및 다중선형 회귀분석(多重線形 回歸分析; multiple linear regression)이라는 기법의 사용을 의미하는데 이는 전문적 분야이므로 여기서는 그 내용은 생략하고 비교 평가만을 소개한다. 표 5.2.1이 간소함과 정확도 모두에서 복잡하고 보통 사람들이 다루기 거의 불가능한 세 통계적 전략보다 체험직감해법이 월등하거나 못하지 않다는 것을 보여주고 있다.

5.3 기억 및 추정

5.3.1 기억: 사후궁리(事後窮理; hindsight) 편향

믿을 수 없는 기억(記憶; memory)에 우리는 흔히 실망한다. 과거 사건을 기억하는 것은 도서관에서의 책처럼 저장된 것을 단순히 되찾아오는 것이 아니다. 기억은 잃어버리거나 왜곡될 수도 있고 일어난 일이 없는 사건에 대한 기억들이 생길 수도 있다. 우리가 언젠가 생각했던, 말했던 또는 경험했던 모든 것을 완벽하게 기억할 수 없다. 여기서는 Hoffrage와 Hertwig(1999)[31]을 참고하여 인간기억의 제한된 능력 때문에 겪게 되는 사후궁리 편향을 다루어 보기로 한다. 그 능력의 한계를 전제로 기억은 어떻게 작동하는 것일까? 하나의 대답은 복원(復元; reconstruction)에 의해서이다. 이 대답은 결코 새로운 것이 아니다. 현대 기억연구의 선구자 중 한 사람인 Sir Frederic Bartlett는 그의 고전적 기억하기

31) Gigerenzer et. al., 위의 책, p.191.

(remembering)[32]에서 이미 기억은 복원의 과정이라고 제안하였다.

그러나 복원은 대가를 요한다. 복원이 왜곡되는 경우 사후궁리에 의한 편향이 일어나는데 여기서는 빠르고 간편한 체험직감해법에 기반을 둔 사후궁리 편향에 집중하고자 한다. 사후궁리 편향은 인간정보 처리의 또 다른 오류로 여겨져 왔으나 여기서는 두 개의 일반적 적응과정 즉 새로운 정보를 받아들인 후 지식을 갱신(更新, updating)하는 과정 및 이 갱신된 지식을 가지고 빠르고 간편한 체험직감해법을 사용하는 과정이라고 본다. 모델을 명시하기 전에 현대 민주주의의 기초가 되는 여론조사 및 투표결과에 대해 모든 시민들이 관심을 갖는 한 토픽(topic)을 탐구함으로써 사후궁리 편향을 설명해보자.

여론조사, 선거 및 사후궁리 편향

미국 여론조사의 역사는 George Gallup과 밀접하게 연결되어 있다. Gallup의 초기 여론조사 이후 여론 조사는 미국 선거운동(campaign)의 중심(中心; epicenter)이 되었다.

여론조사 회사의 아킬레스건은 대중이 소급(遡及; retrospectively)해서 그들의 예측정확도를 체크한다는 것이다. 이것은 그들이 정확한 동안은 문제가 되지 않는다. 사실 Gallup사를 위해 1997년의 영국 의회선거는 성공스토리이다. Daily Telegraph가 후원한 여론조사에서 Gallup은

32) Bartlett, (1932/1995), p.213.

그 결과를 거의 완벽하게 예측하였다. 전국 유권자 1810시민의 무작위로 선택된 표본과의 선거 하루 전에 행해진 인터뷰를 기초로 하여 Gallup은 13% 차로 노동당이 보수당을 이긴다고 예측하였다. 이 역사적 선거의 실제 결과는 보수당의 18년 집권을 끝내게 하였으며 최종 차이는 14%이었다.

그러나 그런 사후 현실 확인(事後 現實 確認; post hoc reality check)으로 잘못 되었음이 확인되었을 경우 매우 당황스럽게 된다. Gallup 및 타사들에 의한 유명한 실수는 1948 대통령선거에서의 Truman의 승리였다. 1958년 11월 첫 며칠 동안 누구든 Thomas Dewey가 다가오는 대통령선거에서 Harry Truman을 물리칠 것이라고 믿었다. 여론조사 요원들도 직업적인 정치가들도 그렇게 예측하였다. 일간 신문들은 8대 1로 Dewey 편을 들었다.

여론조사 요원들이 이런 상황에서 체면을 세우기 위해 하기 좋아하는 것이 "우리는 쭉 그것을 알고 있었다. 그것이 우리가 진짜로 예측한 것이다."라고 말하는 것이다. 그러나 신문, 비디오테이프 및 기타 전송매체에 표현된 대중의 기억은 이 술책을 사용할 수 없게 만든다. 여론조사 요원들은 그들의 지난 예측을 지킬 수밖에 없다. 그러나 일상생활에서의 개인들의 말(또는 단지 생각)은 통상 틀릴 수 있는 계속될 내부 기억만을 가지고 있으며 그들을 당황시키거나 반박할 오보 기록은 없다. 이것이 과거에 그가 한 예견이나 천명을 부정확하게 기억하는 상황으로 몰고 갈수 있다. 예를 들면 Uncle Joe는 Dewey가 백악관에 들어가게 되리라고 믿었음에도 불구하고 Truman이 이길 것이라고 쭉 알고 있었다고 주장할 수도 있다. 사실 뒤에 누가 한 사건의 결과를 거짓으로 믿는 이 경향은 사후궁리 편향(hindsight bias)으로 알려져 있다.

최근의 심리학에서의 실험실 연구가 사후궁리 편향은 비전문가와 전문가(예: 유권자, 의사, 사업가)에 공통적이라는 것을 그리고 사후궁리가 여러 가지 판단(예: 신뢰도 판단, 선택, 분류 또는 양적 예측)에서 들어난다는 것을 보여준다. 놀랄 것 없이 사후궁리 편향은 역시 정치선거 결과의 예측에서도 일어난다. 예컨대 1982년 Hawaii 주지사 선거 전에 Synodinos(1986)는 한 연구에 참가한 피험자들에게 각 후보자가 선거에 이길 확률을 표시하도록 요청하였다. 선거후 다른 실험참가자 집단에 그들이 선거전에 이 질문을 받았다고 치고 예측해 보라고 요구하였다. 기대한 대로 실험 참가자들은 선거 후 당선자에 대한 당선확률 예측이 선거전 예측보다 높았던 반면에 두 낙선자에 대한 선거후 예측이 선거전 예측보다 낮았다. Synodinos (1986)는 두 다른 실험참가자 집단을 비교함으로써 결과를 안 뒤의 효과를 입증하였다. 사후궁리 편향은 또한 단한 사람 안에서도 발견될 수 있다. Fischhoff & Beyth (1975)는 예컨대 Nixon 대통령이 1972년에 Peking 및 Moscow를 방문하기 전에 일단의 학생실험 참가자에게 대통령의 방문의 여러 가지 있을 수 있는 결과를 판단하게 하였다. 있을 수 있는 결과들은 "미국은 Peking에 영구 총영사관을 설치할 것이지만 외교적 인정은 허락하지 않을 것이다. 그리고 Nixon 대통령은 적어도 한 번 Mao를 만날 것이다."와 같은 주장으로 제시되었다. 실험 참가자들은 이들 주장에 대한 믿음의 정도를 0%-100% 잣대로 점수 매겼다. 방문 후에 주장들은 반복되었으며 실험 참가자들은 자신들의 당초 믿음의 정도를 회상하도록 요구 받았다. 실험 참가자들은 사후궁리 편향을 드러냈다. 즉 당초 그들이 일어날 것이라고 생각했던 사건에 대한 회상된 믿음은 당초의 믿음보다 높은 반면에 그들이 일어나지 않을 것이라고 생각했던 사건에 대한 회상된 믿음은 낮았다.

사후궁리 편향의 시각

사후궁리 편향은 확고하고 제거하기 어려울 뿐만 아니라 잠재적으로 해로운 결과를 가져올 수 있다. 한편 해로운 결과 대신에 사실 이후에 우리 스스로를 더 현명하다고 내세우는 것이 우리가 똑똑하거나, 유식하거나, 총기 있다는 것을 보여줄 수도 있다. 실은 우리의 사전 판단 기록이 (여론조사들의 일반적인 경우와 달리) 없는 한 스스로를 유식한 것처럼 내세움으로써 생기는 이득이 사기꾼처럼 보이게 됨으로써 생길 수도 있는 손실보다 더 크다. 사회적 상호관계에서의 사후궁리의 잠재적 이득에 더하여 사후궁리 편향은 자신의 일관된 신념을 만들어내고 유지하는데 중요한 역할을 할 수도 있다. 예컨대 갑자기 자신이 가치 체계가 완전히 바뀐 사회에 있음을 발견한 사람들의 상황을 생각해 보자. 1990년대는 다른 나라들 중에서 남아프리카에서의 남아공 인종차별 체제의 몰락에서 소련 및 동독에서의 공산주의 체제의 몰락에 이르기까지 흔치 않은 수의 빠른 사회적 변환을 보아왔다. 구체제에서 중요한 자리를 차지했던 많은 사람들이 그들의 과거 행동에 대하여 설명하라고 그들의 가족과 친구들로부터 요청받고 공식적인 단체(예: 남아공의 진실 화해 위원회)로부터 추궁 받았다. 이런 분위기에서 그들의 과거 신념과 행동이 새로운 체제가 옳다고 생각하는 것과 양립할 수 있다고 믿는 사후궁리 편향은 그 사람의 인격의 진실성을(그리고 아마도 그 사람의 생명을) 지키는 효과적인 길이 될 수 있다.

여기서 위에서 개괄된 두 관점을 제외시키지 않는 세 번째 견해를 보기로 한다. 이 견해에 따르면 사후궁리 편향은 적응(適應; adaptation) 그 자체보다는 적응과정의 부산물이다. 우선 인간 기억은 그 능력에서 무한하다는 전제에 대한 대안들을 생각해 보자.

L씨는 차로 그의 고객(顧客; clients)을 방문하는 세일즈맨이다. 매일 그는 반복적으로 어디에 주차할 지를 결정한다. 그리고 난 뒤 이 정보를 기억하고 마지막으로 그의 사업상 일을 처리한 후 기억 속에서 차의 위치를 떠올린다. 그는 이를 주중, 월중 그리고 연중 아주 여러 번 한다. L씨가 가장 최근에 어디에 그의 차를 주차하였는지 알고 있는 것을 빠르게 그리고 확실하게 떠올리도록 기억체계가에 언제나 접근할 수 있는 시스템은 효율적으로 작동되고

33) Zaigarnic, 1927.

어떻게 설계될 수 있었을까? 모든 과거의 주차위치의 지식 있는가? 일부 인간기억에 통용되는 개념은 우리가 경험한 모든 개별 사건의 기록을 유지 보존한다고 그리고 우리가 정보를 되찾아 오거나 한 대상을 분류할 때 우리의 조사나 시험의 결과를 우리의 모든 기존 기억흔적과 비교한다고 전제하는 것 같다.

이들 의문을 공유하면서 우리는 정말 제한이 없는 수의 항목에 접근을 유지한다는 것은 너무나 비싸게 치인다는 점에 동의한다. 이에 더하여 많은 기억 비축량(예: L씨의 차의 이전 주차위치의 기억들)은 관련된 현장(예: L씨가 주차해 둔 장소)에 관한 유일한 정보를 방해한다. 이런 의미에서 잊어버리기가 우리들이 오래된 그리고 아마도 더 이상 쓸모없는 낡은 정보를 사용하지 않는 한 잊어버리기가 기억의 기능을 유지하기 위해 필요할 수도 있다. 잊어버리기의 적응할 수 있는 성질을 반영하는 잘 알려진 현상이 Zaigarnic 효과[33]이다. 이 효과는 완결된 과제에 대한 기억은 기억이 아직 완결되지 않은 과제들에 비해 빨리 줄어든다는 것이다. 예를 들면 손님이 이미 계산을 끝낸 계산서 금액의 기억은 계산이 끝나지 않은 계산서 금액의 기억보다 팁을 받을 가능성이 없기 때문에 잊어버리기 쉬어진다. 어떤 정보의 유용성이 사라지면 잊어버리기가 생길 가능성이 커질 수밖에 없다.

거대하고 계속해서 늘어나는 장기 저장이 포함된 기억시스템에 대한 대안은 주로 쓸모가 있을 가능성이 가장 높고 정확할 가능성이 가장 큰 정보에의 접근을 유지하는 시스템이다. 그런 기억시스템을 위해서 정보를 끊임없이 그리고 자동적으로 갱신(更新; update)하는 것이 매우 중요하다. 기억조사가 순차적으로 저장된 기록과 비교함으로서 이루어진다면 이 과정이 폭증하는 항목 수와 증가하는 상기(想起; retrieval) 소요시간의 문제를 해결하여 줄 것이다. 그것은 한정적으로 합리적인 기억시스템을 가능하게 만들 것인데 이 시스템은 쓸모가 있을 가능성이 가장 큰 항목만을 항상 쓸 수 있게 하여줄 것이다.

대부분의 경험에 대해 나중에 기억할 필요가 없다는 사실 이외에 우리가 생각했던 또는 과거에 경험했던 모든 것에 대해 기억의 기록을 유지할 필요가 없는 또 다른 근거가 있다. 어떤 일이 회상될 필요가 있을 때 기억을 회상할 수 있는 대안들이 있다. 예를 들면 우리가 어떤 회사의 주식 25주를 가지고 있다고 상상하자. 이 주식의 가치가 신문에 35만원으로 나와 있다. 그들 주식의 전체 가치를 계산하기 위하여 우리는 25 곱하기 35만을 곱한다. 며칠 뒤에 이 가치를 다시 알고 싶어졌다. 우리는 875만원을 기억할 수 있을까? 아마도 아닐 것이다. 그러나 이것은 무제가 아니다. 왜냐하면 같은 계산을 다시 함으로써 기억으로부터 그것을 다시 떠올리는데 실패한 것을 보상할 수 있기 때문이다. 회상은 재계산으로 대체할 수 있다. 우리는 선거결과의 예측과 같은 과거 판단이 회상될 필요가 있을 때 같은 종류의 재계산을 할 수 있고 실제로 하기도 한다는 것을 받아들인다. 만일 그것을 회상할 수 없다면 당초의 판단으로 이끌었던 같은 과정을 밟음으로써 훌륭한 어림짐작을 하게 그리고 아마도 완벽한 대용물을 마련하게 될 수 있을 것이다. 그러나 곱하기와 판단 사이에는 중요한 차이가 있다. 산술적 계산을 하는 것은 기교(技巧; technical skill)이며 우리는 그것을 확실하게 하도록 훈련받을 수 있다. 그러므로 같은 곱하기를 두 번째 하는 것은 같은 결과를 낳아야 한다. 이에 비해 판단내리기는 지식을 기반으로 추리를 끌어내는 것을 의미한다. 만일 지식이 위에서 시사된 대로 지속적으로 갱신된다면 갱신된 지식에 기반을 둔 추리가 과거 지식에 기반을 둔 것과 다를 수도 있다.

지식 갱신하기는 사후궁리 편향을 설명하는데 사용되는 핵심 전제이다. 그것은 당초 판단이 지식에 기반을 둔 추리인 경우에 사용된다. 이 당초 내린 판단을 직접 기억하려는 시도가 실패하면 이 판단에 이르게 하였던 같은 과정을 되풀이함으로써 재구성할 수 있다. 그러나 한 사건의 결과에 관하여 알고 있는 것이나 내린 추리가 올바른지 그른지에 대한 피드백(feedback)이 있다면 이를 통하여 아는 것을 갱신할 수 있다. 그러나 이 피드백에 의하여 갱신된 알고 있는 것에 기초를 둔 재구성이 당초 알고 있는 것에 기초를 둔 구성과 체계적으로 다를 수 있다. 이 차이가 사후궁리 편향이라고 알려진 것이다. 따라서 이른바 편향은 적응과정의 부산물(副産物; byproduct), 즉 알고 있는 것을 갱신하는 것이다. 현재의 상황에 대한 답을 위한 정보가 알아내기 어려운 단서를 갱신하게 하여준다고 가정한다. 당초 응답이 접근하기 어렵다면 갱신되었을 수도 있는 단서 가치들을 근거로 재구성될 것이다. 결과적으로 재구성된 응답은 사후궁리 편향으로 나타날 것이다.

🄵 과거판단을 빠르고 간편하게 추리하기

사람들이 그들의 당초판단을 재구성하려할 때 그들은 무슨 과정을 가져야 할까? 이 질문은 무슨 과정이 당초 판단의 바탕이었는가 라고 묻는 것과 같다.

우리의 출발점은 인간의 기억이 그 능력에서 한계가 있다는 관찰이었다. 무한한 기억에 대한 대안은 쓰일 가능성이 그리고 옳을 가능성이 가장 높은 정보에의 접근을 유지하는 시스템이다. 그런 기억 시스템을 위해 끊임없이 자동적으로 정보를 갱신하는 것이 필수적이다. 사후궁리 편향은 이 적응하는 갱신의 부산물이다.

아는 것 갱신하기의 적응 과정이 우리가 과거에 생각하고, 말하고 또는 경험한 모든 것을 저장해야 하는 수고를 덜어준다. 갱신하기는 우리가 환경의 변화로 인한 변화 때문에 구식이 될 수도 있는 정보를 쓰지 않게 하여줌으로써 우리를 영리하게 만들어준다. 끊임없이 변하는 세상에서 바로 그대로의 기억은 그리 중요하지 않다. 적응하는 갱신에는 원치 않는 사후궁리 편향이라는 부산물이 있다. 그러나 이 부산물은 빠르고 간편하게 작동하는 기억을 위해 지불하기에는 비교적 쌀 수도 있다.

5.3.2 빠른 추정(quick estimation)

Daniel Defoe의 고전적 소설 Robinson Crusoe[34]의 모험은 반복되는 자연현상(自然現象; natural events)을 기록함으로써 빈도(頻度; frequency)를 정확하게 추정하는 것이 얼마나 중요한지를 잘 보여준다. 곡물 씨를 첫 번째로 뿌렸을 때를 그는 그의

34) Defoe, 1719/1980.

일기에서 “이번에 내가 뿌린 씨의 단 한 알도 살아나지 못하였다. 뒤이은 비 안 오는 몇 달 동안 땅에는 비 한 방울 내리지 않았다”(p.106). 그로부터 쭉 매월 비오는 날과 비 안 오는 날을 파악(기록)하고 난 뒤 비가 제일 많이 오는 날에만 씨를 뿌렸다. 그는 이 전략의 보답을 받았다. 뒤의 그의 일기는 “나는 나의 일에 숙달하게 되었으며 언제 씨를 뿌리는 것이 적당한지 정확하게 알게 되었다. 그리고 매년 이모작을 할 수도 있을 것이라는 것도 알게 되었다”라고 쓰고 있다(p.107).

진짜 인간들은 환경적인 수량들을 기록된 실적의 도움 없이도 추정할 수 있을까? 그런 능력은 인간의 식량 찾아다니기에서 찾아볼 수 있다. 인간들은 그들의 진화역사의 대부분을 수렵자－채취자(hunter－gatherer)의 찾아다니기 경제에 소비하였는데 거기서 그들은 무엇을 사냥할지를 결정하여야만 하였다. Canada에 사는 Eskimo의 한 집단인 Inujjuamiut족의 식량 원천 중 하나는 흰 돌고래(beluga)이다. 흰 돌고래를 사냥할 때 Inujjuamiut는 돌고래의 한 집단을 둘러싸고 얕은 물로 몰고 간다. 고래의 시끄러움에 대한 민감성을 이용하여 사냥꾼들은 그들의 카누의 뱃전을 두들김으로써 그리고 그들 주위의 반원 안에 총을 쏨으로써 그들을 몬다. 고래들이 강력한 소총에 의하여 죽어가는 동안 그리고 떠오름으로 버티는 동안 고래의 다음 무리의 추격이 시작된다.

왜 Inujjuamiut인들이 오리, 거위 및 물개와 같은 쉬운 사냥감을 뒤쫓기보다 시간이 걸리고 위험한 고래사냥에 나서는 것일까. 한 사냥거리를 만났던 사냥꾼은 그것을 사냥하기 위해 소요되는 단위시간 당 수확이 다른 종의 사냥감 찾기를 계속함으로써 얻어질 수 있는 단위시간 당 수확보다 크다면 그것만을 잡으려할 것이다. 따라서 사냥감 선택은 수확율면에서의 사냥감의 순위에 달려 있다.

여기서 특정한 통계적 구조를 가진 환경에서의 빠르고 간소한 추정치를 만들도록 적응된 체험직감해법을 설명하기로 한다.[35)] 이에 앞서 우선 이 체험직감해법을 설명하기 전에 어떻게 사람들이 사건의 수를 어떻게 추정하는지를 되돌아보고자 한다. 문제가 되는 사건은 대상(對象; objects)이나 인간(人間; people) 또는 에피소드(episodes)일 수도 있다.

㐅 기억에 의한 추정

기억에 의한 추정은 마음이 무의식적으로 그리고 자동적으로 사건 빈도(頻度; frequencies)를 기억해 내며 그것에 맞추어 사건에 대한 믿음의 정도를 배분한다고 전제한다. 관찰된 빈도를 믿음으로 바꾸기 위한 심리적 메커니즘(mechanism)은 극도로 정교(精巧; finely)하게 조율(調律; tuned)된다고 전제된다. 한쪽의 기회나 실험이 천에 이르고 다른 한쪽이 천 하나에 이를 때 판단은 그 하나의 차이로 후자를 선호하게 될 정도로 정교하다.

자연의 발생빈도에 대한 사람들의 민감성은 여러 가지 실험에 의하여 입증되어 왔다. 예를 들어 몇몇 저자들이 문자와 단어가 나오는 빈도에 대한 사람들의 판단이 실제빈도에 대해 놀랄 만큼 민감하다는 것을 입증한 바 있다.

사람들은 사건 발생을 기억해 내는 것이 정말 자동적인 과정이기 때문에, 즉 그 일은 주의력(注意力; attentional capacity)이

---

35) Gigerenzer et. al., 위의 책, p.209.

거의 필요없기 때문에 사람들은 빈도를 정확하게 추정한다는 주장도 있다. 이 관점에서 빈도는 자동적으로 부호화 되는 속성을 가지고 있다고 말할 수 있다. 사건 빈도가 자동적으로 부호화 된다는 주장은 심하게 비판받아 왔지만 많은 종류의 사건들의 상대적 빈도(頻度; frequency)에 관하여 물으면 극히 충실하게 실제 사건의 상대적 빈도를 답으로 내놓을 가능성이 크다.

㉰ 추리에 의한 추정(estimation by inference)

사람들이 사건의 발생회수에 직접 접근한다는 가정에 반대하는 사람들은 사람들이 그것과 관련 있는 단서들로부터 이 회수를 추리한다고 주장한다. 이 접근법을 지지하는 연구가들을 두 그룹, 즉 생태적(生態的; ecological) 단서를 중시라는 그룹과 주관적(主觀的; subjective) 단서를 중시하는 그룹으로 나눌 수 있다.

생태적 단서에 의한 추리(inference by ecological codes)

예를 들어보자. 사람들은 6월에 서울에서 비가 오는 날의 빈도(확률)는 얼마인가에 대한 답을 기억에서 바로 상기해 내는 것이 아니라 6월이 장마철이라는 것에서부터 추리한다는 것이다. 즉 장마철이라는 자연현상에서 얻은 생태적 단서를 이용하는 것이다.

사람들이 사건 빈도를 정확하게 기억한다는 주장이 있는 반면에 사람들은 정당성이 있는 생태적 단서를 상당히 정확하게 기억하고 있다는 주장도 있다. 그러나 단서의 정당성을 배우려면 정당성의 지식이 진화적으로 이미 내장되어 있을 때 외에는 사건 빈도와 그 사건과 동시에 일어나는 일들을 정확하게 기억하는 능력이 있어야 한다.

주관적 단서에 의한 추리(inference by subjective cues)

Tversky와 Kahneman(1973)은 가용성(可用性; availability)을 가지고 사람들이 어떻게 사건의 빈도를 추정하는가를 설명하였다. 유용성 설명에 따르면 사건 빈도(또는 확률)의 기억은 그 사건을 얼마나 기억하기 쉬운지에 따른다.

Tversky와 Kahneman(1973)이 (상대적)빈도와 확률 판단의 근간이 되는 중요한 메커니즘(mechanism)으로 유용성을 제안한 이후 그들의 발견과 제안된 체험직감해법은 엄청난 양의 연구에 자극을 주었고 사건빈도와 확률을 정확하게 추정하는 인간의 능력에 관한 심각한 걱정을 불러일으켰다. 유용성은 사람들이 일부 특정한 죽음의 원인의 빈도를 과장하는 경향을 설명하여 준다. 예를 들면 빈도면에서 훨씬 적은 항공기 추락사건을 자동차 추락사건보다 더 잘 기억하고 그 빈도를 과장하는데서 알아볼 수 있다.

다 빠르고 간편한 추정: 빠른 추정(quick estimation; QuickEst) 체험직감해법

기술적 문제인 석탄조각을 크기별로 분류하는 메커니즘을 생각해 보자. 석탄 조각을 분류하는 한 가지 길은 점점 더 거칠어지는 체(sieves)를 건너 석탄 조각을 나르는 컨베이어 벨트를 사용하는 것이다. 그 벨트는 첫째 작은 조각이 "작은" 체를 통하여 아래에 있는 분쇄기로 떨어져 들어가도록 그 뒤 중간 크기의 조각이 "중간" 체를 통하여 등등 떨어지도록 설계된다. 모든 체를 지나간 조각들은 잡동사니 컨테이너에 쳐 넣어진다. 석탄 조각의 크기가 대부분의 조각은 작고 단지 극히 일부만 (아주) 크다고 가정하자. 컨베이어 벨트의 설계는 이 사실을 이용하여 많은 양의 작은 조각을 먼저 분류하고 다음으로 양이 적은 조금 더 큰 것을 마지막으로 양이 제일 적은, 제일 큰 것을 분류함으로써 분류에 필요한 시간을 최소화 한다. 이제부터 이 시간 최소화를 추정 체험직감해법에 적용하는 빠른 추정 체험직감해법(QuickEst)를 설명하기로 한다.

QuickEst의 설계 특성

QuickEst의 수법은 흔히 볼 수 있는 대상에 대해 가능한 한 빨리 추정하기 위하여 환경적 구조를 이용하는 것으로 앞에서 설명된 도시환경에서 어느 도시가 인구가 많은지를 추정하는 것을 예로 들어 설명해 보자.

사용할 수 있는 단서

우리가 어느 도시 인구가 많은지를 추정할 때 그 도시가 도청소재 도시라는 사실이 사용할 수 있는 생태적 단서가 될 수도 있다. 도청소재 도시(예: 경상남도 도청소재 도시인 창원)인 도시가 도청소재지가 아닌 김해보다 인구가 더 많을 공산(公算; likelihood)이 크다. “그 도시는 대학교가 있는가?”라는 도시의 특성을 단서로 사용할 수도 있다. 즉 대학이 있는 도시가 없는 도시보다 인구가 많을 것이다.

언제 탐색을 끝내나?

QuickEst는 간단한 중지규칙을 가지고 있다. 탐색은 질문에 대한 답이 “아니다”일 때 끝난다. 두 도시를 비교하도록 물어볼 수 있는 특성(단서)이 남아 있다면 탐색은 계속된다. 주로 질문에 긍정적인 단서를 가진 몇몇 도시와 일반적으로 부정적인 단서를 가진 많은 도시가 있다면 그런 중지규칙은 일반적으로 체험직감해법이 탐색을 빨리 중지하고 추정치에 빨리 도달하게 하여 줄 수 있다.

중지규칙 때문에 QuickEst의 추리는 두 도시 모두가 질문에 부정적인 특성에 근거를 두고 이루어진다. QuickEst의 중지규칙의 중요한 결말은 이 체험직감해법이 비보상적이라는 것이다. 더 나아가 단서 가치들이 (그것들 모두가 긍정적일지라도) 처음 만난 부정적 단서에 근거를 둔 추정을 바꾸지 않는다.

대부분의 특성을 가진 몇몇 아주 큰 도시는 어찌하나?

현 중지규칙은 한 특성을 문제의 도시가 가지고 있다는 것이 발견되자마자 탐색을 끝냄으로써 추정을 빠르게 한다. 아직 대부분의 특성들을 가지고 있는 몇 안되는 아주 큰 "열외" 도시가 있다. 그들 도시가 가지고 있지 않은, 있을 수 있는 특성을 탐색하기 위한 불필요한 시간소모를 피하기 위하여 **QuickEst**는 대부분의 도시들이 걸러지자마자 단서순위에 단서를 더 추가하는 것을 중지한다.

QuickEst는 어떤 환경에서 합리적인가?

Quickest는 도시 인구 영역의 특성을 두 가지 방식으로 이용한다. 첫째 그 정지규칙 – 최초로 부정적 단서가 발견되었을 때 멈춤 – 은 부정적 단서 가치가 두드러진 환경에서 효과적으로 탐색 과정을 줄여 준다. 둘째 **QuickEst**는 J 모양의 분포를 가진 대상에 적당한데 이 분포에서 대부분의 대상은 기준상 작은 가치를 가지며 단지 몇몇 대상만이 큰 가치를 가진다.

QuickEst는 얼마나 간편한가?

QuickEst는 추정을 빨리 하기 위하여 설계되었다. 이 체험직감해법은 얼마나 많은 단서를 탐색을 끝내기 전에 고려하여야 하나? **Hertwig** 등[36]은 모의실험을 통해 복잡하여 컴퓨터 프로그램을 사용하여야 하고 시간도 걸리는

36) Gigerrenzer et. al., 위의 책, p.228-229.

복잡한 통계 프로그램(다중 회귀분석)이 7.2개의 단서를 사용하는데 비하여 QuickEst는 단지 2.3개의 단서만을 사용한다는 것을 보여줌으로써 QuickEst가 얼마나 간편한지를 입증하였다.

QuickEst는 얼마나 정확한가?

복잡한 계산이 포함된 다중 회귀분석과 비교하여 단순한 평균과 반올림이 포함된 QuickEst는 얼마나 정확한가. Hertwig 등[37]은 다중 회귀분석과의 모의실험을 통해 QuickEst가 거의 같은 오차를 나타낸다는 것을 보여주고 있다.

한편 도시의 쌍을 비교할 때 QuickEst는 얼마나 잘 올바른 추리를 해낼까? 그들의 모의실험에 의하면 QuickEst의 옳은 추리의 비율은 81%인 반면에 다중 회귀분석은 73%이었다.

5.4 배우자 찾기에서의 만족조건 최소화

배우자 찾기는 지난 수십 년에 걸쳐 통계학, 경제학 및 생물학에서 탐색 전략에 대한 주요 주제의 일부를 차지해 왔다. 이제까지 선택을 이끌어 내기위해 사람들은 모든 대안들을 정보를 통해 탐

37) Gigerrenzer et. al., 위의 책, p.229-232.

색해야 하는 결정문제로 다루려 하였다. 그렇지만 많은 실생활 선택 문제 속에서 살아가는 우리는 연속적인 사건의 일부인, 무작위 순서로 나타나는, 그리고 시간에 앞서서는 부분적으로만 알려지는 상황에서의 선택문제(選擇問題; options)에 부닥치게 된다. 이런 경우에는 현재의 대안들에 관한 정보뿐만 아니라 나의 선택을 상대방이 받아들일 가능성에 대한 탐색도 중심이 된다. 특히 탐색과제의 구조가 가망성 있는 대상이 결혼하자는 제안을 거부할 위험성이 있는 조건하에서 그리고 각각의 가능성을 조사하기 위한 시간이 제한된 조건하에서 선의(善意)의 지인(知人; acquaintance)이 제안한 상관없는 이상형(理想型; ideals) 보다는 오히려 성공을 위한 실질적 기준에 맞는 가망성(可望性; prospect)을 선택하게 될 것이다.

지난 수 십 년에 걸친 통계학, 경제학 및 생물학에서 탐색 전략에 대한 주요 연구들이 사람들의 구애 플랜(plan)을 어떻게 비추어 줄까? 배우자 찾기는 불확실성하 의사결정의 어렵기는 하지만 극히 중요한 형태라고 생각된다. 위에서 언급된 연구들은 일부 어려움, 즉

- 우리가 부닥칠 배우자의 가치분포에 대한 불확실성,
- 가망이 있는 대상을 만날 순서에 대한 무지,
- 전에 거절한 대상으로 되돌아가기 어려움,
- 탐색비용,
- 시간한계,
- 세속적인 에누리(discounting) 그리고 무엇보다도
- 배우자짓기 양편 모두에 서로 받아들여져야 하는 상호 선택 문제 등

어려움을 찾아냈다.

다른 분야는 다른 방식으로 이들 어려움을 다루거나 무시하거나 한다. 통계학자와 경제학자는 배우자 찾기를 인간 생활에서의 중심에 있는 적응문제로 다루기보다는 직업 찾기와 소비자 찾기와 관련지어 다루는 경향이 있다. 생물학자는 사물을 다르게 본다. 왜냐하면 배우자 찾기와 배우자 선택이 그 힘과 독창성이란 면에서 자연도태(自然淘汰; natural selection)와 같은 진화과정 즉 자웅선택(雌雄選擇; sexual selection)의 방향으로 나아가기 때문이다. 한편 배우자 찾기 연구에 있어 인간 진화에 강한 인과적(因果的; causal) 영향을 주었을 공산이 큰 불확실성하 의사결정이 흥미롭고 어려운 연구과제일 것이다.

인간 의사결정의 많은 문제가 그렇듯이 탐색을 포함하여 인간의 배우자 선택이 합리적이고 효율적인지 많은 의문이 제기되어왔다. 사람들은 배우자를 찾을 때 충분히 오랫동안 탐색하지 않는다는 주장도 있다. 탐색을 연구해온 심리학자와 경제학자는 흔히 사람들이 실제로 사용하는 것으로 보이는 단순한 체험직감해법에 집중하여 왔다. 특히 Todd와 Miller[38]는 배우자 찾기 문제의 구체적인 영역에서 순응적으로 작동하는 단순한 만족조건 최소화 탐색 체험직감해법을 개발하였다. 여기서는 이를 중심으로 배우자 짖기 문제를 살펴보기로 한다.

5.4.1 지참금을 이용한 모의실험

앞에서 기술된 모든 통계학적, 경제학적, 및 생물학적 연구들

---

38) Todd & Miller, 1999.

에서 탐색의 이상화(理想化; idealized)된 형태는 오늘날 배우자를 찾는 남녀에 나타나는 상황과 상당히 다르다. 이와 같은 이상화된 형태의 배우자 선택은 통상 몇 분, 몇 시간, 며칠, 몇 년이 걸릴 수 있는 연속적인 과정에서 차례차례 각자가 평가되고 결정되는 연속적인 유망한 후보자들을 연속적으로 탐색하는 것으로부터 시작된다(결국 결혼하여 가정을 이루고 특정한 사람과 함께 아이를 가질 것인지 여부라고 결정하는 것으로 끝난다 할 수 있다). 이 탐색기간 동안 한 사람 한사람을 조사 확인하는 것과 관련된 비용이 확실히 발생한다. 그러나 아마도 가장 의미있는 비용은 전에 포기한 잠재적 배우자로 돌아가는 것이 어렵고 거의 불가능하다는 것이다. (왜냐하면 많은 낭만적 비극이 말해주는 것처럼 그들이 "배우자짓기 풀(mating pool)"에 남아 있었으며 그 사이 다른 누군가와 배우자를 이루었을 가능성이 있기 때문이다. 더 복잡한 일은 누구도 미리 잠재적 배우자의 범위를 모른다는 것이다. 우리가 사랑에 빠진 첫 번째 사람을 발견하기 위하여 충분할 만큼 오랫동안 계속 탐색하여 왔지만 누군가 다른 사람이 아직 남아있어 우리의 마음을 더 강하게 사로잡을지 여부를 어떻게 알 수 있을까? 우리는 우리가 만날지도 모르는 얼마나 더 많은 잠재적 배우자들이 있을지 말할 수 없다. 탐색과정 상의 어려움과 우리가 탐색하고 있는 공간에 대한 지식의 부족을 전제로 할 때 배우자를 찾는다는 것은 정말로 아주 벅찬 문제처럼 보인다.

이 사항을 좀 더 정밀하게 그리고 배우자 선택과 더 밀접하게 연결된 형식으로 앞 절에서 언급된 비서 문제, 즉 지참금 문제의 다른 모습을 통하여 고려해 보자. 지참금 형식에서 이야기는 이렇게 진행한다. "술탄(sultan; 왕)이 그의 수석 고문의 지혜를 검증하고 그 고문이 내각 자리에 남아있어야 하는지를 결정하기 위하여 시험해보려 한다. 수석 고문이 부인을 찾고 있었으므로 왕은 그의 지혜를 판단할 기회로 삼았다. 왕은 왕국으로부터의 여인들 100명을 고문보다 먼저 데려오게 하였다. 그 고문이 그의 자리를 유지하기 위하여 하여야할 일은 지참금(그녀의 가족으로부터의 결혼선물)이 제일 많은 여인을 선택하는 것뿐이다. 그가 올바르게 선택하면 그는 그 여인과 결혼하고 그의 자리를 유지하겠지만 그렇지 않으면 수석은 내각자리를 잃게 되는 것이다. 더 나쁜 것은 영원히 독신으로 남게 된다는 것이다. 그 고문은 한 번에 한 여인을 보고 그녀의 지참금을 물어볼 수 있다. 그런 뒤 즉시 그녀가 모든 100명의 여인중 제일 많은 지참금을 가진 여인인지를 결정하여야 하거나 그녀를 지나가게 하고 다음 여인으로 나아가야 한다. 그는 먼저 본 여인에게 돌아갈 수 없다. 일단 지나가게 되면 그들은 영원히 가버리게 된다. 게다가 그 고문은 그가 여인을 보기 시작하기 전에 지참금의 한도를 전혀 모른다. 가장 높은 지참금을 가진 여인을 고를 수 있는 가능성이 가장 높은 기회를 잡기 위하여 사용하여야 할 전략은 무엇일까?

그 고문이 옳게 선택할 수 있는 제일 높은 기회를 보장하기 위하여 사용하여야 할 전략이 37% 규칙임이 판명되었는데 이 규칙은 이 경우에 다음과 같이 작동할 것이다. 그는 처음 100명 중 37 여인을 보고 한사람씩 보내지만 그 집합으로부터 가장 높은 지참금을 기억하고 이를 D라고 부르기로 하자. 그 뒤 38번째 여인에서 시작하여 그는 D보다 큰 지참금을 가진 첫 번째 영인을 선택한다.[39] 이 37% 규칙은 그 고문이 할 수 있는 최선의 것이다 – 그 규칙은 다른 어떤 전략보다 더 자주(역시 매번의 37%) 제일 높은 가치를 찾아내므로 그런 의미에서 이문제의 최적의 해답이다. 이 규칙을 가지고 그 고문은 옳은 여인을 뽑고 자리를 유지하는데 세 번 쏘아 한번보다는 더 좋다. 매번의 삼분의 이는 왕이 따른 고문을 찾는데 사용한다.

지참금 문제는 확실히 많은 면에서 인간의 배우자 선택의 비현실적인 모습이다. 즉 그것이 상호적이라기보다는 일방적인 탐색이며, 우리가 하나씩 판단하는 많은 측면의 진가를 알아보기보다 탐색을 지참금으로 축소하고, 동시에 여러 후보자를 비교하거나 먼저 본 사람들로 돌아가는 가능성을 인정하지 않는 것 등등에서 그 비현실성을 찾아볼 수 있다. 그러나 그것은 우리에게 적어도 어떤 특정한 영역의 구조를 가진 환경(環境; setting)에서 일부 특정한 배우자 찾기를 위한 합리적 출발점이 될 수 있다. 그리고 이제부터 보게 될 더 적절한 탐색 메커니즘의 더 좋은 이해를 얻도록 도와준다.

지참금 문제와 현실과의 주요 차이중 하나는 물론 우리의 배우자 정하기가 뒤에 좀처럼 그렇게 극적이지 않다는 것이다 – 우리는 통상 그것이 "최상"의 것이 아닐지라도 우리가 내린 어떤 선택에 따라 살아가게 되거나 살아가야만 한다. 왕의 고문에게 최고의 지참금을 뽑지 못하였을 때의 37% 규칙의 성능은 문제가 안된다 – 그는 어느 경우에도 잘린다.

---

39) 이 절차에 대해서는 Ferguson, 1989; Gilbert & Mosteller, 1966; Mosteller, 1987을 보라.

5.4.2 다음 최선 취하기(Take the Next Best; TNB)

표준비서/지참금 문제 영역에서의 여러 가지 기준상 37% 규칙의 성능을 능가하는 단순한 탐색 체험직관해법이 있다면 우리는 어느 정도 만족할 수 있을 것이다. 이를 위해 37% 규칙에서 도출된 만족조건 최소화 규칙을 이용하는 체험직감해법이 37% 규칙보다 더 좋다는 것이 판명되었으므로 여기서는 이 체험직감해법에 집중하기로 하고 이를 "다음 최선 취하기(Take the Next Best; TNB)"라고 부르기로 한다.

다음 최선 취하기 규칙은 다음과 같이 37% 규칙과 직접적으로 유사하게 작동한다. 최초로 총 잠재적 배우자 N의 C%를(선별함이 없이) 점검한다. 그리고 최상의 지참금 D을 기억한다. 이것이 탐색인의 목표수준이 된다. 가능성 있는 배우자의 C%가 지나간 후에 지참금이 D보다 큰 다음 잠재적 배우자가 나타나면 그를 선택한다(만일 더 큰 지참금이 찾아지지 않는다면 그 때는 탐색자가 이 연속에서의 제일 마지막 개인을 받아들일 것이다). (37% 규칙이 하나의 특수한 예인) 이 단순한 체험직감해법은 최소의 인지노력을 필요로 한다. 그것은 한 번에 단지 하나의 가치(당장의 지참금)에 대한 기억을 사용하며, 단지 N와 C만 알고 $N \times C/100$만 계산하면 되고 그리고 한 번에 두 지참금을 비교할 수 있기만 하면 된다.

C를 변화시켰을 때의 결과는 어떻게 될까? Todd와 Miller의 실험결과는 $C=9$%를 사용한 경우에 최고의 평균 배우자 가치의 거의 92점인 배우자를 선택하였다. 이에 반해 37% 규칙을 사용한다면 그들의 평균은 81점으로 떨어졌다.

그렇다면 N을 변화시키면 어떻게 될까? 조상대대의 선구자들은 훨씬 많은 크기의 효과적인 배우자 정하기 집단을 가졌었을 것으로 생각되며 현대의 환경에서도 어떤 사람은 잠재적으로 배우자들이 될 수 있는 100명보다 더 많은 사람을 만나기를 기대할 수도 있다. 그래서 만일 모집단의 크기가 1,000명으로 증가된다면 그리하여 1000명의 10%인 100명을 점검하여야 한다면 우리의 단순한 체험직감해법은 어떤 결과를 가져다줄까? 그리고 이 일은 힘 드는 일로 보이지 않을까?

그러나 1에서 1,000까지의 배우자 가치를 가진 1,000의 잠재적 배우자 모집단에서 TNB 규칙이 어떻게 되어 가는지를 모의실험을 한 Todd와 Miller의 모의실험 결과는 N가 증가하는 것이 두렵다는 생각은 옳지 않다는 것을 증명한다. 그들의 실험결과는 다음과 같은 결과를 보여준다. 단 하나의 최상 가치의 배우자를 뽑을 최대의 기회는 모집단의 37%를 우선 점검하는 데서 온다. 그러나 (97%의 확률로) 상위 10% 안에 드는 한 배우자를 뽑을 기회를 극대화하기 위하여 목표수준 D를 설정하기 위해 가능성 있는 배우자들의 단지 3%만을 점검할 필요가 있다. 그리고 (98%의 확률로) 상위 25%에 들어가는 한 배우자를 위해 가능성 있는 배우자들의 1%에서 2%만이 점검될 필요가 있다. 마찬가지로 하위 25%에 드는 한 배우자를 선택하는 기회를 (0.3%까지) 줄이기 위하여 모집단의 단지 1%만이 점검될 필요가 있다.

그러므로 이 1,000명의 가능성 있는 배우자 모집단에서 가능성 있는 배우자 가치를 극대화하고 위험을 최소화하기 위하여 모집단의 1%에서 3% 또는 10에서 30명 사이 어딘가의 사람을 목표수준 D에 맞추기 위하여 우선 점검되어야 한다. 100명의 먼저의 모집단에서 그들 중 약10명을 점검하는 것은 이들 기준에 의해 판단된 최고의 탐색 성능을 가져다 주었다. 모집단 크기를 10배로 늘림에도 불구하고 점검할 사람의 수는 단지 약간만 증가하였다. 이는 TNB 규칙이 단순화 될 수 있다는 것을 말해준다. 목표수준 D에 맞추기 위해 가능성 있는 배우자의 일정한 비율을 점검하는 대신에 우리는 단지 가능성 있는 배우자의 일정한 절대수를 점검할 필요가 있다. 이 수는 넓은 범위에 걸쳐 변하는 모집단 크기들에 대하여 작동할 것이다. 예컨대 12번($C = 12$) 시도하라는 100에서 몇 천까지의 모집단 크기에 대해 적절하다. 이 단순한 탐색 체험직감해법은 37% 규칙에 반대하는 초기에 제기된 비판을 피해간다.

5.4.3 상호 순차적 배우자 찾기

즉 만일 당신이 운이 없는 잠재적 배우자들의 무리를 당신이 선택할 수 있도록 당신 앞을 행진하게 강제할 수 있는 폭군이라면 찾기가 조금 쉬어질 수도 있다. 우리는 청소년의 공상(空想; fantasies)을 가지고 갈망하는 사람을 구하기 시작할 수도 있지만 우리들 대부분은 곧 짝 찾기 게임이 다르게 전개됨을 알게 된다. 당신이 높은 가치가 있는 배우자를 찾기 위하여 만반의 준비가 된 당신의 아주 새로운 자기 중심적 12번 해보기 규칙을 가지고 이 게임에 들어간다고 상상하자. 당신은 당신이 무작위로 만난 첫 번째 10명을 충실하게 고려하고 결국 각각을 거절하지만 최선의 사람을 당신이 얼마나 좋아했는지 기억한다. 11번째로 시작하여 마지막으로 20번째 사람에서 당신이 찾아 왔던, 즉 당신이 이미 본 모든 다른 사람보다 더 좋은 것을 발견하기까지 당신은 쭉 더 좋은 사람을 찾을 수 있으리라고 믿어왔다. 당신의 규칙은 충족되며 당신도 만족한다. 당신은 당신의 새로 찾은 짝에게 청혼하고 즉석에서 거절된다. 무엇이 잘못 되었을까?

문제는 당신이 유망한 배우자들을 평가하고 있는 같은 시간에 반대로 그들이 당신을 평가한다는 것이다. (적어도 이 제한된 시나리오에서) 당신이 특정한 다른 사람의 표준에 맞지 않는다면 아무리 많이 청혼한다 할지라도 그들을 당신 편이 되게 만들지 못할 것이다. 그리고 모집단에 있는 당신과 다른 모든 사람이 목표수준을 만들어 내기 위하여 12번 해보기 규칙을 사용하여 왔다면 당신과 다른 모든 사람은 결혼하기로 동의할 사람에 대한 목표를 상당히 높게 가지고 있을 것이다. 그렇다면 골칫거리는 당신이 높은 배우자 가치를 가진 사람을 찾지 못한다면 당신은 어느 누구에게도 잠재적 배우자로 선택되지 않을 것이며 혼자로 끝날 것이다.

Todd와 Miller는 이들 효과가 다른 짝 찾기 규칙이 상호 탐색 상황에서 어떻게 작동할 것인가를 탐구하기 위하여 새 모의실험을 구성함으로써 관찰할 수 있었다. 그들은 각각 0.0에서 100.0까지의 뚜렷한 배우자 가치를 가진 그리고 각자가 이성 구성원의 배우자 가치의 정확한 지식을 가지고 있지만 반듯이 그 또는 그녀 자신의 배우자 가치를 알고 있지는 않은 100명의 여성과 100명의 남성의 모집단을 만들어 냈다. 그리고 이들 200명 각자에게 같은 전략을 주고 우선 "결혼준비기" 동안 어느 특정한 수의 이성 구성원을 평가하게 하였다. 이 기간 동안 개인들은 그들의 탐색 규칙의 하나를 사용한다면 그들의 목표수준을 조정할 수 있다. 이 결혼준비기 이후 남자들과 여자들은 무작위로 짝을 이루게 되는데 이 시점에서 그들은 그들의 파트너에게 청혼을 할 수 있거나 사양할 수 있다. 짝을 이룬 두 사람 모두 서로에게 청혼한다면 이 짝은 성혼된 것으로 여겨지고 이 두 사람은 모집단에서 제외된다. 그렇지 않다면 두 사람은 짝을 찾는 풀에 다시 찾아보기 위해 남는다. 이 짝 맺기-청혼-짝짓기의 순환(循環; cycling)은 모든 사람이 배우자가 될 때까지 또는 모든 사람이 이성 모두를 평가하고 청혼할 기회를 가질 때까지 반복된다. 관심사는 다른 탐색 규칙을 사용하는 이 여건(與件; setting)에서 누가 짝을 이루게 되는지 이다.

실험결과가 모두 다른 특정한 짝 찾기 전략을 사용한 100명의 남자와 100명의 여자에서 짝이 지어진 쌍의 수를 보여준다. 만일 모두가 $C=1\%$로 두 번째 최선 취하기를 사용하고 그들의 목표수준을 설정하기 위하여 한사람을 점검한다면 모집단의 약 반이 짝을 이룬다. 그러나 결혼준비기 기간(점검된 첫 번째 잠재적 배우자의 수)을 늘림에 따라 짝이 지워진 쌍의 수가 크게 떨어진다. 두 번째 최선 취하기 규칙을 사용한 사람들에 대해 결혼준비기(점검할 짝의 수 C)가 늘면 늘수록 짝을 이루는데 성공한 모든 사람들의 평균 배우자 까치가 높아진다. 즉 TNB 규칙은 모집단에 있는 모두에게 너무 높은 목표를 주며 그래서 실제로 제일 높은 배우지 가치를 가진 사람만 서로 동의하는 배우자를 발견할 것이다. 나머지 모두는 토요일 밤을 텔레비전을 보면서 보내게 것이다.

그러나 왜 TNB를 사용하지 않고 한 사람만을 점검하지 않을까? 그런다면 당신의 목표수준은 너무 높지 않을 것이며 모집단의 거의 반은 짝을 이룰 것인데 이 길이 더 합당할 수도 있다. 문제는 짝을 이룬 쌍 안에 있는 파트너 간의 배우자 가치의 평균 차이에 있다. 실험결과는 아주 짧은 결혼준비기를 가진 TNB 규칙이 상당히 많은 짝을 이룬 쌍을 낳았다 할지라도 그들 쌍은 오히려 잘못 맺어졌음을 보여준다. 파트너들의 배우자 가치 간에 거의 25의 평균 차이가 있다. 그런 큰 차이가 이루어진 쌍을 게임이란 면에서 불안정하게 만들었을 수도 있다. 많은 사람들이 파트너를 바꿀 의향이 있었을 수도 있다. 그렇다면 어떻게 높은 비율로 좋은 배우자들을 발견할 수 있게 하여주고, 넓고 편향되지 않은 범위의 배우자 가치들을 가진 개인들을 위해 배우자들을 찾아줄 뿐만 아니라 배우자 가치란 면에서 서로 잘 맞춰진 개인들이 쌍을 이루게 하는데 성공하는 상호 순차적 배우자 찾기 규칙(mutual sequential mate search rule)을 찾아낼 수 있을까?

이제 짝 찾기 시장에서의 당신의 초기 실패에 의하여 상당히 잘못을 깨닫게 된 당신이 이번에는 스스로 더 현실적인 상황을 받아들이고, 어느 고결한 배우에 영향을 받은 이상형보다 당신 자신과 비슷한 가치를 가진 배우자에 뜻을 둔다고 상상해보자. 사실 겸손에서 당신은 당신 자신의 배우자 가치 아래로 5점을 낮추어 한계점을 설정하고 이 수준보다 높은 배우자 가치를 가진 어느 사람들에게도 청혼을 한다. 이제 당신은 어떻게 헤쳐 나갈 것이며 모두가 마찬가지로 겸손한 한계점을 사용한다면 그들은 어떻게 될 것인가? 실험결과에서 우리는 이 전략이 배우자들을 더 많이 발견함을 본다. 이 경우에 결혼준비기에는 가치가 고정되어 있기 때문에 목표수준의 학습이나 조정이 포함되지 않지만 단지 결실을 맺지 못하는 연장된 기간을 나타내며 이 기간 동안 당신은 사람들을 만나지만 그들에게 청혼을 할 수 없다(그리고 당신은 아직도 그들에게 되돌아갈 수 없다). 결혼준비기의 길이는 이 겸손한 배우자 찾기 전략의 성능에 별로 영향을 미치지 못한다. 단지 결혼준비기가 아주 길어질 때 충분히 좋은 파트너의 발견을 보장하도록 철저히 찾아보기 위해 남겨진 후보자들이 더 이상 충분하지 않기 때문에 그것이 짝을 이룬 쌍의 수를 줄이기 시작한다.

이 배우자 가치에 기반을 둔 겸손한 탐색전략 또한 성능이 좋다. 대부분의 후보자들은 쌍을 이루며 짝을 이룬 그들 모집단의 평균 배우자 가치는 50 근처이다. 이 전략은 또한 아주 비슷한 배우자 가치를 가진 개인을 쌍을 이루게 하는데 성공하고, 안정된 결말을 짓도록 한다. 즉 이 전략은 개인들을 쌍을 이루게 할 때 후보자들을 배우자 가치들에 의하여 잘 정리한다. 그러므로 이것은 사용하기에 좋은 상호 순차적 배우자 탐색전략인 것처럼 보인다. 그러나 하나의 문제가 있다. 누구 자신의 배우자 가치를 안다는 것이 꼭 쉬운 일은 아니다. 배우자 가치는 둘 다 상황 적응적이고 (그것은 우리들 주위의 다른 사람에 영향 받고) 우리가 발전함에 따라 시간에 걸쳐 변하기 때문에 우리는 그것을 가지고 태어나지 않는다. 우리 자신을 잠재적 배우자로 판단하는 다른 사람들이 우리가 우리를 보는 것과 같은 방식으로 보지 않기 때문에 우리는 그것을 정하기 위해 우리자신을 단순하게 관찰할 수 없다. 우리는 이성의 관점에서 우리자신을 판단하는 적절한 기준조차도 모른다. 그래서 이 초기 지식없이 우리가 우리의 목표수준을 형성하기 위하여 그것을 사용할 것이라면 우리는 어떻게든 우리 자신의 배우자 가치를 추정하여야 한다.

그러므로 배우자 찾기 전략은 더욱 더 적게 자기 중심적이 되는 방향으로 바뀌었다. 다른 모든 이들을 생각하는 것(다음 최선 취하기; take the Next best)을 고려하기 시작하였고 나아가 스스로를 생각하는 것, 즉 자기중심 목표수준(自己中心目標水準; self-based aspiration level)이 사용되었다. 이제 우리는 다른 사람이 우리를 어떻게 생각하는 지, 즉 피드백에 기초를 둔 우리의 자아인식(自我認識; self-perception) 조절하기를 살펴보아야 할 것이다. 첫째로 시도할 피드백에 기초를 둔 방법은(우리 자신의 배우자 가치의 자아-인식 추정치와 같은) 우리의 목표수준을 우리가 누군가 다른 이로부터 청혼을 받을 때마다 올리고 우리의 목표수준을 누구도 우리에게 청혼하지 않을 때마다 내리는 것이다. 우리는 이 전략을 어느 일정한 결혼준비기 기간동안 사용할(즉 우리가 제일 먼저 만나는 어느 일정한 수의 개인들로부터의 이 피드백을 사용할) 것이다. 피드백의 매 단계마다 우리의 목표수준에 우리가 만드는 조절의 양은 우리의 결혼준비기의 전체 길이에 의하여 반비례로 정해진다. 즉 우리가 짧은 결혼준비기를 가진다면 우리는 각 단계에서 더 많이 조정을 해야(빨리 배워야) 할 것이고 반면에 우리가 긴 결혼준비기를 가진다면 우리는 더 천천히 배울 수 있다.

이 목표 조정 체험직감해법이 가진 문제는 그것이 헛되다는 것이다. 청혼이 아무에게서 나올 때마다 그 사람의 배우자 가치가 얼마이든 간에 청혼 받은 사람은 신명이 나며 그나 그녀의 목표수준을 올린다. 그래서 50 이상의 배우자 가치를 가진 각자들은 많은 청혼을 받을 것이고 그들의 목표를 너무 높게 올릴 것이다. 반면에 50 이하의 배우자 가치를 가진 사람들은 더 자주 거절당할 것이며 그들의 목표를 낮추고 결말로서 후보자들의 남은 반의 자부심을 살려줄 것이다. 그러나 좌절된 목표를 가진 아래쪽 반에 들어가는 사람들 역시 배우자를 찾는데 성공하는 반면에 후보자들의 자만심 강한 상위 반에 들어가는 사람들은 그렇지 못하다.

당신이 높은 배우자 가치를 가지고 있는지 여부에 대한 누군가 다른 사람의 말만을 믿는 대신에 당신은 또한 근거를 고려하여야 한다. 당신을 평가하고 있는 다른 사람의 배우자 가치는 무엇인가? 만일 그 사람의 배우자 가치가 당신이 생각하기에 당신 자신보다 더 높다면 그리고 그 또는 그녀가 아직 당신에게 청혼한다면 당신은 그 다른 사람의 눈금은 잘 매겨져 있으며 그래서 당신에게 당신 자신의 배우자 가치에 관한 정확한 피드백(feedback)을 주고 있다는 가정 하에 당신 자신의 자기평가를 올려야 한다. (당신은 언제나 당신자신의 자기이미지(self-image)보다 낮은 배우자 가치를 가진 사람들로부터의 청혼을 기대하고 당신 자기이미지를 올리기 위하여 그들의 청혼을 이용하지 않아야 한다.) 또한 만일 당신이 당신 자신의 자기인식(自己認識; self-perception)보다 낮은 배우자 가치를 가진 사람으로부터 거절을 당한다면 이것이 당신을 당신 자신의 자기이미지를 두 번 생각하게 만들 뿐만 아니라 당신의 목표를 더 낮추게 한다. (당신이 생각하기에 당신보다 높은 가치를 가진 사람들로부터의 청혼이 부족하다는 것이 당신의 자기이미지에 영향을 주어서는 안 된다.)

실험은 먼저의 전략을 쓰되 다른 사람의 배우자 가치와 비교하여 같은 크기로 조정을 한다면 모집단의 약 40%를 다시 쌍을 이루게 할 수 있음을 보여준다. 그러나 그들은 아주 좋은 짝을 이루지는 못한다. 이 전략은 짝을 이룬 파트너들 사이의 제일 어울리지 않는 짝 맞추기를 가져다준다. 이때의 문제는 아직도 배우자 가치와 관계가 없는 조정을 한다는 것이다. 여기서의 조정은 적령기간의 길이에만 관계가 있는 고정된 가치이다. 그러나 (예컨대 당신의 자기－이미지가 50에서 시작한다고 가정하고) 100의 배우자 가치를 가진 누군가가 당신에게 청혼한 때 그리고 60의 배우자 가치를 가진 누군가가 당신에게 청혼한 때 모두 같은 상향조정을 한다는 것은 합리적이지 않다. 당신은 후자 보다는 전자의 청혼에 더 신이 나야 하며 당신은 당신의 자기－견적(自己－見積; self－estimate)을 상응하게 올려야 한다.

이제 전략에서 덜 자기－중심적이 됨에 따라 관심이 가는 다른 잠재적 배우자들에 관하여 더 많은 정보가 추가되었다. 첫째 그들이 청혼했는지 여부가 조사되었다. 다음으로 그들의 청혼과 다른 사람들의 것과 비교한 그들의 배우자 가치의 방향(즉 그것 자체의 정확한 값이 아니라 그 값이 더 큰지 아니면 더 작은지를 아는 것만 필요하다)이 고려되었다. 그리고 그들의 청혼과 다른 사람의 배우자 가치의 자기－견적과 그들의 배우자 가치 사이의 실제 차이가 고려된다. 자기－이미지보다 배우자 가치가 더 큰 누군가가 청혼한다면 사람들은 자기－이미지(그리고 이로 인한 목표수준)를 둘 사이 차이의 절반만큼 상향조정한다. 결혼준비 기간동안 만난 잠재적 배우자가 청혼하지 않았다면 그리고 그 사람의 배우자 가치가 우리의 자기－이미지보자 낮다면 그 차이의 절반만큼 하향조정한다. 이런 방식으로 자기－이미지에서 더 멀어진 사람들로부터 얻은 피드백에 더 많은 가중치가 주어진다.

그렇게 하였을 때 지금까지 고려된 것들로부터 최선의 목표－학습 전략(目標－學習 戰略; aspiration－learning strategy)을 얻게 된다. 요약해서 중간 적령기 기간에 이 전략은 모집단의 약

절반을 짝 지운다.

요컨대 이제 우리는 합당한 상호 순차적 배우자 탐색 전략에 근접하고 있다. 그것은 우리가 이성 멤버의 배우자 가치를 안다고 전제하고 그들로부터의 청혼이나 거절의 피드백을 사용함으로써 자기 자신의 배우자 가치를 추정할 수 있게 되었다. 그러나 이와 같은 종류의 간단한 전략은 우리가 후보자들에 관하여 무엇이든 알거나 계산한다고 가정하지 않게 되었다. 우리는(요구되는 비서/지참금 문제에의 많은 접근법처럼) 최적 탐색시간을 계산할 필요는 없다. 그리고 우리는 전체 모집단의 사전지식이 필요 없게 되었다. 한 사람씩 잇따라 보기로 그리고 이 과정에서 우리 스스로에 관하여 배우는 것으로 충분하다.

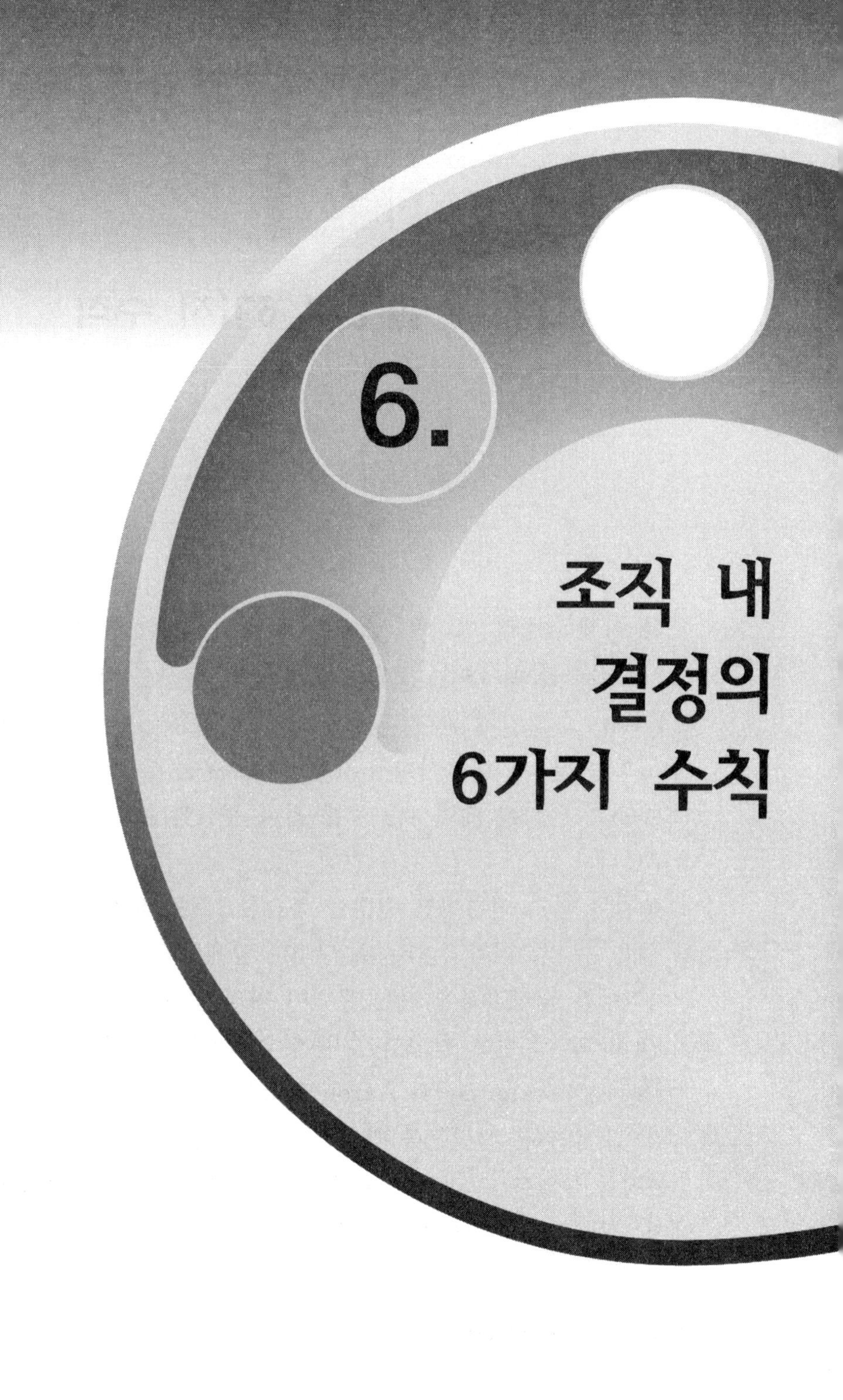

6.

조직 내 결정의 6가지 수칙

6.

조직 내 결정의 6가지 수칙

자 이제 남들은 어려운, 중요한 그리고 중대한 결정들을 어떻게 내렸을까를 알아보는 것으로 옮겨가 보자. 사실 과거가 그대로 재현되는 일은 거의 없다. 그러나 그러한 결정을 내려야 했던 상황이 또는 필요성이 유사하게 재현되는 경우는 상당히 많다. 그래서 우리는 역사적 데이터를 보존 관리 분석한다. 그리고 역사를 공부한다.

우리는 과거 이루어진 결정을 복습함으로써 의사결정의 규칙을 찾을 수 있으리라고 믿는다. 그러나 앞에서도 언급하였지만 우리나라에는 의사결정에 관한 문헌이 거의 없다시피 한 실정이어서 역시 외국문헌을 참고할 수밖에 없었음을 밝혀둔다.

Bryan Zeckhauser와 Aaron Sandoski는 훌륭한 결정을 지속적으로 내려온 사람들을 찾아 그들에게 어떻게 그렇게 하게 되었는지를 물었다. 그리고 성공한 그리고 경험이 풍부한 지도자들에게 그들의 가장 힘들었던 결정에 관하여 그리고 확실히 의사결정의 본질이 드러날 것인지에 관하여 물었다. 그들의 연구는 스물 한 분의 비범한 사람들이 공유하는 그리고 그들 자신의 가장 어렵고 중요한 결정에 근거를 둔 어렵게 얻은 교훈을 담고 있다. 그들의 현명한 지도자들에는 Goldman Sachs의 John Whitehead, Fortune 지의 "역대 10명의 가장 위대한 CEO" 중 한 분인 David Maxwell, 미국 대법원의 판사 Stephen Breyer, Blackstone Group의 회장/CEO Stephen Schwarzman, 1990년대에 American Express를 회생시킨 Harvey Golub 및 주목할 만하지만 비교적 알려지지 않은 Sealed Air의 회장/CEO Dermont Dunphy 등이 포함되어 있다.[40]

이들 스물한 분의 훌륭한 결정은 결국 시대를 초월한 원칙으로 요약되었다. 그들은 21명의 지도자들이 공유하고 모든 매니저들이 알아야 할 여섯 개의 핵심 의사결정 원칙을 뽑아냈다. 이 원칙들은 직분 및 산업 전반의 현명한 지도자들에 지표가 되었으며 그들을 여러 가지 위기에서 구해 주었다. 여섯 개의 원칙 – 출처로 가라(Go to the source), 방을 마음대로 말하는 사람으로 채우라(Fill a room with barbarians), 위험의 공포를 정복하라(Conquer the fear of risk), 비전을 당신의 일상의 지침으로 만들라(Make vision your daily guide), 목적의식을 가지고 들어라(Listen with purpose) 및 투명하라(Be transparent) – 은 복잡하지 않다. 그렇지만 Bryan Zeckhauser와 Aaron Sandoski가 이들 원칙을 추출해 낸 21명의 지도자들의 이야기는 훌륭한 결정을 지속적으로 내리는데 많은 참고가 되리라 믿으나

---

40) Zekhauser & Sandoski, How the Wise Decide, 2008, p.102.

지면관계상 여기서는 생략하고 여섯 개의 원칙만 요약하고자 하나 필요한 분은 원전(How the Wise Decide)을 찾아보기 바란다. 여하튼 이들 원칙은 놀라운 성공을 이루기 위한 강력한 힘이 될 것이다.

이 책의 궁극적 목적은 이론을 설명하는 것이 아니라 훌륭한 결정을 지속적으로 내리는데 우리 모두가 필요로 하는 조언을 주는 실용적 안내이다. 그런 맥락에서 여기서 우리는 위의 원칙이 여러분들의 일상생활에서의 부분이 되게 만들어 주는 실용적 규칙들을 공부하기로 한다.

6.1 출처로 가기(Go to the source)

결정은 정보로부터 출발한다. 그런데 이 정보를 우리가 직접 그 출처에서 얻는 일은 매우 드물다. 오히려 여러 중간 단계를 거치는 동안 정보가 변질 또는 변형되는 일이 너무나 많다. 이런 정보를 기초로 결정을 내릴 때 현장이나 실정과 동떨어진 결정을 내리게 되는 것은 극히 자연스러운 일이다. 당신은 읽어볼 권위있어 보이는 보고서를 받고 자세한 Power-Point 보고를 끝까지 앉아 듣는다. 그러나 이 보고 역시 같은 종류의 왜곡되고 불완전한 정보일 뿐이다. 이 말은 사무실에서 받은 정보가 필요하지 않다는 의미는 아니다. 그러나 당신은 단연코 최상의 정보인 직접 현장에서 얻는 정보를 얻기 위하여 그 정보의 출처로 가고 있지 않다. 당신은 고객이나 공급업자가 무엇을 생각하고 있는지 알아보려고 그들을 만나기 위하여 가끔 사무실을 나간다고 말할지 모르지만 그것은 여기서 우리가 말하는 출처로 가기가 아니다. 출처로 가기는 현장으로부터의 정보를 끈질기게 추구하는 것이다. 그것은 힘든 일이며 많은 시간과 노력 그리고 창의력(創意力; imagination)을 요한다.

🄵 출처로 가기 위한 규칙들

직접현장의 정보를 추구하는 사람들은 미팅, e-mails, 인터넷 메모(memo) 그리고 Power-Point 보고 등이 넘친다고 느끼는 대부분의 사람들과 달리 행동한다. 출처로 가기의 가치를 분명하게 입증하는 그런 사람들은 시장에서 그리고 재무적으로 성공을 이룬 사람들이다. 출처로 가기 위한 시간을 어찌 발견할 수 있지? 라고 쉽게 물을 수도 있다. 시간 스스로가 시간을 만들어 낼 것이다. 일단 당신이 출처로 가기가 얼마나 소중한지를 깨닫게 되면 당신은 당신이 가능하다고 상상하는 것보다 훨씬 자주 그리할 기회를 발견할 것이다.

6.1.1 규칙 1: 정례화 하라(Make it routine)

출처로 가기는 한 번의 중대한 수술실 방문이나 작은 마을을 한 번 여행하는 것에 관한 것이 아니다. Bill George와 Orin Smith는 단 한 번의 수술실 방문과 단 한 번의 New Zealand 방문 기간동안 매우 긴요한 발견들을 하였지만 두 지도자가 그들의 관찰을 전후사정 안에서 할 수 있었기 때문에 그런 발견이 이루어진 것이다. 그들은 수술실과 New Zealand에서의 그들의 개인적 경험을 그들이 그들의 회사의 내부에서 그리고 그들 사무실 벽 밖의 많은 다른 관찰로부터 갖게 된 데이터의 나머지를 보정(補正; calibrate)하기 위하여 사용하였다.

출처로 가기의 정례화는 시간이 걸린다. 매년 년초에 Bill George는 그가 출처로 가기에 시간을 쏟아 붇기를 원한다는 것을 알고 있다는 것을 스케줄(schedule) 상에 크게 표시해 두고 대강의 계획을 잡아둔다. 그는 어디로 갈 것인지 또는 누구를 만날 것인지를 언제나 미리 알지는 못하지만 그 시간은 따로 잡아두고 그의 스케줄의 나머지는 그들 시간의 블록들 주위에서 이루어진다.

종업원과 보내는 시간에는 전 세계에 있는 Medtronic 시설에서의 공식 미팅뿐만 아니라 사무실이나 실험실의 비공식 산책도 포함된다. 어느 날 George가 실험실을 가로질러 걸을 때 일부 연구인들이 그에게 열심히 손짓을 하였다. 그들은 연방통신위원회(Federal Communications Commission)로 부터 인간의 몸에 심은 소형 컴퓨터(miniature computer)로부터 전송된 정보를 들을 새로운 장치 – 예를 들면 불규칙 심장박동을 멈추게 하는 제세동기(除細動器; defibrillator)를 위한 라디오 주파수 스펙트럼(radio frequency spectrum)의 아주 작은 밴드의 사용허가를 받았다. FCC 허가는 그 제품의 상품화 전에 허가받아야 할 마지막 장애물이었다. George가 Medtronic의 사업 설계자들에게 돌파구에 관하여 말하였을 때 그들은 대수롭지 않게 생각하였다. 그들은 그것은 너무 비용이 많이 들고 너무 위험할 것이라고 말하였다. 그러나 George는 그 연구인들의 눈에서 흥분을 보았으며 그들은 그들이 승리자라고 확신하고 있음을 알았다. 오늘날 그 기술은 집에 있는 환자로부터 그들의 의사 사무실로 인터넷을 통해 정보를 전달하는데 사용되며 거대한 성공이다.

의사들과 Mdetronic 종업원과 그 시간을 함께 보내기 위해 George는 직접 현장정보를 얻기 위하여 노력하지 않는 CEO들이 하는 일들의 일부를 어쩔 수 없이 하지 못하였다. 그것을 하기 위하여 그는 그 자신과 날카로운 사업능력을 갖춘 의사인 부회장 Glen Nelson 그리고 Abbott Labs에서 스카우트한 최고 운영책임자(COO; Chief Operating Officer) Art Collins의 사무실을 꾸몄다. 그의 두 동료는 CEO의 직무의 짐의 일부를 그들의 어깨 위에 올려 놓았다. 그러나 George는 또한 예산회의와 같은 일들을 줄임으로써 자신을 위한 일부 시간을 냈다.

출처로 가기를 위해 정례화하는 것은 수련(修練; discipline)을 위해서는 최고다. 당신은 당신이 보통 접촉하지 않는 사람들과 이야기하기 위하여 당신 자신의 사무실의 복도를 배회할 필요가 있다. 당신은 미리 예정표에 시간의 일부를 비워두어야 할 필요가 있다. 그리고 당신이 하는 여행에서 출처가 되는 곳으로 갈 필요가 있다.

만일 Bill George와 같이 당신이 미리 출처로 가기 위한 시간을 충분하게 예정해 둔다면 당신은 그들 시간 주위에 최소의 혼란만을 주면서 당신 예정의 나머지를 계획할 수 있다. 당신은 그것을 예정에 넣을 때 각각의 상당한 시간을 어떻게 사용할지 모를 수도 있다. 당신은 그것을 시간에 가까이 왔을 때 결정할 수 있다. 예를 들어 당신의 일이 만일 마케팅(marketing)이라면 어떻게 다른 소매업자들이 광고를 하며 당신의 제품을 진열하는지를 관찰하면서 이삼일을 보내기로 결정할 수도 있다. 당신이 거래 또는 전문기관 미팅에 참석할 계획이라면 당신의 여행을 보다 가치 있게 만들어라. 강의나 세미나(seminars)는 좋으나 – 일부 토론자(討論者; panelists)가 훌륭한 출처일 수도 있다 – 유용한 통찰력을 가졌을 수도 있는 새로운 사람들을 만나기 위하여 꼭 시간을 쪼개야 할 것이다.

그러나 출처로 가기 위해 미리 예정된 시간에 스스로를 억매지 말라. Orin Smith의 보좌인들은 그가 출장으로 사무실을 떠날 때마다 그가 어디를 가든 6개 또는 그 이상의 Starbucks를 방문하기 원할 것이라는 것을 알았다. 당신은 당신이 출처를 찾기 위해 사무실을 떠날 때마다 반드시 그리 할 수 있다.

6.1.2 규칙 2: 영구 출처를 개발하자

정보의 새로운 출처를 발굴하는 것은 출처로 가기의 중요한 부분이다. 그러나 즐거움, 불만 또는 요구의 변하는 정도를 읽을 수 있기 위하여 몇 번이든 되돌아가는 사람들과 영구적인 접촉관계를 구축하는 것도 똑같이 중요하다. 영구적 출처 – 당신이 관찰력이 있고 당신에게 정직하다고 믿는 사람 – 와의 접촉은 오랜 기간 동안 별로 또는 전혀 변화를 드러내지 않을 수도 있다. 그러다가 무엇인가 당신의 주의를 끄는 그런 날이 온다. 당신의 출처가 다르게 행동하고 있는지 또는 당신이 전에 들어본 일이 없는 것을 말하고 있는지를 모를 수도 있다. 그러나 당신이 그들 감지하기 어려운 신호들에 방심하지 않는다면 당신은 더 깊이 파고 들어가 그 변화의 근본원인을 찾을 수 있을 것이다.

미국 전자산업의 개척자중 한 사람이며 진정한 기업가이고 사상가인 Paul Galvin은 이 테크닉을 수년간 사용하였다. Galvin

은 단순한 전기기구를 만들기 위하여 Galvin Manufacturing Corporation을 1928년에 설립하였다. 그는 곧 자동차용 라디오 생산에 진출하게 되고 결국 회사이름을 Motorola로 바꾸었는데 이는 승용차(乘用車; motorcars)와 음악(Victrola)에의 집중을 반영한 것이다. Motorrola가 성장함에 따라 Galvin은 시장뿐만 아니라 자기 회사를 반드시 잘 파악하도록 하였다. 그는 자주 제조구역을 자주 살펴보았는데 거기서 그는 결국 Motorola의 최초 여성 조립라인 작업자 Mary Quiliza를 만났다. 마침내 Motorola의 CEO로 그의 아버지의 뒤를 이은 Bob Galvin은 Mary가 권선(捲線; coil-winding) 부문인 5과에서 일했다고 기억한다. Paul Galvin이 Mary의 라인을 지나갈 때마다 그는 그녀의 일터에 멈추어서 그녀가 어떻게 일하는지를 물었다. 통상 Mary는 Paul에게 즐거운 인사말로 인사를 하였고 그녀는 잘 하고 있으며 작업은 잘 되고 있다고 말했다. 그러나 때때로 Mary는 일이 잘 되고 있지 않음을 분명히 하였다. 존경하지만 그럼에도 불구하고 그녀는 Paul이 지난주에 발표한 방침이 그녀가 생각하기에 좋은 것이 아니라고 그에게 말하였다. Paul은 Mary가 그 방침이 좋지 않다고 생각한다면 그 조립라인의 그녀 동료 대부분도 그리 생각할 것이라는 것을 알았다. 그것이 그로 하여금 그 방침의 타당성을 다시 생각하게 만들었으며 때때로 그는 Mary가 Paul의 마음을 바꾸게 한 출처임을 안 다른 간부들의 반대를 물리치고 그것을 바꾸라고 명령하였다. "그는 천명에게 가서 물어볼 필요는 없었다." Bob Galvin은 회상한다. 그는 그의 사무실로 걸어 올라가 높은 사람들을 불러들이고 "지난 화요일 내가 발표한 결정을 바꾸지 않으면 안 되겠다. 공장에 있는 사람들이 그것을 좋아하지 않는다"라고 그는 말할 것이다.

Paul Galvin의 정기적은 Mary 및 그 외 사람 방문은 그의 종업원과의 영구적 관계이었다. 그는 일이 틀릴 때 그에게 말할 수 있는 힘 있는 관찰을 찾고 있는 출처에 있었다.

Mary처럼 당신 자신의 회사 안에 있는 사람이 소중한 영구적 출처가 될 수 있다. 그러나 만일 당신이 누군가 다른 사람의 잔디를 밟고 있다고 또는 다른 사람의 인격을 손상시키는 것으로 인식된다면 당신회사의 다른 사람들 특히 아주 하위직에 있는 사람과의 미팅이 파괴적일 수 있다. Starbucks 가게에서 어떤 일이 일어나는지에 관한 정보의 Orin Smith의 영구적 출처 중에는 최전방에서 일하는 바리스타들(baristas)이 있었다. Smith는 그가 "단계 건너뛰기(skip levels)"라고 부른 과정을 만들어냈는데 이 과정에서 그는 그가 방문하고 있는 어떤 마을에 있는 호텔에 회의실을 구하고 그의 상사 없이 그와 만나도록 일부 바리스타를 초청하였다.

Smith는 바리스타들에게 무엇이 회사를 더 좋게 만들어줄 것인가를 그리고 그들이 생각하기에 무엇이 잘되고 있는지를 물었다. 실질적으로 그런 모든 회의는 별일이 이러나지 않았으며 누군가가 조사를 위해 본부로 돌아와야 했다. 그러나 때로는 단계 건너뛰기 미팅은 큰 변화를 이끌었다. Starbucks는 그의 가게에서 수익과 이익의 또 다른 출처로 물품을 팔기 시작하였지만 그 생각이 처음에는 그리 성공적이 아니었다. Smith가 단계 건너뛰기 미팅에서 물품판매의 안 좋은 결과를 화제로 꺼냈을 때 한 용감한 Barista가 거리낌 없이 말하였다.

"아무도 가게에서 팔릴 것이 무엇이라고 생각하는지 우리에게 물어보지 않았습니다"라고 그녀는 말했다. "우리가 물건 상자들을 받았을 때 우리는 그것들을 열고 그냥 웃었습니다. 왜냐하면 우리는 그것이 팔리지 않을 것이라는 것을 알았기 때문입니다."

Smith는 "그것은 어떤 면에서 유머러스하지만 다른 면에서는 슬펐다"라고 회상한다. 상품화 사람들은 무엇을 팔 것인지에 관하여 현장 사람들에게 말하지 않는다. 단계 뛰어넘기 미팅의 결말은 이제 상품화 사람들이 그들이 팔게 될 것이 무엇인지 토의한다는 것이다.

보통 상사는 그의 종업원들 간의 미팅에서 제외되며 본사로부터의 누군가는 그것에 관하여 아주 행복하지 못할 것이다. 그러나 Smith는 단계 뛰어넘기 미팅이 전혀 예외적이지 않도록 제도화하였다. 그리고 그는 그가 바리스타들로부터 들은 어느 것에 대해서도 상사를 꾸짖지 않도록 하였다. 가게 매니저는 그 모임이 명백히 누군가를 벌 하도록 잘못된 것을 찾아내기 위한 것이 아니기 때문에 그들 작업자들의 사장님과의 미팅에 관하여 걱정하지 않아도 된다는 것을 알게 되었다.

그는 "나는 돌아와서 무엇인가를 못보고 지나친 것에 대해 나의 사람들을 회초리질 하지 않는다"고 말한다. "그것이 목적이 아니다. 목적은 우리가 할 수 있는 것을 배우고 바꾸는 것 그리고 다음에 더 좋은 결정을 내리는 것이다. 나는 다만 조직적 구조가 언제나 하는 걸러내기(filtering)를 뚫고 나가기를 원한다. – 사람들이 일들을 비밀로 하려하기 때문이 아니라 그것은 그저 조직이 하는 것이다. 내가 정말로 무슨 일이 일어나고 있는지 알고 싶다면 거기 아래에서 일을 하고 있는 사람들과 대화해야 한다. 그렇지 않다면 나는 더 좋지 못한 결정을 내리는 신세가 될 것이고 나의 부하들은 좋지 못한 결정을 내릴 것이다.

Smith는 다른 매니저들에게 단계를 뛰어넘으라고 권장하였으며 그들은 빠르게 이해하였다. "그들은 내가 들어와 내가 발견한 것을 말하는 것을 좋아하지 않는다. 그들은 오히려 그것을 먼저 발견하려 한다"고 웃으며 말한다.

당신은 영구적 출처를 당신의 회사 안에서도 밖에서도 개발할 수 있다. 당신 자신의 회사 안에서 당신은 당신이 정기적으로 접촉하지 않는 특히 당신 자신과 다른 직무에 종사하는 사람들 중에서 유용한 출처를 찾을 수 있다. 당신이 영업직원이라면 제품 엔지니어와 접촉하라. 반대로 당신이 제품 엔지니어라면 영업사원에 접근하라. 당신들은 둘 다 더 좋아질 것이며 회사도 그리 될 것이다.

6.1.3 규칙 3: 누가 몰고 있는지 알아내라

출처로 가기는 당신이 옳은 출처로 갈 때 가장 효과적이다. 그것은 빤한 것으로 들리지만 올바른 출처가 작은 번화가에 있는 사람이라는 것은 Starbucks의 운영진과 부동산 담당자에게는 빤하지 않다. 그들이 하고자 하는 모든 것은 Starbucks의 도시 고객들의 인구통계 자료를 보고 그 표준을 그 지방의 나머지에도 적용하는 것이었다. Orin Smith는 더 잘 알았다. 그는 누가 Starbucks의 성장을 이끌고 있는지를 보기 위하여 미래를 내다보고 있었다. 그는 주요 도시 밖의 고객들이 Starbucks의 미래를 이끌어갈 사람들이 될 것이라는 것을 알았다.

얄궂게도 사업이 번창할 때 당신의 회사의 미래를 이끌고 있는 사람이 누구인지를 이해한다는 것이 가장 어려울 수 있다. John Whitehead는 이 투자은행이 엄청나게 수익성이 좋았고 미국에서 발군의 투자은행 중 하나이었던 1970년대 말과 1980년대 초에 Goldman Sachs의 회장이었다. 그 회사의 고객들에는 최대 및 최상의 회사들이 들어 있었다. 그러나 Whitehead는 걱정하였다. 5대 투자은행 중에서 Goldman Sachs는 London과 Tokyo 같은 금융센터에서 국제적 진출이 없는 유일한 은행이었다. 그러나 그 회사의 고객들은 점점 더 해외에서 사업을 하고 있었다. 실제로 1967년 초 Whitehead가 회장이 되기 전에 Goldman의 가장 중요한 고객 중 하나인 General Electric은 Goldman이 국제적 진출이 없으므로 Eurobond 문제를 해결하기 위하여 은행에 Goldman의 숙적 Morgan Stanley와 함께 일하게 될 것이라고 말했다.

Whitehead는 Goldman을 위한 어두운 날 GE의 전화를 생각하고 즉각적으로 회사에 국제로 나가라고 압력을 넣기 시작하였다. Goldman의 아주 수익성이 있는 투자금융사업의 최상위에로의 발흥(勃興; rise)을 이끌어 주었던 고객들이 이제 그 길을 해외에서 보여주고 있었다. 그의 고객들이 이끄는 곳으로 나가는 것은 Whitehead에 달려 있었다. 그러나 Whitehead의 다른 파트너들(partners)은 걱정하지 않았다. 그들은 은행의 명성과 기량을 미국에서의 시장 점유율을 올리는데 쓰기를 원하였다. 해외로 나가려 하는 것은 재무적 및 지적 자본을 목표로부터 방향을 바꾸게 할 뿐만 아니라 그것이 또한 Goldman을 어마어마한 은행들과 그들의 홈 경기장에서 경쟁하게 만든다.

"우리는 우리의 국내 사업의 성공에 자기 만족하고 그리고 모두가 말한 만큼 빠르게 성장하였다. Whitehead 당신은 배를 뒤흔들고 있다. 국제영업은 다른 사람들이 하게 내버려 두라."

Whitehead가 공동 의장이 되었을 때 Goldman의 국제 진출은 거의 존재하지 않았다. 그러나 그의 강력한 새 역할로 그는 London을 시작으로 해외 사무실의 설립을 밀어 붙였다. 가는 것은 어렵고 어려웠으며 초창기 국제 부문의 유일한 요소(要素; component)인 London 사무실은 초기 몇 년간 손실을 보았는데 이는 투자은행이 새로운 영역에 들어갈 때 흔히 있는 일이다. Goldman의 파트너들 중에는 국제적 움직임을 반대하는 강력한 대항세력이 있었으며 손실을 Whitehead를 때리는 무기로 사용하였다.

"사람들은 London 투기(投機; venture)에 내가 거액의 돈을 낭비한다고 그리고 이것이 Chicago나 Los Angeles의 사무실이라면 우리는 그 매니저를 해고하고 그곳을 폐쇄할 것이라고 말했을 것이다"라고 Whitehead는 기억한다.

그러나 Whitehead는 외국 영업을 밀고 나가는 것 외에 선택이 없다고 믿었으므로 그는 속임수를 생각해 냈다. 그는 독립 이익 센터에서 그 국제 부서를 없앴다. 그 시점부터 Goldman의 각 국내 부문 – 투자은행업무, 영업, 주식 판매 – 은 국제 영업의 적정한 손실을 흡수하였다. 그 손실들은 물론 급성장하는 각 부문 이익들 중에서 간단하게 사라졌다.

"그것은 약간 교활하였지만 내가 예상했던 것보다 훨씬 더 잘 작동되었다. 부문장들은 이익을 올리기를 바랐으며 이익을 올리기 위해 더 많은 시간, 돈 및 인원을 투입하였으므로 다른 사람들은 지금은 올라 타려고 열심이다"라고 Whitehead는 말한다.

오늘날 Goldman Sachs는 투자은행업무에서 범세계적으로 진출하고 있을 뿐만 아니라 많은 큰 시장에서 독일에서 홈경기장인 Deutsche Bank와 같은 어마어마한 회사들을 이기는 투자은행의 선두 주자이다. 그리고 그것은 모두 John Whitehead가 Goldman을 투자은행으로 쓰는 회사들에 세심한 주의를 기울였기 때문이다. 내부의 저항을 극복하는데 얼마간의 시간이 걸렸지만 그는 Goldman의 거래처들로부터 투자은행 사업이 Goldman Sachs가 참여하든 안 하든 범세계화 한다는 것을 알게 되었다. "국제화는 아마도 위험한 일이지만 대안은 없다. 우리는 거기에서 성공하지 못할 수도 있지만 우리는 그것을 위해 노력하지 않을 수 없었다. 만일 우리가 그리 하지 않았다면 Goldman Sachs는 거의 폐업하였을 것이다. 왜냐하면 이제는 모든 투자은행사업이 국제적이기 때문이다"라고 그는 말한다.

지금 누가 당신의 회사를 이끌어가고 있고 미래에는 누가 이끌어 갈 것인지를 알아내기 위하여 리스트(list)를 만들라. 당신이 현재 정기적으로 서로 영향을 주고받는 사람들부터 시작하라. 그 리스트에 그들 사람들의 상사 한사람 그리고 그의 핵심적 직속부하 한 사람을 추가하라. 이제 당신은 생각할 두 새로운 계층을 가지게 된다. 만일 정기적 접촉의 당초 리스트에 있는 누군가가 당신의 회사의 미래를 실제로 이끌어 가고 있지 않다면 나머지 두 사람 – 한사람은 위의 계층 한사람은 아래 계층 – 중 한 사람은 거의 확실하다. 이제 십년 앞을 생각하라, 당신의 현재 리스트에 있는 사람들 중 몇 사람이 이제부터 5년 후 몇 사람이 아주 중요한가? 더욱 중요한 것은 당신의 회사를 이끌어가는 데 있어 중요할 사람이 리스트 상에 없는가? 즉 현재 거기에 없는 장래의 조종자 말이다. 이제 당신은 직접적인 정보를 얻기 위한 당신의 출처 중에 있어야하는 핵심 조종자 일부의 리스트를 갖게 되었다.

일단 현재 그리고 미래에 당신의 회사를 이끌어 가는 사람을 확인하였으므로 당신은 Mike Ruettgers가 일상적으로 하였던 것을 할 수 있다. 어떻게 당신이 일상적 만남인 것처럼 보이는 것을 엄밀히 조사해야 할 기회로 바꿀 것인지 그리고 당신이 전에는 묻지 않던 것을 묻는 기회로 삼을 것인지에 관하여 미리 더 생각함으로써 그들 사람들과 함께 하는 시간의 질을 향상시키라. 당신의 접촉은 당신에게 당신의 제품과 어떻게 그 제품들이 쓰일 것인지에 관한 새로운 시각이나 직접적 정보를 제공할 것이다.

6.1.4 규칙 4: 공감(共感; empathy)은 필수

우리는 여과된 출처로부터 얻은 정보를 색칠하는 편향(偏向; biases)과 전제(前提; assumptions)가 있다는 것을 알고 있다. 그러나 우리 자신의 편향과 전제에 관해서는 어떤가? 사람들은 그들이 원하는 것을 듣지만 반드시 남이 말하는 것을 듣지는 않는다. 우리 자신이 출처의 입장이 되어서 출처가 출처의 시각에서 말하고 있는 것을 이해하려고 노력하는 것은 옳은 결정에 도달하는 중요한 길이다.

Orin Smith에 관하여 생각해 보라. 여기에 미국 굴지의 도시 Seattle에 살고 있는 고임금의 강력한 중역이 있다. 그러나 그는 어느 정도 작은 도시 출신이기 때문에 작은 도시 주민의 입장에서 설수 있고 그들이 살던 도시에 Starbucks를 가지는 것이 그들의 얼마나 강력한 소망인지를 볼 수 있었다. Mike Ruettgers

는 스스로를 몹시 곤란을 겪는 CIO의 입장에 서게 하였다. 그리고 그 사람이 더 효율적으로 그리고 더 효과적으로 일할 수 있게 하는데 필요로 하는 것이 무엇인가에 관하여 생각하였다. 그것은 공감이라고 부르며 다른 사람의 사정과 느낌에 대한 관심과 이해의 감정으로 정의되며 의사결정에서 필수적이다. 그것은 연방 대법원 판사 Stephen Breyer가 내린 가장 중대한 결정들의 일부의 중심에 있다. 17년생의 소년의 경우에서 그의 추론은 그가 어떻게 스스로를 다른 사람의 입장에 서게 하였는가를 잘 보여준다.

미국 연방 대법원은 미국에서 일어난 가장 중요하고 성가신 소송사건들에 결정을 내린다. 그들이 해결하기 그렇게 어렵지 않다면 그들은 상위 법원으로 내내 끌고 가지는 않았을 것이다. 대법원 판사 Breyer는 그의 직무를 진지하게 받아들이고 그의 판결에 집중하다가 재판 말미에 그의 머리를 맑게 하기 위하여 몇 일간의 휴식이 필요하게 되었다. 판결이유를 쓸 때 그는 보통 두 번 시작하여야 하였는데 아무런 사전 준비 없이 그리고 진행하면서 수정한다. Yarborough 대 Alvarado의 예를 생각해 보자.

Yarborough 대 Alvarado는 살인과 17살 난 소년이 포함되었다. 그 소년은 결찰에 불려와 취조실에 들어가 살인에 관한 경찰의 취조를 받았다. 두 시간의 취조 후 그 소년은 살인에 연루되었음을 자백한다. 그러나 그는 경찰이 취조를 시작하기 전에 표준 Miranda 경고를 받지 않았다. Miranda 경고는 Hollywood가 경찰관이 "그의 권리를 그에게 읽어주라"고 갑자기 소리칠 때 인용하는 것이다. "당신에게는 묵비권이 있다" 법에 의해 경찰은 용의자가 체포된 경우와 같이 그 사람이 방면되지 않는다면 그에게 Miranda 경고를 읽어 주어야 한다.

이 규칙은 당신이 감금 중에 있을 때 당신이 방면되지 않을 것이라고 생각한다면 그 때는 경찰이 당신에게 Miranda 경고를 주어야한다. 그러나 당신이 방면된다면 그렇지 않다. 이 경우에서 그들은 그 소년에게 Miranda 경고를 주지 않았고 그는 그 뒤 살인죄로 유죄 판결을 받았다.

법정에 앞서 문제는 그 소년의 권리에 관한 것이지 그가 살인에 연루되었는가가 아니었다. 문제: 그가 Miranda 경고를 받을 권리가 있었어야 하는가?

대법원 투표의 결과는 5대4로 그 소년에 불리한 것이었다. 대법원은 그 소년은 언제라도 방면될 수 있었으므로 그는 Miranda 경고의 권리가 없으며 그의 권리는 침해당하지 않았다고 결론지었다.

그러나 대법원 판사 Breyer는 반론을 통해 그가 이 사건의 중심에 더 기초적인 의문이 있다는 것을 분명이 하였다. 그가 방면되리라고 합리적으로 생각하였겠는가? 이 핵심 질문은 그가 개인적으로 언뜻 생각한 것이 무엇이냐가 아니라 이 상황에서 사리를 아는 사람이 생각하는 것이 무엇인가 이다

그래서 대법원 판사 Breyer는 경찰서 취조에 던져진 17세의 소년의 입장에 선 것이다. 그 나이의 소년이 자유롭게 아무 때나 떠날 수 있으리라는 것을 이해할 수 있을까? Breyer의 반대 – 많은 수정이 요구되는 – 는 독자에게 17세의 소년은 어땠을까를 전해주려고 한다.

Breyer는 그 소년의 입장에 서서 작은 취조실에서 경찰의 심문을 받는 17세 소년이 어떠하였을까를 이해하려 하였다. Breyer는 "이 상황에서 사리를 아는 사람은 어떻게 생각할까?" 라고 묻는

대신에 “사리를 아는 17세의 사람이 이 상황에서 어떻게 생각할까?” 라고 물었다. 그는 그의 독자가 자신을 같은 입장에 서게 하고 17세 소년이 다르게 생각할 수도 있었을 것이라고 이해해 주기를 바랐다. 결국 Breyer는 반대한다.

대법관 Breyer는 반대에서 그 소년이 다른 처지에 있었을 수도 있음을 분명히 하였다. 그가 라틴 아메리카 계이며 그는 영어를 잘 못하고 경찰은 스페인어를 말하지 못할 수 있었을 수 있고 통역인이 없다고 생각해 보자. Breyer의 메시지는 입장을 바꿔 보라는 것이다.

이 경우에서 당신이 대법관 Breyer의 의견에 동의하든 안 하든, 그의 공감이 출처로부터의 정보 처리하기의 결정적 요소라는 것을 잘 말해 준다. 당신 자신을 그 소년의 입장에 서게 하는 것이 당신을 사리에 맞게 생각하게 만드는 최선의 길이 아닐까? 당신은 자신의 편향이 더해지지 않은 관점에서 출처를 해석하도록 노력해야 할 것이다.

6.2 무엇이든 마음대로 말할 수 있게 하자

당신과 당신의 동료를 필요로 하는 상사가 그가 어려운 결정을 내리지 않으면 안 될 때마다 몇 시간동안 서로 언쟁을 벌이는 작은 회의실에서 어떻게 일하기를 원하는가?

우리 대부분은 충돌을 피하려 한다. 모든 결정이 광범위한 또는 크게 소리치는 논쟁을 통해 이루어지는 것은 아니다. 그러나 선택이 어렵고 분명한 나아갈 길이 없을 때 격렬한 토론이 옳은 해답을 찾아내기 위해 당신이 쓸 수 있는 최상의 도구일 수 있다. 타협 찾기를 말하는 것이 아니다. 어려운 결정은 본래 타협을 용납하지 않는다. 타협을 용납한다는 것은 그 결정이 어렵지 않다는 것을 의미한다. 팀으로부터 최상의 생각을 얻어내려면 현명한 리더들은 적극적으로 반대의견을 찾는다.

반대의견 찾기와 조장하기에는 두 가지 이득이 있다. 첫째 참가자들이 광범위한 반론을 그들의 의견으로 제시하게 한다. 각 의견의 강점과 약점은 모든 사람이 각자의 관점이 있을 수 있는 가장 강력한 도전에 의해 검증된다고 보고 생각하도록 겉으로 드러난다. 둘째 다양하고 충분한 근거가 있는 논쟁은 문제를 모두가 새로운 시각으로 보도록 재구성될 수 있게 한다. 누구도 전에 생각하지 않았던 독특한 해답이 갑자기 나올 수 있다.

그러나 논쟁 하나만으로는 문제를 풀 수 없다. 현명한 리더들은 열려있는 여러 가지 관점을 끌어들이는 것이 중요한 것처럼 직원들이 그들의 다양한 시각을 나타내는데 편안한 공평무사한 분위기에서 토론이 이루어지고 있다는 것도 그리고 결과로 나온 결정을 실행하기 위하여 편안하게 모두 함께 일하는 것도 똑같이 중요하다는 것을 이해하고 있다.

격렬한 논쟁은

- 쉽게 혼란에 빠지고,
- 참가자들을 화나게 하고,
- 분하게 하며,
- 불만족스럽게 하는 그리고
- 별로 또는 전혀 결정으로의 진전이 없는

목적 때문에 불분명한 소리침 잔치로 변질될 수 있다. 공평무사 문화가 그렇게도 중요한 이유이다. 참가자들은 토론장의 감정이 잔뜩 고조된 분위기를 받아들이고 포용한다. 그들은 토론이 끝났을 때 승자도 패자도 없으며 다만 솔직한 의견이 솔직하게 제시되었다는 것을 알뿐이다. 사람들은 그들이 개인적 공격이 아닌 한 그들이 원하는 무엇이라도 말할 수 있다. 한 사람이 한 의견을 내놓았을 때 다른 사람들이 그 의견에 도전하기를 기대한다. 리더로써 당신은 논쟁을 용이하게 할 수도 있지만 당신의 의견은 다른 누구의 것보다 더 이상 소중하지 않으며 그저 다른 사람의 것과 같이 취약할 뿐이다. 진실이 목표이다. 그리고 결정이 최종적으로 나왔을 때 모두가 그것을 뒷받침하기로 기대한다.

확실히 자리를 잡은 공평무사 문화는 그 방에 있는 이방인들이 그 결정과 함께 앞으로 나아가기로 마음먹고 밖으로 걸어 나가는 것을 보증하여 준다. 그 문화는 또한 사람들을 활기 넘치게, 생산적으로 그리고 그들을 그들의 동료들과 더 좋은 인간관계를 갖게 하는 분위기를 만들어 준다. 논쟁이 옳은 분위기에서 이루어진다면 사람들은 그 모임을 고대할 것이다. 그러나 모든 것 중 제일 중요한 것은 공평무사 문화가 형성되었을 때 의견일치는 평화를 유지하기 위하여 더 이상 필요치 않다. 리더는 열등하고 타협된 결정 보다 옳은 결정을 내릴 수 있어야 한다.

🄵 터놓고 말하는 문화 만들기 규칙

토론장에서 소리 높여 외치는 논쟁에 자발적으로 참여할 수 있지만 회의실을 단합되어 걸어 나올 수 있는 사람들로 방을 채우기는 쉽지 않다. 그것은 옳은 환경에서의 옳은 사람의 주의 깊은 균형(均衡; balance)을 요한다. 참가자가 현실에 근거를 둔 좋은 아이디어를 가져야 하고 확실한 추론으로 뒷받침되어야 한다고 말할 필요가 없다. 그러나 그들은 그들의 아이디어를 분명히 표현하고 더 강력한 도전에 대하여 방어할 수 있어야 할 뿐만 아니라 다른 사람이 제안한 아이디어를 공격할 준비가 되어 있어야만 한다. 마음대로 말하는 사람들로 가득찬 방은 부끄럼 타는 내성적인 타입들의 장소가 아니다. 터놓고 말하기 문화는 마음대로 말하는 사람들이 최상의 논쟁을 하게 하는 것이 절대적으로 필요하다. 그들은 처벌이나 보복의 두려움 없이 말할 수 있음을 알고 있어야 한다. 그리고 그들은 논쟁에서 생긴 결정을 받아들여야 하고 그것을 집행하기 위하여 함께 일해야 한다.

6.2.1 규칙 1: 전반적 참여

당신이 문제에 대한 다른 해답들의 여러 장점들을 논의하기 위하여 마음대로 말하는 사람들로 방을 채울 때 당신은 당신이 모을 수 있는 모든 관점과 아이디어를 동원할 수 있어야 한다. 모두가 참가하여야 한다는 것을 의미한다. 게으름뱅이나 관망하는 사람을 위한 방이 되어서는 안 된다.

6.2.2 규칙 2: 뒤로 미루기(carryover) 금지

가장 어려운 결정은 한 번에 하나씩 내려진다. 매번 승자와 패자가 있을 것이지만 그들은 각 결정에 대해 좀처럼 같은 사람이 되지 않는다. 이런 결정들에는 절충이나 나누어 먹기를 위한 여지가 없다. 대법관 Breyer가 그 규칙이 어떻게 작동하는지 설명한다. 한 사건에서 다른 사건으로 미루기는 없다. "당신이 이 사건에서 이렇게 투표했으니 나는 다음 사건에서 저렇게 투표할 것이다"라는 것은 절대로 없다. 딱 한 사건에 대해서만 제휴(提携; coalition)가 있을 뿐이다. 다음 사건은 다른 제휴로 끝날 수는 있다. 사람들은 유사한 사건을 유사한 방식으로 정하는 경향이 있을 것이지만 흥정은 없다. 암암리에도.

"내일은 다른 날이며 내일은 새롭게 시작된다. 뒤로 미루기는 없으며 그것이 아주 좋은 개인 관계를 유지하게 해준다. 한 사건은 한번으로 끝난다"고 대법관 Breyer는 말한다.

마음대로 말하는 사람들로 가득 찬 방으로부터 충고를 얻으려면 그들이 독립적인 판단을 내려야 한다. 그들의 의견은 독립적으로 형성되며 그들이 의사결정 논쟁에 참여할 때마다 그들은 다른 누군가의 의견을 뒷받침하기 위하여 타협할 이유가 없다. 만일 시간이 흐름에 따라 당신이 매번 형성되는 같은 제휴를 보게 된다면 좀 더 면밀히 살펴보아야 한다. 그것이 우연에 일치에 지나지 않을 수도 있지만 그것이 누군가가 뒤로 미루기 없기 규칙을 어기고 있는 조짐일 수도 있다.

6.2.3 규칙 3: 의견의 다양성을 찾자

효과적인 논쟁은 방으로 들어가기 전에 시작된다. 누가 참가할지를 선별하는 것이 논쟁이 얼마나 효과적일지를 결정한다. 다양한 경험, 전문 지식 및 관점의 구색을 갖춘 사람들 간의 논쟁이 최상의 논쟁을 위한 환경을 조성한다. 어쨌든 당신의 결정은 오직 당신의 최상의 대안만큼만 좋을 수 있다. 마케팅 담당, 조업(操業;

operation) 담당, 판매 담당 및 연구개발 담당 등이 모두 함께 이야기하게 하는 것이 최상의 대안이 꼭 나오게 보장하여 준다.

사람들이 논쟁에 참여하게 되었을 때 다양한 집단의 집합적 지혜가 대안을 창출할 뿐만 아니라 토의 되고 있는 대안의 미묘한 차이가 구체화 되게 할 것이다. 요컨대 의사결정자 자신이 모든 관련된 미묘한 차이를 직접 듣도록 보장하는 것이다.

당신이 중요한 결정에 도달할 목적으로 토의를 하려고 일단의 사람들을 소집하고 있을 때 참가자에 관하여 주위 깊게 생각하라. 그들은 당신이 내리고자 하는 결정의 특징(特徵; nature)에 관하여 충분히 알고 있어야 한다. 그들은 전문적인 지식을 가지고 있고 그 의견을 주장하고 방어할 준비가 되어 있어야 한다. 그러나 그들은 그 문제를 해결하는 집단의 한 부분일 필요는 없다. 우리는 자주 국외자(局外者; outsiders)가 문제에 신선하게 접근할 수 있음을 발견한다.

시간이 흐르면서 누가 모임에 초대될만한 사람인지 누가 제외되어야 하는지가 분명해질 것이다. 만성적으로 토의에 준비가 안 된 또는 그의 자존심이 논쟁의 주고받기에 의하여 쉽게 상처를 입는 사람은 초대되어서는 안 된다. 토의가 벌어지고 있는 동안 공격은 아이디어에 대해 할 수 있지만 결코 사람에게 해서는 안 된다는 것을 강조하는데 주저하지 말자.

나아가 다양한 팀이 의도적으로 다른 역할을 맡음으로써 서로 문제를 제기할 수 있다.

6.2.4 규칙 4: 묵살(黙殺; pocket veto)을 막자

터놓고 말하기 문화 속에서조차 사람들은 단순히 그들의 손을 주머니에 넣음으로써 조용히 결정을 방해할 수 있다. 현명한 지도자들은 결정이 내려지기 전에는 그들의 의견을 설득력 있게 주장하지만 일단 결정이 내려지면 내부 이해관계(利害關係; politics)를 버리고 최종 결정을 실행하기 위하여 한 팀으로 함께 참여하는 사람을 소중하게 여긴다. 이를 달성하는데 필수적인 과제는 묵살을 없애는 것이다.

당신 팀의 어느 멤버는 당신의 최종 결정을 듣고 행동하지 않음으로서 그 결정을 손상시킬 수 있다. 이런 경우 당신은 결정을 발표한 후에 각자에게 개별적으로 당신의 결정을 거부할 의도가 있는지 무르면서 방안을 돌아다니는 것도 한 방법이다. 방을 돌아다니면서 "이 결정이 마음에 드나?" 라고 물음으로써 결정을 근본적으로 추인하게 만드는 것이다. 많은 경우 이 사람들 중 일부가 거부할 사람이라는 것을 과거 경험에서 알고 있기 때문에 직접 그들에게 "나는 네가 이 결정을 거부하지 않을 것이라는 것을 안다. 그렇지?"라고 물을 수도 있다. 그러면 마침내 그들은 "예, 나는 그것에 동조하겠습니다"라고 말하지 않을 수 없다. 그들이 묵살하지 않겠다고 약속하고 나면 그들이 거부하는 것은 거의 불가능하다. 회의에서 어떤 일을 말하고 나서 다르게 행동하는 것은 옳지 않다. 우리는 언약 "나는 그것에 동조하겠습니다."의 힘이 묵살을 효과적으로 잠재운다는 것을 알고 있다.

6.3 위험(危險; risk)의 두려움을 정복하자

동전을 던져서 앞면이 나오면 당신에게 백만원을 주고 뒷면이 나오면 당신이 십만원의 수표를 내놓는다. 당신은 이 노름에 참가하겠는가?

아마도 안 할 것이다.

Princeton 대 심리학자 Daniel Kahneman이 이와 같은 질문을 던졌을 때 대부분의 사람들은 공산(公算; odds)이 그들에게 유리함에도 불구하고 이 내기를 거절한다.

Kahneman은 말한다. "사람들은 그들이 잃을 수도 있으므로 이 놀음을 좋아하지 않는다. 우리의 뇌는 손실의 가능성에 관하여 그리고 이득 대비 손실의 크기에 관하여 유리하지 않다고 걱정하도록 프로그램이 짜져 있다. 우리는 손실을 좋아하지 않는다."

Kahneman은 이 경향을 손실기피(損失忌避; loss aversion)라고 불렀다. 그것은 사람들이 따는데 보다 잃는데 더 무게를 두게 만드는 강력한 심리적 충동(衝動; urge)에서 나온다. Kahneman의 연구는 사람들이 같은 크기의 이득을 즐기는 것보다 거의 두 배 강하게 손실의 괴로움을 겪는다는 것을 보여준다.

동전 던지기에 거는 노름을 피하는 것이 그 예이다. 그러나 손실을 피하려는 경향은 사업을 위해서 더 큰 문제가 된다. 사업 리더들이 상황의 실상을 무시할 만큼 손실의 가능성에 사로잡힐 수 있다. 손실의 공포가 그들의 생각을 흐리게 만들고 그들은 이길 수 있는 확률이 아주 클 때조차 모험을 피하는 것으로 끝낸다.

손실 기피는 대부분 회사의 모든 단계에서 고질적이다. 사람들은 그들이 나쁜 결과가 그들의 승진과 더 높은 급료를 위한 기회를 망칠 것이라고 믿기 때문에 위험을 감수하기를 두려워한다. 그 결과는 전 조직이 제일 큰 위험이 감안된 수익을 가져다주는 것들보다 제일 안전한 옵션을 추구하여 막대한 시간, 에너지 및 돈을 허비하는 것이다.

"만일 종업원들이 손실을 보거나 나쁜 일이 그들에게 생기면 퇴직 당할 것이라고 느낄 때 그들이 그들의 상관들이 그리 하기 바라는 것 보다 더 위험기피가 되게 되는 것은 너무도 당연하다. 한 조직에서 어떻게 더 위험을 각오하도록 조장하는가 하는 것은 크나큰 문제이다"라고 Kahneman은 설명한다. 그는 2002년 그의 행동경제학에서의 선구적 업적으로 Nobel 상을 받은 바 있다.

당신이 일상적으로 손실 기피를 이겨낼 수 있다면 어떻게 될까? 당신의 경쟁자들이 있을 수 있는 손실의 가망성(可望性; prospect) 앞에 주눅 들어 당신이 알기에 아주 좋은 성공 가능성이 있는 움직임을 회피할 가능성을 생각해 보라. 정말 신나는 경쟁우위(競爭優位; competitive advantage)가 아닌가! 현명한 지도자들은 그런 우위를 이용하기 위한 기회를 끊임없이 찾고 있다. 그들은 다른 사람들이 잠재적 손실에 관한 걱정에 쫓겨 묵살하는 고-이익/고-위험 기회를 주의 깊게 보고 있다. 현명한 지도자는 인식된 위험이 실제 위험보다 아주 많이 큰지 계산해 내기를 원한다.

그 위험의 주요동인(主要動因; driver)에 초점을 맞추고 그들은 전문가의 의견을 듣고, 실험을 통해 검증하고, 그 결정의 불리한 면을 보정(補正; calibrate)하기 위하여 관습적 사고를 완전히 뒤집어 생각하게 하는 기본적 질문을 하는 등 목표가 있는 연구조사를 한다. 그들이 잭 팟(jack pot)을 터뜨린 드문 경우(고위험/

고수익)에서 그들은 이 고수익/고위험 상태에서의 기회를 고수익/저위험 상태로 바꾸어 큰 이익을 얻을 수 있다는 것을 배운다. 그들이 고수익/저위험의 상태에 있을 때 다른 사람들은 그들이 얼마나 큰 위험을 추구하고 있는지에 당황해 하면서 고개를 저을지도 모르지만 그들은 그들의 결정이 영리한 위험이라는 것을 안다 - 그것은 실제로 큰 리스크가 아니며 큰 이득을 위한 잠재력을 쥐고 있다.

당신은 이들 현명한 리더들을 위해 효과적으로 작동하는 접근법을 사용할 수 있다. 그러나 이상적인 저위험/고수익의 기회는 비교적 드물기 때문에 당신은 그런 기회들을 발견하기 위하여 당신의 팀 전원이 노력을 배가하게 독려할 필요가 있다.

첫째 정기적으로 높은 잠재력이 있는 아이디어를 만들어 내는데 그들의 도움을 받으라. 그리 하기 위하여 그들이 높은 잠재력이 있는 아이디어를 제지나 비웃음 당하지 않고 제안할 수 있다고 그들이 믿는 분위기를 창출하여야 한다.

둘째 당신의 팀 멤버들을 그들의 아이디어들의 합리적 평가를 그들 자신이 하도록 고무하라. 당신의 조작과 당신이 도입할 수 있는 인센티브에 따라 현명한 리더를 위해 아주 잘 작동되는 여러 가지 접근법 예컨대

- 영리한 위험을 지는데 대해 상여금주기,
- 사람들이 그들 자신의 아이디어 추구를 위한 여분의 시간 및 자금지원,
- 긍정적 잠재력 끌어내기 및
- 아마도 가장 중요한 것으로 결과가 좋지 않다 할지라도 지

능적 위험추구에 대해 사람들을 보상하는 승진제도 등

중에서 하나를 선택할 수 있다,

현명한 리더와 그의 팀은 영리한 위험과 이익을 찾아내기 위하여 냉철한 분석을 이용함으로써 위험의 공포를 정복한다. 그들은 저위험/고수익의 드문 기회를 발견하였을 때 그들은 그 기회를 노치지 않는다.

🄴 위험을 정복하기 위한 규칙

모든 사람이 위험은 낮고 수익은 높은 상황을 추구한다. 문제는 그런 확실한 상황이 일어났을 때 모든 사람은 그리로 덤벼든다. 결과는? 수익은 희석되고 위험은 커진다. 무엇이 고위험 고수익 상황을 조성하여 줄 것인지를 조사하는데 시간을 쓰고 노력하는 것이 훨씬 더 좋다. 만일 상황이 참 모습을 드러내면 당신은 언제나 뒤로 물러날 수도 있다. 그러나 당신의 조사가 위험이 그들이 보이는 것처럼 그리 높지 않으며 수익은 여전히 거기에 있다는 것을 보여준다면 당신은 모든 다른 사람이 보지 못한 기회를 잡아 이익을 올릴 수 있다.

6.3.1 규칙 1: 무엇이 진짜로 위험을 끌어들이나?

우리들 대부분은 관습적인 지혜가 우리의 결정을 좌우하게 하는 경향이 있다. 문제는 관습적 지혜가 너무나 인간적인 손실기피 경향에서 자란다는 것이다. 그것이 전혀 없는 그래서 필요 없이 우리로 하여금 훌륭한 결정을 내리지 못하게 하는 큰 위험을 보게 된다. 위험을 실제로 끌어드리는 의사결정에서의 세 개의 주요 이유에 주목하자.

첫째 사람들은 불충분한 지식을 근거로 미래를 추정하며 틀린 결론에 도달하고 만다.

둘째 그들은 어떤 대안이나 결과가 그들로 하여금 다른 길로 나아가게 하는 객관적 분석을 무시하는데 애착을 가진다.

셋째 마지막으로 그들은 군중심리를 따르면서 다른 결정에 이르게 할 수 있는 정보를 무시하는 데서 마음의 편안함을 느낀다.

당신이 위험한 결정인 것으로 보이는 것과 맞서게 되었을 때 스스로에게 두 개의 질문을 하라. 그 위험을 끌어드리는 하나 또는 두 핵심요인은 무엇인가? 그 위험이 얼마나 위험한가를 알아내하기 위해 내가 필요로 하는 정보는 무엇인가?

6.3.2 규칙 2: 영리하게 위험을 추구한 사람들을 보상하라

당신의 팀이 손실기피를 극복하고 계산된 위험을 취하도록 돕는 것은 위험을 경쟁적 장점으로 바꾸는 핵심 요소이다. 현명한 리더는 사람들이 새로운 아이디어를 가져오도록, 위험을 분석하도록 그리고 성공가능성이 높은 것들에 대들도록 장려하기 위하여 보상장려책(報償奬勵策; incentives)을 쓴다. 가장 중요한 인센티브는 그들의 결정의 결과에 대해서가 아니라 단순히 영리한 결정을 내린 것에 대해 당신이 원하는 어떤 방식 – 돈, 승진, 상품 – 으로든 그들을 보상하는 것이다. 그리하여 어려운 시장이나 후퇴하는 경제에서 시장 점유율이나 이익을 확보하기 위하여 창의적인 발걸음을 내딛는 매니저가 독점시장에서 안주하는 덜 공격적이고 덜 혁신적인 누군가에 비해 적절한 인정을 받게 된다. 요컨대 당신은 당신 자신의 상황에 잘 맞는 위험 추구 환경을 설계해야 한다는 것이다.

6.3.3 규칙 3: 물에 뛰어들기 전에 물을 검사하자

모든 사업결정이 빨리 만들어질 필요는 없다. 때로는 잠시 동안 생각에 뜸을 들이고 거기에 빠져들기 전에 아이디어를 실험해 보는 것은 수지맞는 일이다. 실험은 당신의 불리한 위험을 제한하지만 긍정적인 보상을 제한하지는 않는다. 실험이 실패하면 당신은 최소의 손실을 입지만 무언가를 배운다. 그러나 실험이 잘되면 당신은 생각을 다듬고 뜻있는 보상을 받게 하여줄 수 있다. 실험은 고위험 저수익의 구렁에서 빠져나와 바로 저위험 고수익으로 들어가게 하는 강력한 도구일 수 있다.

아이디어를 실험하는 것은 도박이었던 것을 위험을 평가하는 단순한 연습이 되게 하여 준다. 만일 실험이 실험에 드는 추가비용이 충분한 추가수입을 산출하지 않는다는 것을 보여준다면 실험은 쉽게 중단될 수 있을 것이다.

실험은 유용한 결과를 산출하도록 설계되어야 한다. 실험은 대표 표본(代表標本; representative sample)에 대해 아이디어의 실현가능성(實現可能性; feasibility)을 검사하여야 한다. 회사는 가장 알맞은 조건에서 또는 가장 성공 가능성이 큰 장소에서 실험하려 한다. 그러나 그런 류의 실험은 전반적으로 적용될 수 없는 편향된 정보를 만들어 낸다. 당신이 진짜로 아이디어의 실현가능성을 검사하고 싶다면 당신의 전반적인 사업을 반영하는 표본에서 실험하라. 그것은 자주 하나 이상의 위치, 부서 또는 고객을 사용하는 것을 의미한다.

그리고 실험의 측정을 설계할 때 빨리 실패하는 것에 관하여 생각하라. 어떻게 어떤 일을 잘 되게 만들까를 생각해 내는데 약간의 시간이 걸릴 수 있다. 그러나 당신은 그것이 잘 안 될 것이라는 것을 가능한 한 빨리 알고 싶어 한다. 당신이 실패된 실험을 빨리 끝낼수록 당신은 다른 일로 더 많은 시간과 돈을 소비하여야할 것이다.

6.3.4 규칙 4: 위험을 이겨내는 환경의 조성

보상장려책(報償獎勵策; incentives)은 사람들이 새 아이디어를 내놓도록 고무할 수 있다. 그러나 그들은 어떻게 그 아이디어들을 생각해 낼까? 그들은 충분한 아이디어를 생각해 내나? 사람들은 비웃음을 사는 것을 자연적으로 기피하며 겉으로 보기에 아주 별난 문제 해결책을 제안하고자 하지 않는다. 그러나 그 별난 해결책이 문제와 한판 씨름을 맞붙게 하는 새로운 접근법의 씨를 포함하고 있을 수도 있다. 여기서는 DEKA 연구개발 창업자이자 CEO인 Dean Kamen이 사람들이 위험에 안심하게 하는 환경을 조성하기 위하여 사용한 개구리－키스하기의식(frog-kissing ceremony)을 소개하기로 한다.[41]

---

41) Zekhauser & Sandoski, op. cit., p.101.

DEKKA의 엔지니어들이 특정한 문제로 어려움에 처했을 때 Kamen은 그들을 마지막 유혹, 피자와 맥주와 함께 회의실에 집합시켰다. 그 짜증나게 하는 프로젝트에서 일하는 엔지니어들뿐만 아니라 그 프로젝트에 이해관계나 정서적 애착이 없는 일부 다른 사람들도 있었다. "나는 말하고 싶다, 당신들을 이 처지에 처하게 만든 계획 입안자들이 당신들을 그것으로부터 도망가게 하여줄 가능성은 없다"고 Kamen은 말했다.

그러고 나서 Kamen은 도전의 자세를 취한다. 그는 시간과 예산의 정상적인 제약조건을 뛰어넘어 잘 나가는 프로젝트에 관한 아주 엉뚱한 아이디어를 원한다. 예를 들어 iBOT 로봇 휠체어(wheelchair)를 개발하는 동안 Kamen은 그의 엔지니어들이 의자가 자동차 도움없이 차 안으로 기어들어가는 방법을 상상하기를 바랐다.

그는 말한다. "나는 이 엉뚱한 목표를 세웠으며 아무도 어떻게 거기에 도달할지를 모른다. 그래서 나는 그들에게 그저 제멋대로의 일을 시도해보라고 말한다. 그리고 우리가 어떻게 거기에 도달할지를 모른다는 것을 우리가 알기 때문에 우리는 대부분 그리고 때로는 모두 그 터무니없는 것이 잘 되지 않으리라고 생각한다."

특히 엔지니어들은 그들의 아이디어를 짜내기 위한 일주일을 갖게 되었다.

브레인스토밍(創造的 集團思考; brainstorming)과 그들의 개념을 설명할 잠정적 발표문을 만든 일주일 후 엔지니어들은 그들의 아이디어를 공유하기 위하여 다시 모였다. 일부는 실현하기에 너무 비싸거나 너무 복잡하였다. 많은 생각이 거저 작동하지는 않는다. 그러나 실패에는 내려갈 곳이 없다. Kamen이 설명하는 대로 "당신은 '그것이 작동하지 않더라도 그것은 재미있다'는 정신으로 그것에 접근하여야 한다. 그것이 작동하지 안했더라도 당신은 그것으로부터 무엇인가를 배웠다."

그 문제와 엔지니어들이 생각해낸 엉뚱한 해답에 관한 순차순환(順次循環; round robin) 토론이후 언제나 쇼맨인 Kamen은 "개구리키스 의식(儀式; ceremony)"에서 가장 터무니없는 아이디어를 가지고 온 엔지니어에 성수를 발라 주었다. 여기서 개구리키스 의식은 한 여자가 개구리에 키스하자 그 개구리가 왕자로 변하는 요정이야기에서 따온 것이다.

Kamen은 개구리키스 의식이 두 가지 주요 측면에서 DEKKA의 문화에 유익하다고 믿는다. 첫째 드물기는 하지만 그 의식에서 새 아이디어가 나온다는 것이다. Kamen은 말한다. "나는 그것이 매우 드물게 일어난다는 것을 인정할 첫 번째 사람일 것이다. 그것은 그 일이 당신의 회사를 위태롭게 하지 않을 것이기 때문이다. 당신은 그 의식이 시도하고 실패하더라도 그것에 따르는 치욕은 없다는 것을 말해주는 것이기를 바란다."

더 중요한 건 개구리키스하기 의식이 엔지니어를 위해 DEKKA가 그들이 "빨리 실패" – 최소의 시간과 지출로 – 할 수 있는 한 그들의 더 터무니없는 아이디어의 일부를 추구할 수 있고 하여야 한다는 생각을 강화시켜 준다.

"문제는 만일 당신이 기본적으로 자연스러운 위험기피 성향과 새로운 일이라곤 아무것도 하지 않으려는 그리고 일정(日程; schedule)을 R&D의 세상에 맞추려는 필요성을 가지고 있다면 당신의 미래는 끝난 것이다. 당신은 사람들이 자신의 자아를 점검하고 그들의 판단을 점검하고 출입구에서 그들의 불안감을 점검하게 하여야 한다. 그리고 걸어 들어가 말하여야 한다. '그래서 이제 우리는 결코 아닌 결코 아닌 것이 판치는 땅(Never-Never Land)에서 놀게 되고, 그래서 이제 멍청하고 어리석은 말을 하게 되며, 우리는 이들 개구리 모두와 키스함으로써 그들 중 하나, 매우 드물지만 그들 중 하나, 그들 중 하나가 왕자나 왕자 부인이 될 것을 우리는 희망한다."

개구리키스하기 의식은 DEKKA를 위한 작은 투자이지만 그것은 믿을 수 없을 만큼 가치 있는 무언가 어떻게 적은 비용으로 위험을 감내하는가를 알아낸 그리고 색다른 아이디어를 생명을 구하는 혁신으로 바꿀 수 있었던 독특한 문화를 창출하도록 도와준다.

그러나 의식 그 자체보다 더 중요한 것은 개구리키스 의식의 그런 중심부분인 마음편한 위험대응 태도가 DEKKA 엔지니어들의 그날 그날의 일에까지 미치게 하고 그들로 하여금 잘 안되었을 때 조롱을 당하거나 벌을 받지 않으면서 새로운 아이디어를 내놓아 그것을 시험하게 자율권을 주는 것이다. Kamen이 주목하는 대로 가능성은 당신의 마음에 드는가에 있는 것이 아니라 당신이 빨리 실패하고 싸게 실패하며 즐거운 시간을 보내고 일을 배우며 어쩌다 그들 개구리가 당신이 추구하는 무언가로 바뀌면 그것이 가치 있다는 것이다.

6.3.5 규칙 5: 좋은 것이 아니라 훌륭한 것을 추구하는 문화

좋음(good)은 훌륭함(great)의 적이다

좋은 것은 쉽지만 훌륭한 것은 그렇지 않다. 부하들이 훌륭함이 어떻게 이루어질 수 있는지를 생각하게 고무할 수 있는 리더는 막대한 수익을 거두어들일 수 있다.

목표를 조금씩 올리는데 만족할 수 없다. 예를 들어 "지금 당장 운영되는 비율의 두 배로 수익을 증대하려면 무엇을 해야 할까?"와 같이 좋음을 넘어 훌륭함을 추구해야 한다.

안전한 결정이 아니라 옳은 결정에 관하여 사람들이 생각해야 할 모든 것은 "무엇이 있어야 하나?"라고 묻는 것이다. 만일 리더가 그런 질문을 하지도 않고 그 답을 뒷받침하여 주지도 않는다면 그 조직은 만족스러운 성과를 유지할지 모르지만 크게 성장하지는 못할 것이다. 사람들을 그들의 안전지대에서 빠져나오게 하는 것은 리더가 전 조직의 구석구석에 좋은 것이 아니라 훌륭한 것을 추구하는 문화를 퍼지게 하는 것이다. 임직원들은 성장주의자이어야 함으로 그들은 실험을 한다. 그들은 항상 위험을 감당해야하고 받아들여야 한다.

6.4 미래상을 일상의 안내자로 삼자

囙 미래상(未來像; vision) 대 환상(幻想; illusion)

오늘날 거의 모든 회사가 경영진과 종업원을 이끌어가야 하는 장기목표, 미래상을 표방한다. 그러나 이상적(理想的; idealistic) 미래상이 종이 위의 단순한 단어가 되어버리기 쉬우며 매일 매일의 사업결정의 단기 안개 속에서 잊어버려 지기 쉽다. 현명한 리더는 최상의 결정을 내리기 위하여 당신이 옳은 미래상뿐만 아니라 그 미래상이 비록 겉보기에 위험하지 않은 일상의 전술적 선택일지라도 당신이 내리는 모든 결정을 이끌어 가게 하는 훈련이 필요하다는 것을 안다.

당신의 미래상은 당신과 조직이 무엇을 성취하고자 하는지를 설명한다. 그것 없이 당신의 회사는 목표가 어디인지 또는 어떻게 그것을 맞힐 것인지에 관한 실마리 없이 여기저기를 획획 지나가는 유도 없는 미사일이 될 가능성이 크다. 당신의 비전은 또한 당신의 기본적 목적을 정리하여 준다. 그것은 당신과 조직 내 모든 사람들이 무엇이 행해져야 하며 무엇이 묵살되어야 하는지를 측정하는 기준이 된다. 훌륭한 비전은 단순하게 천명될 수 있고 되어야 하지만 그것은 또한 당신이 조직이 따라야 할 특정한 행진 규율을 도출하는 기초이어야 한다.

비전에 근거를 둔 기본적 목적 설정하기와 천명하기는 모호성(模糊性; ambiguity), 의식적으로 또는 무의식적으로 당신이 결정에 직면했을 때 당신이 갖게 되는 옵션을 둘러싼 불확실성을 없애준다. 당신이 비전에 고착하면 당신은 당신의 옵션을 비전이 설정한 경계선 안에 제한하게 한다. 시간과 자원은 회사를 장기 목표를 향해 움직이게 하는 그런 계획에만 할당된다. 만일 종업원이 고객만족이 기본적 목적임을 안다면 그들은 그 목적을 가장 잘 만족시키는 옵션만을 찾아야 한다. 비전과 그것으로부터 흐르는 기본적 목적이 없다면 이익은 개선하지만 고객만족은 해치는 옵션을 선택하는 쪽으로 유도될 수도 있을 것이다.

만일 당신과 당신회사가 의사를 결정함에 있어 당신의 비전을 따를 수 있다면 당신은 두 개의 장점을 가지게 될 것이다. 첫째 조직의 기본 목적과 상충하는 겉으로는 사람의 마음을 끄는 옵션을 가지고 숙고하는데 값비싼 시간을 낭비하지 않기 때문에 당신은 훨씬 더 효율적이 될 것이다. 옵션에 관하여 당신이 물어보아야 할 모든 것은 그것이 비전을 발전시키는지 여부이다. 그 답이 노라면 그것은 진짜 옵션이 아니다.

두 번째 장점은 조율된 의사결정이다. 비전은 회사 전체의 여러 가지 사일로(silo)에서 내려진 결정이 조화로운 전체로 함께 잘 들어 맞도록 보장하는 전사적 동기화(同期化; synchronization) 기계 역할을 하며 조직이 하고 있는 모든 것에 일관성을 부여한다.

미래상은 장기적이지만 많은 결정은 단기간에 단기간을 위하여 내려진다. 그 결과 모두가 흔히 비전의 필수적 부분이 아닌 단기 기회를 추구하기 위하여 "단지 이번 한 번만" 비전을 따로 떼어놓는 유혹에 빠지게 될 것이다. 분기 수익의 부족분이 생겼다면? 당신이 원하는 당신의 고객 기준 비전에 맞지 않지만 수익성 있는 계정을 추가하게 된다. 물론 단기적으로는 좋겠지만 당신의 장기 목표에서 벗어나게 된다. 당신의 규율 부족은 전염병에 걸린다. 본보기로서의 비전은 곧 살아진다.

비전은 보상이 있다.

미래상을 일상의 가이드로 만들기 위한 규칙

많은 리더들이 그들의 비전이 단기이익을 장기이익으로 교환하는 것이 더 좋은 길이라고 믿고 단기이익이라는 유혹에 버텨왔다. 당신의 비전을 당신 일상의 가이드로 만들기 위하여 당신은 첫째로 당신이 옳은 비전을 가지고 있어야 하며 그것을 분명하게 표현하는 길을 찾아야 하고 그것을 행동으로 보여주어야 한다.

6.4.1 규칙 1: 비전을 바르게 이해시키자

여러 리더들이 그들의 회사들이 번영하고 명망을 높이도록 하기 위하여 비전을 사용하려할 때 그들의 비전 개발에 세 개의 공통 원리가 있음을 알 수 있다.

첫째, 비전은 사람들을 신명나게 하여야 한다. 당신이 얼마나 많이 돈을 준다고 할지라도 그들이 열광하지 않으면 최대의 노력을 하지 않을 것이며 급료 이상의 무언가를 위해 일하지 않을 것이다. 올바른 비전은 세계 최상급의 효과를 보장하기 위하여 종업원에 열정을 주입한다. Sealed Air의 CEO 회장 Dermot Dunphy의 "제품이 아니라 편익(便益; benefit)의 공급자"라는 비전이 회사의 최첨단 보호 장비를 높은 값을 받게하여 주었다. 그것이 Sealed Air의 판매력을 위해 엄청난 동기를 부여하였다.

특정한 판매회의에서 가격 인상을 수락 받을 수 있었던 일이나 또는 터무니없이 싼값을 받는 경쟁자와 싸워 이길 수 있었던 일에 관한 많은 전쟁이야기가 있다. 이런 유의 동기(動機; motivation)는 비전에서 나온다.

둘째, 비전은 해볼 만한 목표를 나타내야 한다. 의사결정에서 비전의 기본적 가치는 목적을 설정하는 것이다. 이 일은 비전이 사람들에게 조직의 목표가 무엇인가를 말해줄 때만 생길 수 있다. 그들 목표는 너무 쉽게 달성되거나 달성이 불가능해서도 안 된다. 그것들은 모두의 최선의 노력을 고무하기에 좋을 정도면 된다.

마지막으로 비전은 당신의 조직을 차별화 하여야 한다. Goldman Sachs의 공동회장으로서 John Whitehead는 일찍이 회사는 그의 경쟁사들 모두가 적대적 인수합병을 돕는 와중에 끼어들지 않기로 결정하였다. 대신에 Goldman은 고객사로부터 평가받는 방식에서 경쟁사와 영원히 차별화된 진실한 회사로서 홀로 서기로 하였다. Goldman은 적대적 인수가 자주 잘 되지 않을 뿐만 아니라 Whitehead는 투자은행이 한 회사와 함께 다른 회사를 그 회사의 리더의 뜻에 반하여 인수 합병하는데 힘을 합한다는 것은 비윤리적이라고 믿었기 때문에 스스로 멀리 하기로 하였다. 그 결정은 단기적으로 대가가 컸지만 Goldman은 공격을 당하고 있는 회사의 옹호자로서 돋보이게 되었다.[42]

당신 회사의 비전이 회사에 관하여 무엇을 말하는지 생각하라. 그것이 당신의 사람들을 기대감으로 흥분 시키는가, 가치 있는 목표를 분명하게 표현하고 있는가, 그리고 당신 회사를 차별화하고 있는가? 만일 이들 질문에 대한 대답 중 어느 하나라도 노라면 당신은 당신의 비전을 다시 생각해야 한다. 그것은 단지 꿈일 수도 있다.

6.4.2 규칙 2: 미래상을 구체적 목적들로 전환시키자

단지 매니저의 머릿속에서 살고 있는 비전은 회사에 그리 도움이 안 된다. 종업원들은 회사가 어디로 향하고 있는지 거기에 도달하도록 돕기 위해 무엇을 할 필요가 있는지 짐작하게 버려져 있다. 그것이 리더가 비전을 분명하게 그리고 자주 표현할 뿐만 아니라 조직 내에 있는 모두를 안내하는 도로표지의 역할을 하도록 비전으로부터 주요 목적들을 도출하는 것이 중요한 이유이다.

---

42) Zekhauser & Sandoski, op. cit., p.122.

6.4.3 규칙 3: 융통성을 갖자

당신과 당신 조직을 이끌어 주는 비전은 모두가 옳은 목표와 어떻게 거기에 도달하는가에 집중하기 위해 절대적으로 중요하다. 그러나 비전을 성취하기 위한 집행이 바로 가야할 길은 아니다. 오히려 집행은 무엇이 성취되었는지, 해야 할 일이 무엇이 남았는지 그리고 환경은 내적으로 외적으로 무두 어떻게 변하고 있는지를 알아보면서 시간을 두고 진화되어야 한다.

관례화와 틀에 박힘을 경계해야 한다. 결국 사라진 선도 기업들을 보면 그들 모두에 한결같은 일들 중 하나는 관례이었던 것이 판에 박힌 것이 되어 결국 다르게 생각하는 것조차 문화적 장애물이 되는 것이다. 이를 타파하기 위해서 조직의 마음가짐과 사고방식을 바꿔야 한다. 조직은 사물을 조기에 알아보거나 변화 자체를 이끌어 내야할 필요성을 알아내기에 충분할 만큼 유연해야 한다.

우리는 미래가 무엇을 가지고 올지 모르지만 우리는 그것에 대비하고 부응하고 그 기회를 이용하기를 바란다. 우리는 넓은 범위의 직무에서 일할 수 있도록 기술을 가져야 – 기술만이 아니라 넓은 범위의 직무에서 일할 수 있어야 한다는 마음가짐을 가져야 한다.

대비는 기술뿐만 아니라 어떻게 생각하고, 적응하고 다른 사람들과 더불어 일하는지를 가르치는 기본적 교육과 함께 시작된다. 기본적 교육을 넘어 융통성을 가지려면 대학에서 전문대학까지 더 높은 교육이 필요할 수도 있다.

우리는 같은 사람이나 같은 팀이 같은 역할을 아주 오랫동안 맡기를 원하지 않는다. 왜냐하면 그들이 그들 방식에 고착하기 때문이다.

6.5 목적을 가지고 귀 기울이기

당신은 주의 깊게 듣고 있습니까?

- 그렇다면 당신은 요점을 잃고 있습니다.
- 중요한 것은 당신이 어떻게 듣느냐가 아니고 당신이 왜 듣느냐이다.

보통 사람들은 회의에 들어가서 통상적인 듣기행위를 시작한다. 그들은 집중을 방해받지 않기 위하여 문을 닫고, 사람을 똑바로 바라보고, 몇몇 무엇인가를 기록하며, 그들이 모두 종종 말한 것을 반복한다. 메시지는 분명하다. 당신은 주의 깊게 듣고 있다.

그러나 당신은 거의 틀림없이 목적을 가지고 듣지 않고 있으며 그러나 그것이 듣기의 근본적 열쇠이다. 그 회의에 들어가기 전에 당신은 왜 당신이 다른 사람의 이야기를 들어야 하나에 대한 분명한 아이디어를 가지고 있는가? 걱정할 일은 아니다. 사람들은 별로 그러하지 않다. 사실 조사된 현명한 리더들은 자기들이 목적을 가지고 듣고 있는지 조차 알아차리지 못하였다. 그들은 거의 무의식적으로 왜 그들이 그 사람의 의견을 요청하고 있는지를 생각하면서 각 미팅을 준비한다. 그런 상태로 대화를 최대한 활용할 준비를 한다. 그리고 그 대화에서 지식 및 상대방이 전해주는 아이디어는 없다는 인상을 치워버린다. 목적을 가지고 듣는 능력은 훌륭한 결정을 가져다 줄뿐만 아니라 그 결정을 잘 실행하게 하여준다.

가장 기본적인 수준에서 리더들은 듣기위해 세 개의 주요 목적을 가지고 있음이 확인되었다. 그 첫째는 정보를 모으려고 듣는다. 그러나 그저 아무 정보나 듣는다는 뜻이 아니다. 당신은 특히 당신이 이미 갖고 있는 정보에 있는 빈자리를 채우기 위해 들어야 한다. 그것은 당신이 이미 아는 것과 그 미팅에 들어가기 전에 더 알아야할 필요가 있는 것에 관하여 주의 깊게 생각해 두어야 한다는 것을 의미한다. 그것은 또한 들어야 할 옳은 사람을 찾아야 한다는 것을 의미하기도 한다.

둘째로 당신은 어떻게 의사소통을 하는지를 배울 목적을 가지고 들어야만 한다. 벌주기를 두려워하지 않는 분위기에서 솔직한 토론에 참여한 사람들은 거의 언제나 그들이 걱정하는 일들 또는 그들이 의욕을 갖고 참여할 만한 일을 드러내 밝힐 것이다. 당신의 직무는 최종적으로 결정이 내려질 때 반대하는 사람들의 두려움과 걱정을 달랠 수 있도록 드러난 새로운 점들을 확인하기 위하여 그리고 당신에게 그 결정을 지지한 사람을 당신에게 끌어모으기 위하여 대화에 귀를 기울이는 것이다.

마지막으로 기꺼이 참여하게 마음먹도록 하려는 목적을 가지고 듣는다. 실행되지 않을 또는 될 수 없는 훌륭한 결정은 결코 결정이라 할 수 없다. 중요한 결정의 준비기간에 결정내리기 그 자체에 책임을 지려는 사람은 거의 없다. 그러나 그들은 그들의 관점을 이야기 했고 관심을 끌었다는 것을 알려고 한다. 그들의 여러 가지 관점을 들어준다는 것이 그들의 조언이 평가되었다는 것을 그들이 확신하게 하여 준다.

목적을 가지고 듣기 위한 규칙

귀 기울이기는 배우기에 관한 모든 것이다. 그러나 목적을 가지고 듣는다는 것은 당신이 들은 것을 옳은 맥락에 자리잡게 하기를 요구한다. 당신이 귀를 기우리고 있는 사람은 그가 아주 구체적인 점을 가지고 의사소통하고 있다고 생각할 수도 있다. 그러나 만일 당신이 목적을 가지고 듣고 있다면 즉

- 당신 자신의 정보 안의 틈을 채우기로,
- 당신이 의사를 소통할 때 주목하여야 할 뜨거운 논점을 확인하려고 그리고
- 나의 일처럼 생각하게 만들어내기로

준비하였다면 당신은 아마도 무언가 다른 것을 듣게 될 것이다.

6.5.1 규칙 1: 옳은 질문을 하라

옳은 답을 얻으려면 옳은 질문을 해야 한다. 너무도 자주 의사결정 과정은 한 사건 또는 사람이 옳은 질문이 아닌 좁은 질문을 제기할 때 시작된다. 그러나 일단 그 공이 구르기 시작하면 그 관성을 깨고 시작된 질문을 재고한다는 것은 어렵게 된다. 결과가 옳은 답일 수도 있지만 잘못된 질문에의 답일 수도 있다. 우리에게 진짜로 필요한 것은 옳은 질문에의 옳은 답이다. 현명한 리더는 질문이 구성된 방식이 그것을 어떻게 푸는가와 상당한 관계가 있음을 안다. 리더는 정보를 얻기 위하여 주의 깊게 듣는다. 그러나 결국에는 모든 정보를 정제하고 문제가 진짜 무엇인지를 정하는 것은 리더의 책임이다.

사건이나 다른 사람이 의사를 결정하기 위한 안건을 받아쓰게 하는 것은 쉬운 일이다. 현명한 리더는 오직 주의 깊은 귀기우리

기를 통해서만 모두가 틀린 일에 관하여 논쟁하고 있음을 발견할 수 있다. 옳은 질문을 제기하기 위하여 논쟁을 재구성함으로써 회사 미래진로를 바꾸는 돌파구를 찾을 수 있다.

6.5.2 규칙 2: 전제(前提; assumption)에 도전하자

우리 모두 과학자들 조차도 전제를 둔다. 그들은 그들의 전제를 "가설"이라고 부르고 그들은 그들의 가설을 증명하거나 반증하기위하여 조심스럽게 통제된 실험을 한다. 사업에서도 너무 자주 전제를 두지만 그것을 철저하게 검증하지 않는데 그것이 나쁜 결정을 가져온다.

매니저들이 그들 직무를 위해 잘 교육되고 준비된 오늘의 세상에서 특히 그들은 질문하고 전제를 검증하는데 더 자신감을 가져야 한다. 만일 그 일에 대해 영리하고 교육받고 그리고 준비되어 있는 당신이 이해할 수 없는 무언가를 듣는다면 아마도 당신은 그것을 이해하기 어려울 것이다.

당신이 정보를 구하는 모든 사람은 전제를 만든다. 그 전제가 무엇인가를 찾아내는 것은 그리고 그 가정들을 근거로 하는 결정을 내리기 전에 그 가정들에 이의를 제기하는 것이야말로 당신이 해야 할 일이다. 그렇게 하기 위하여 당신이 해야 할 일은 듣기로부터 얻은 정보를 분석하는 것이 전부다. 일단 당신이 어느 전제가 정보의 기저(基底; underlie)를 이룬다는 것을 발견한다면 스스로에게 그것이 사리에 맞는가라고 묻자. 그렇지 않다면 왜 그렇지 않은지를 찾아내자 그리고 그 전제가 더 현실적이라면 정보가 어떻게 달라지는지 찾아내자.

6.5.3 규칙 3: 시행자를 기억하자

어느 결정의 반대 쪽 끝을 차지하고 있는 사람들 즉 지지자들과 반대자들의 이야기를 듣는다는 것은 쉬운 일이다. 그 결정에 기꺼이 참여하기로 마음먹도록 하기 위해 지지자를 얻는 것은 추진력과 신남을 만들어 내는데 도움을 주고 그리고 그들이 활기차게 시행되게 밀고나갈 것을 보장한다. 반대자들은 조금 더 다르다. 그들은 결정과 시행에 장애물을 만들어내는 경향이 있다. 그들의 가장 큰 걱정은 결정이 자기들에게 유리하게 기울이도록 하기에 충분할 만큼 영향력이 없었기 때문에 그들의 장래 지위가 떨어질 것이라는 것이다. 그러나 결정 과정의 초기에 그들에게 발언권을 주고 분명하게 왜 그 결정을 내렸는지 설명하면 반대한 사람들조차도 그 결정을 뒷받침 하는데 합류할 것이다.

그러나 시행자의 입장은 어떨까? 시행자들은 집행해야 하는 사람이며 흔히 하급직원이고 지지자들이나 반대자들보다도 조직 내에서 영향력이 적다. 결과적으로 많은 매니저들이 시행자들을 도외시하는 또는 결정이 이미 내려진 이후에 그들의 의견을 묻는 잘못을 저지른다. 그러나 시행자들은 그 결정에 기꺼이 참여하고 그 일을 완수하는 문제에 관한한 가장 중요한 유권자들이다. 다른 모든 사람들처럼 시행자들은 의사결정 과정에 투입 자원이 되기를 원하며 그들이 그들의 발언이 충분히 반영되었다고 생각하면 그들은 더욱 더 기꺼이 참여할 것이다. 그 결과 그들은 더 열심히 일하고 당신의 선택을 성공시키기 위하여 더욱 창조적으로 해결하려 할 것이다.

6.6 투명하자

○ 집행되지 않는 훌륭한 결정을 당신은 무엇이라 부르는가?

○ 단지 꿈일 뿐

현명한 리더들은 단순히 결정을 발표하는 것보다 그것을 집행되도록 하는데 할 일이 더 많다는 것을 안다. 그들은 또한 어떻게 그리고 왜 그들이 그 결정에 이르게 되었는지 솔직하여야 하고 기꺼이 밝혀야 한다. 결정을 적절하게 수행하기 위하여 직원들은 왜 다른 대안이 선택되지 않았는지 그 결정이 잘 집행되거나 완전히 실패한다면 어떤 현실적 장래가 그들을 기다릴 것인지 그것 뒤에 있는 세부사항을(좋은 것뿐만 아니라 나쁜 것도) 이해해야 할 필요가 있다. 현명한 리더들은 투명한 과정을 통해서 그들 쟁점들을 경영진에 솔직하게 말해주고 결정과 그 결말에 관해 분명하게 설명한다.

투명해지려면 당신은 첫째 당신이 어떻게 당신의 결정을 내렸는지 명확하여야 한다. 전 조직이 당신이 어떻게 그리고 왜 당신의 결정에 이르게 되었는지 들을 필요는 없지만 확실하게 그 일을 끝낼 책임을 질 핵심 팀은 그 결정이 건전한 논리없이 제멋대로 내려지지 않았다는 것을 알아야한다. 자초지종을 말해줌으로써 당신의 팀의 에너지와 노력이 딴 데로 돌려지지 않도록 유언비어와 뒷공론을 방지하게 된다. 사람들이 전모(全貌; full story)를 모르면 긍정적이기보다는 부정적일 가능성이 큰 유언비어가 그 빈곳을 채울 것이다.

둘째 사실에 관하여 솔직 하자. 결정을 내리는데 들어가는 데이터를 포함하여 팀과의 숨김없는 토의는 투명에 있어서 아주 중대하다. 만일 그것이 풀어야할 문제라면 문제의 심각성이나 그것을 고치지 않은 결과를 얼버무리고 넘어감으로써 얻어지는 것은 아무 것도 없다. 문제의 특성을 이해함으로써 팀 멤버들은 자기들의 기대를 조정하고 싸울 준비를 하게 된다. 붙잡을 기회가 있다면 그 기회의 가치와 그 기회가 가져올 보상에 관한 사실을 제공함으로써 조직에 의욕과 에너지가 창출된다. 당신의 결정에 들어간 데이터를 이해함으로써 그 팀은 당신이 앞으로의 성과를 어떻게 측정하려 하는지를 알게 될 것이다.

마지막으로 팀에 결정을 실행하기 위하여 무엇을 해야 하는지를 사람들에게 보여주는 로드맵(road map)을 제공할 필요가 있다. 그들은 새 임무에 중요할 일들을 시작할 수 있고 더 이상 상관이 없을 일들을 하는 시간 및 자원의 낭비를 없앨 수 있다. 당신의 팀에 측정 가능한 이정표(里程標; milestone)와 구체적인 목표를 줌으로써 – 뿐만 아니라 그들이 직면하게 될 도전을 분명하게 밝힘으로써 – 그들이 일을 순조롭게 진행하고 목표를 향한 속도를 늦추게 하는 방심에 빠지지 않도록 도와주어야 한다.

종합에 볼 때 이들 투명성의 세 측면이 믿음과 의욕(意慾; motivation)에 근거를 둔 실행을 위한 기초를 만들어 준다. 투명성은 당신의 결정이 팀이 장래의 당신의 반응을 예견하고 당신이 생각하는 것처럼 생각하기 시작하게 하여주는 장점을 가지고 있다. 투명한 소통은 당신의 결정이 사실과 건전한 추리에 근거를 두고 있다면 어려울 것이 없다. 그러나 가능한 한 빨리 결정을 실행하려는 움직임의 서두름 때문에 너무 자주 소홀해 진다.

- 당신의 생각을 공유하기,
- 당신의 결정과 그것이 어떻게 집행될 것인지에 관한 질문에 답하기 및
- 그 긴급성과 심각성을 전달하기가

당신의 결정이 빠르고 효율적으로 성취되는데 도움이 될 것이다.

투명을 위한 규칙

투명성은 훌륭한 집행의 핵심이다. 그러나 투명하기는 당신이 지금까지 검토된 의사결정의 다섯 원칙을 성실하게 고수해왔다면 당신만이 성취할 수 있다는 자신감이 있어야 한다. 다른 말로 하면 투명성은 당신이 훌륭한 결정을 내리고 있다고 확신하기 위하여 필요한 조치를 취해왔을 경우만 효과적이다. 그렇다고 그것이 모든 훌륭한 결정이 원하는 또는 기대하는 대로 풀려나간다는 것을 말해주는 것은 아니다. 그러나 만일 당신이 투명하다고 확신한다면 잘 안 되는 결정조차도 값어치 있는 가르침을 줄 것이다.

6.6.1 규칙 1: 일관성을 지키자

가장 작은 행위일지라도 당신의 투명한 소통과 일치하여야 한다. 때때로 잊어버리기 쉽지만 현명한 리더는 반드시 그리 하지 않으려고 한다. 그들은 말하는 것과 행동하는 것이 일치하지 않으면 당신이 얼마나 개방적이며 솔직한지에 관하여 의심을 하게 될 것이다. 만일 사람들이 당신은 투명한 대신에 그저 가장하고 있다고 생각한다면 어떤 신뢰도 파괴될 것이고 그렇지 않더라도

손상될 것이다.

많은 간부들은 일단의 원칙 위에서 결정하고 그것들을 어디에선가 발표하고, 바로 그것들에 관하여 잊어버린다. 결정을 내리는 데에서의 일관성만으로는 불충분하며 그 결정 뒤에 있는 원칙을 주고 받음에 있어서의 일관성 또한 중요하다.

6.6.2 규칙 2: 중대한 결정을 극적으로 표현하자

결정이 당신의 조직에 중대한 충격을 줄 때 적절한 결정 집행의 중요성을 알리기 위하여 말만을 사용하는 것은 언제나 쉽지 않다. 그것은 현명한 리더가 그 결정이 확실히 실행되게 하기 위해 얼마나 명확한 태도를 가져야 하는지를 극적으로 표현하는 방법을 발견하였을 때이다.

하나의 예를 들어보자. 회사의 신개발제품을 출시하여 초년도 매출 목표가 달성되지 않았을 때 이 제품 판매책임자가 각 영업사원 사무실에 자기 책상 찾아가 앉을 공간 외에 남은 전 공간을 그 신제품으로 꽉 채워놓는다면 영업사원들은 자신들에게 그들의 상사가 전달하고자 하는 메시지를 확실하게 전달받게 되지 않을까?

6.6.3 규칙 3: 후속조치(後續措置; follow-up)를 잊지 말자

투명한 의사소통은 결정이 적절히 실행되게 만들기 위한 기초이다. 그러나 단순히 당신의 팀 멤버들을 새로운 목표에 착수하게 하는 것으로는 충분치 않다. 당신은 그들이 확실히 궤도를 이탈하지 않고 의욕을 잃지 않도록 하여야 한다. 현명한 리더는 팀이 목표를 향하여 나아가고 있는 진척상황에 관하여 연락을 주고받을 때 계속 투명성을 유지하여야 한다. 만일 장애가 생기면 – 거의 늘 그러는 것이지만 – 투명한 의사소통은 문제를 조기에 확인할 수 있게 하여 주며 탄력을 잃지 않고 문제해법을 발견하고 시행할 수 있게 하여 준다.

6.6.4 규칙 4: 사후분석(事後分析; postmortem)을 하자

투명성은 결정이 집행되기 시작하면 끝나는 것이 아니다. 결정이 최선의 방향으로 진행되지 않을 때조차도 그것은 계속 유지되어야 한다. 잘 만들어진 결정이 실패할 때는 이유가 있다. 아마도 핵심 전제가 잘못 되었거나 시장이 기대하지 않은 방향으로 변하였거나 주요 위험을 간과하였을 것이다. 너무 자주 사람들은 실패를 제쳐두고 그들의 에너지를 새 계획으로 돌린다. 그러나 현명한 리더는 자신과 그의 조직을 무엇이 나빴는지를 알아내도록 몰아붙인다. 그들은 그들이 장래 결정에서 위험을 더 잘 사정할 수 있도록 가능한 한 공개적이 되고 실패에서 배우려고 노력한다. 그들은 그들 자신에게 투명하게 된다.

우리는 계속해서 어떻게 좋은 결정을 내릴까에 관하여 끊임없이 생각하고 있다. 우리가 좋은 결정을 내리지 못한다면 우리는 무엇을 잘못하였던 것일까? 그리고 우리는 미래를 위하여 무엇을 배울 수 있을까? 이런 일에 집착해야한다. 모든 일을 기록해 나아가야 하지만 사람들은 그것을 좋아하지 않는다. 그들은 그것이 사후 뒷공론이라고 말한다. 그들은 그들의 실패에 맞서기를 싫어한다.

첫 번째 사후분석을 실시하는 것이 어렵지만 일단 그것이 일반적 관행이 되면 그 보상은 빨리 온다. 우리는 사후분석에서 배운 것을 바로 다음 계획에 적용할 수 있다.

대부분의 사람들을 위해 나쁜 결과는 잘 진행되지 않는 행위를 취한데서 온 결과이다. 그러나 나쁜 결과는 또한 사람들이 무엇인가를 하지 않기로 결정하였을 때 생길 수 있으며 그 무행동이 경쟁자가 주도권을 장악하여 앞으로 도약하는 기회가 된다. 대부분의 조직은 작위(作爲; commission)의 과오를 부작위(不作爲; omission)의 과오보다 훨씬 더 심각하게 생각하지만 그래서는 안 된다. 놓친 기회를 분석하는 것은 실패한 기회를 분석하는 것만큼 중요하다.

사후분석이 형식적 과정일수 있거나 하루하루 일의 비정기적이지만 필수적 부분일 수 있는 반면에 그것이 행동중심이고 비난하는 것이 아니라는 것이 중요하다. 효과적인 사후분석은 정치와 계급을 재껴버린다. 그것은 본질적으로 권력에 눈멀었다. 조직의 고위 간부에 의한 실패는 하위 직원에 의한 실패와 같이 철저한 조사를 받아야 한다.

그러나 왜 실패를 분석하는데서 멈추는가? 성공을 분석한 것이 – 어떤 요인이 성공으로 이끄는데 옳았는지를 분석한 것이 – 일들이 언제나 잘 나가지 않는 새 팀 멤버들에게 가르쳐 주기 위하여 사용되었을 때 특히 유용하다. 사후분석을 시행하는 것이 조직에서 표준관행이 될 때 리더들은 위험들이 더 잘 이해되고 의사결정은 계속 향상된다는 것을 알고 있다.

결국에는 가장 좋은 장기적 결과가 단 하나가 아니라 일연의 훌륭한 결정들을 내리는 것으로부터 나온다. 당신이 적정 수준의 위험만을 감수한다면 어떤 결정은 잘 진행될 것이지만 어떤 것은 잘 되지 않을 것이다. 현명한 리더는 결과를 되새겨 보는데 시간을 쓰고 왜 결정이 실패했는지를 명확하게 표명할 뿐만 아니라 그들은 기회를 선택하기 위한 결정의 성공 및 실패의 실적을 사용한다. 리더들은 결정이 실패할지라도 학습된 교훈이 그로부터 그들의 회사가 성장할 수 있는 새로운 방향을 줄 수 있다는 것을 알고 있다.

7. 올바른 의사결정자 되기

7.

올바른 의사결정자 되기

1장 끝머리에서 올바른 결정, 질이 좋은 결정이란 무엇이며 누가 이를 판정하는가? 라고 묻고 이에 대한 답은 명확하지 않지만 결국 결정한 사람이 판단 내리게 될 것이라고 말하였다. 결정이 잘 내려졌는지 잘못 내려졌는지는 일차적으로 그 결정의 집행결과가 당초의 목적과 일치하는지 여부로 판명될 것이다. 또한 당신이 누구인지, 당신이 어떤 사람인지, 당신이 어떤 위치에 있는지, 당신이 얼마나 성공하였는지, 당신이 얼마나 행복한지 등은 아주 많은 부분 당신의 결정의 결과일 것이다. 그러나 그 결과에 만족하는지 실망하는지는 결정한 당신의 몫이다. 결국 올바른 결정은 결정의 결과에 실망하거나 후회하지 않는 결정이라 할 수 있다.

그러나 운에 맞기고 산 복권이 당첨되었다고 그 결정을 올바른 결정이라 하겠는가. 같은 상황에서 반복되었을 때 같은 결과를 기대할 수 있어야 한다. 그 때문에 이제까지 우리는 많은 공부를 해왔다. 이제 이를 정리하여 우리가 실제로 올바른 결정을 내리는 사람이 되기 위한 방법을 정리하기로 한다. 우선 운에 맡기는 것이 아니라 합리적이고 체계적인 사고로 무장되어야 한다.

우리는 대부분의 결정을 따라다니는 복잡성을 피하려고 무의식적으로 늘 하던 일상의 방식을 따라하는 선입견 또는 편견을 의미하는 편향이라는 함정과 우리들의 생각속에 자리잡은 단순한 비이성적인 변칙이라는 함정 즉 2장에서 배운

- 액자효과
- 과신(過信; overconfidence)
- 정착(定着; anchoring)
- 시간지연(time delay)
- 무지(無知; ignorance)
- 매몰비용(埋沒費用; sunk cost)
- 현상안주(現狀安住; status－quo)
- 점진적 악화(惡化; deterioration)
- 회상가능성

라는 함정에 빠지지 않아야 하기 때문에 그 방지책을 숙지할 필요가 있다. 그리고 합리적이고 체계적인 사고를 위해 3장에서 결정을 내릴 때 따져 보아야할 것들 공부하였다. 즉

- 문제가 무엇인가?
- 결정의 목적은 무엇인가?
- 대안은 없나?
- 모든 대안들의 결과와 목적의 비교표를 만들자

○ 상충되는 목적이 있나? 있으면 절충(折衷; tradeoff)하자
○ 결정에 따르는 불확실성 – 위험개요와 결정나무를 만들자
○ 연계결정

이 중에서 핵심은 문제와 목적 그리고 대안이다. 불확실성이 결정을 어렵고 복잡하게 만드는 주요 요인이므로 이에 대한 나름대로의 대응전략을 갖고 있어야 한다. 이를 위해서 정보가 필요하며 정보의 가치를 판단할 지식을 필요로 한다. 끊임없이 변하는 현대사회환경은 불확실성을 피할 수 없는 만큼 위험이 전혀 없는 결정이란 생각할 수 없는 만큼 견딜 수 있는 위험수위를 함께 고려할 뿐만 아니라 고위험–고수익의 일을 저위험–고수익의 일로 바꾸도록 하는 용기와 지혜도 필요하다 하겠다. 환경에 따라 전략과 계획을 유연성 있게 갱신해 가는 것도 불확실성에 대응하는 한 방법이라 하겠다.

7.1 시작하기

미루는 버릇(procrastination)은 좋은 의사결정의 골칫거리이다. 결정을 미루는 이유가 무엇이든 간에 문제가 절망적으로 복잡하고 결정을 위해 많은 일을 해야 되며 불쾌한 감정이 일어나도 결정의 필요성은 없어지지 않는다.

만일 더 잘 할 수 있을지를 걱정하면서 시간을 허비한 때문에 결정하지 않은 채 나온 결과는 거의 언제나 만족스럽지 못한 결과다. 그래서 시작하여야 한다. 빨리 시작할수록 시간의 압력하에

서 부분적인 무지 속에서 억지로 결정하는 것보다 체계적으로 생각하고 적절한 정보를 찾는 것이 더 나을 것이다. 시간이 주어진다면 당신이 다른 일을 할 때라도 당신의 잠재의식이 당신의 결정과정을 도와줄 것이고 문제를 숙고하게 할 것이며 해결을 재촉할 것이다.

올바른 결정을 내리기 위하여 아는 것과 알아야 할 것을 확인하기 위하여 다음과 같이 자문자답해 보자.

결정문제에 대하여

넓게 보아 내가 결정해야 할 것이 무엇인가? 넓은 결정의 한 부분으로 내가 내려야 할 특정한 결정은 무엇인가?

기본적 목적에 대하여

내가 근본적으로 원하는 것과 필요로 하는 것을 알아내기 위하여 충분한 시간 "왜"라고 자문자답 하였는가?

대안에 대하여

더 좋은 것들을 생각할 수 있을까?

결말과 관련하여

어느 대안이 안전하게 제외될 수 있는가?

절충과 관련하여

상충되는 목적들이 어디에서 나에게 가장 큰 영향을 미치나?

불확실성에 대하여

심각한 불확실성이 존재하나? 존재한다면 어떤 것인가? 그것들은 결말에 어떤 영향을 주나?

감수할 수 있는 위험의 정도에 대하여

어느 정도의 위험을 받아들일 수 있을까? 여러 있을 수 있는 결말들이 어떻게 좋고 어떻게 나쁜가? 나의 위험을 줄이는 방법에는 어떤 것이 있나?

결정 후 장래를 생각하면서

계획을 장래까지 연장하여 보았는가? 나는 정보를 수집함으로써 나의 불확실성을 줄일 수 있을까? 시간, 돈, 및 노력에서의 잠재적 이해득실이 무엇인가?

결정은 이 시점에서 분명하고 확실한가?

지금의 결정에 관하여 나는 어떤 의구심을 갖고 있나? 어떤 방법으로 결정을 시간과 노력을 더 들여 개선할 수 있나?

공들이기를 염두에 두고

결정이 분명하지 않다면 그 핵심쟁점은 무엇일 것 같은가? 어떤 사실과 의견에 더 공을 들이면 일을 더 쉽게 만들어줄까?

일단 시작하면 스스로 수렁에 빠지지 말자. 일부 의사결정자들은 과정의 특정한 요소 각각에 사로잡히게 된다. 그들은 그들이 다듬어진 목적들을 가질 때까지 대안들을 고려하지 않으려 한다. 그들은 모든 있을 수 있는 대안들이 갖추어질 때까지 결말에 대하여 생각하려 하지 않는다. 앞을 내다보는 것으로부터 나오는 균형감없이 이 사람들은 항상 나중에 비교적 중요하지 않은 것으로 변하는 결정문제에 시간을 허비한다. 그들은 그들의 목적을 다듬는데 필요없는 시간을 낭비한다. 예를 들면 진짜 문제가 불확실성일 때 그리고 그들이 최종적으로 불확실성에 부닥쳤을 때 그들이 이를 잘 반영할 충분한 시간을 가지지 못한다.

단순하거나 정례적인 결정에 대해 그 일을 해내는데 단지 몇 분밖에 남아있지 않다고 상상하자. 더 중요하고 복잡한 결정을 위해 단지 몇 시간밖에 없다고 상상하자. 모든 결정요소들: 문제, 목적, 대안, 결말, 절충, 불확실성, 위험용인한도 및 연계(連繫; linkage)를 빠르게 훑어보자. 세세한 것에 매달리지 말자. 일이 잘 진행되는지에 관하여 너무 근심하지 말자. 당신의 결정 문제를 개괄(槪括; overview)하도록 노력하자. 조각들이 어떻게 서로 잘 맞는지 보자. 전체를 내려다보는 균형감으로 무장하면 당신은 나중에 특정한 요점으로 돌아갈 수 있고 느슨한 목표들을 다잡을 수 있다.

7.2 중요한 것에 집중하자

대부분의 결정에 대해 집중해야 하는 것을 바로 알아야 할 것이다. 그것은 결정에 관하여 당신을 괴롭히고 있는 무엇인가일 것이다. 통상 하나나 둘의 중대한 요소가 있을 것이다. 셋이나 그 이상은 좀처럼 없을 것이다.

만일 중요한 것이 분명하지 않다면 스스로에게 "이 결정을 내리는데 무엇이 방해를 하는가? 왜 나는 바로 결정을 내리지 못하나?"라고 묻자. 그 답이 어디에 관심을 집중해야 하는지를 알려줄 것이다. 그것이 불확실성이거나 당신의 기본적 문제 정의(定義; definition)일지도 모른다.

7.3 공격플랜(plan of attack)을 만들자

일단 내려야 할 결정을 살펴보고 이를 어떤 각도에서 봐야하는지에 집중하고 나면 결정문제에 대한 해답을 찾기 위한 정돈된 접근 계획을 원하게 될 것이다. 정보가 필요한가? 더 분명한 목적? 더 좋은 대안? 간극(間隙; gaps)들을 체계적으로 매우고 나서 결정 문제의 전반을 전체적으로 재검토 하자.

그러나 문제 정의는 파고들어감에 따라 변할 수도 있다는 것을 기억하고 유연해지자. 정기적으로 전략을 재점검하고 예상하지 못한 것을 간파하거나 진행 상 돌발사가 있을 때마다 멈추고 심사숙고하자. 다음과 같은 질문을 하자.

- 나의 결정이 이제 분명해졌나?
- 아니라면 더 노력해야 하나 아니면 나는 최상의 경쟁자를 바로 골라야하나?
- 내가 무엇을 배웠지? 나의 문제에 대한 인식이 어떻게 변했지?
- 다음으로 나는 무엇에 공을 들여야지?

계획을 수정하고 계속하자. 결정이 내려지기까지 필요할 때마다 이 과정을 반복하자. 플랜은 당신이 규율을 잘 따르는 방식으로 당신의 결정문제를 공격할 수 있게 한다. 그러나 동시에 정보에의 유연성과 공개성이 필수적이다. 언제나 기꺼이 멈추고 재평가하며 당신의 플랜을 재구성하라. "무엇이 나를 괴롭히고 있나? 무엇이 나를 방해하나? 왜 나는 지금 결정하지 못하고 있나?"라고 끊임없이 물어보자.

7.4 복잡성(複雜性; complexity)을 조금씩 벗겨내자

당신이 어떻게 정의할지라도 많은 문제가 절망적으로 복잡해 보인다. 별로 진전이 없는 것으로 보이며 그저 어떻게 그럭저럭 해내기를 바라고 있음을 발견한다. 다음 기법이 일부 겉보기에 불가능한 상황에 대처하게 도와줄 것이다.

7.4.1 단계적으로 결정내리기

일련의 연관된 결정을 가지고 가장 넓은 첫 번째(새 도시에서 택할 직업)로 시작하여 다음 단계(함께 살 이웃)로 옮겨가고 세부 단계(어떤 아파트)로 내려간다. 그 대안들이 지금의 높은 수준 선택에 영향을 준 것처럼 각각의 단계에서 다음 아래 단계에서의 가장 유망한 대안들을 이해했는지 확인하자(예를 들어 직업을 택함에 있어 인근에 있는 동네 주민들의 바람이나 형편을 유념하는 것이 결정을 내리는데 도움을 줄 수 있을 것이다. 그러나 실제 이웃과 아파트의 선택이 직업선택을 뒤따를 것이다). 큰 회사나 군대는 이 전략 첫째 전략적 결정, 둘째 전술적 결정, 마지막으로 작전상 결정을 사용할 것이다.

7.4.2 축소하고 확대하라

줌(zoom) 기술은 줌 렌즈(lenses)의 동작에서 그 이름을 따왔는데 단계적으로 결정하기의 변형이다. 축소하기(zooming out)는 큰 그림(높은 수준, 전략적 결정) 보기에 부합한다. 확대하기

(zooming in)는 상세한 것(낮은 수준, 전술적 및 작전상 결정)을 조사하는데 부합한다. 그러나 주밍(zooming)을 이용하여 각각의 레벨에서 여러 번 결정을 고려해 보기까지 어떤 레벨에서도 결정을 내리지는 않는다. 축소하기를 시작으로 잠정적으로 높은 레벨의 결정을 내리고 나서 확대하고 높은 레벨의 결정에 따르는 몇 개의 낮은 레벨의 결정을 어떻게 내릴까를 생각한다. 그렇게 한 뒤 당신은 확대하기로 돌아가 낮은 레벨에서의 결과를 본 뒤의 균형감을 가지고 높은 레벨의 결정을 재고한다. 당신은 높은 레벨의 결정을 고정하기 전에 몇 번 더 확대하기와 축소하기를 할 수도 있다. 낮은 레벨 결정에 주는 영향을 고려하는 것은 그 일을 해내기 전에 높은 수준 결정에 대한 현실점검 역할을 한다.

7.4.3 일관된 결정 묶음(bundles)을 비교하자

일부 선택들은 자연스럽게 함께 간다. 그들은 일관된 묶음을 구성한다. 예를 들어 당신이 두 직장 제안을 고려하고 있는 최근의 대학 졸업생이라고 상상하자. 당신이 Los Angeles에 있는 엔지니어링 직장을 선택한다면 당신은 아마도 Westwood에 살면서 근처의 UCLA에서 파트타임으로 대학원 수준의 엔지니어링을 공부할 것이다. 반면에 San Francisco에 있는 생산관리 직장을 선택한다면 당신은 Berkeley에 살면서 U.C. Berkeley에서 파트타임으로 대학원 경영과정을 밟게 될 것이다. 각각의 경우에서 직장, 주거지 및 대학원 과정을 망라하는 일관된 선택 세트를 설정하면 당신은 전체 묶음을 비교할 수 있다.

7.4.4 적절한 상세 수준을 선택하자

분석에서의 상세 수준을 문제 정의의 폭에 맞추라. 정의의 폭이 넓을수록 분석은 상세할 필요가 더욱 줄어든다. 매번 우리는 사람들이 그 문제 정의의 폭을 크게 확대하고 상세의 수준을 높게 잡고 나서 복잡성에 관하여 불평하는 것을 본다. 미국의 철학자 William James는 다음 현상을 언급하였다. "현명해지는 기술은 무엇을 못 본 체 할까를 아는 것이다."

7.5 막히지 말자

의사결정 과정에서 여러 번 막혀서 조금도 앞으로 나갈 수 없음을 발견할 수도 있다. 때로는 시작할 수조차 없다. 때로는 겉보기에 대처할 수 없는 장애물이 핵심요소의 분석에 나타난다. 그리고 때로는 매우 긴 분석에도 불구하고 결심을 할 수 없다.

결정문제에 관하여 말할 수 있는 누군가를 찾자. 당신의 입이 당신의 마음을 움직이게 하자. 일단 말을 하게 되면 전에 보지 못한 관련성을 보게 된다. 미리 비망록을 작성함으로써 만남에 대비한다면 더욱 좋을 것이다. 비망록 작성이 마음을 일깨울 것이다. 도와주는 사람이 빠지고 만나주지 않더라도 생각을 전진시킬 것이다. 우리는 자주 우리의 상담고객이 어떤 직접적인 조언보다 우리와 만나기 위한 준비로부터 그리고 그들의 문제를 설명하는데서 나온 자연 발생된 통찰에서부터 더 이득을 얻는 것을 본다.

막히지 않는 좋은 방법은 당신의 것과 같은 문제를 다른 누군가에게 조언을 해야 한다고 상상하는 것이다. 김 군의 문제를 생각해 보자. 망설임의 고통에서 이 16세의 세계적 수영선수는 6개월간 다른 올림픽 출전 희망자와 훈련하기 위해 집을 떠나 있을 것인지 그의 훌륭한 고교 고치와 집에서 훈련할 것인지를 결정하여야 한다. 김 군이 올림픽 팀에 들어가기는 아주 쉬운 일이지만 그는 금메달을 원한다. 그러나 그는 현재의 코치에 충실하고 집을 떠나면 가족과 여자 친구가 보고 싶을 것이다. 그가 가기로 정한다면 그는 죄책감을 느낄 것이다. 그가 머무르고 단지 동메달을 딴다면 그는 큰 경기를 위해 최선을 하지 않은 것을 후회하게 될 것이라고 걱정한다. 그가 그 문제를 가지고 우리와 토론할 때 우리는 그에게 물었다. "당신이 이와 똑같은 상황에 처한 다른 사람에게 조언을 주어야 한다면 당신은 무엇이라 할 것인가?"그는 주저 없이 대답하였다. "최상과 더불어 훈련하라. 그래야 한다면 집을 떠나라" 그리고 그가 한 것이 그것이었다.

또 하나의 방법은 결정을 내리는데 장애물이 생겼다면 그 장애물이 사라지면 무엇을 할 것인지를 생각하자. 예를 들어 돈이 문제라면 당신이 앞으로 필요로 할 모든 것을 가지고 있다고 상상하자. 많은 경우에 장애물이거나 아니거나 같은 것을 상당히 많이 가지고 있음을 발견할 것이다. 장애물을 무시함으로써 당신의 결정 문제를 푼다면 되돌아가 어떻게 그것을 어떻게 치웠는지 알아낼 수 있다.

7.6 언제 그만둘지를 알자

분석은 영원히 계속될 수 있지만 그렇게 할 수는 없다. 결국 결정을 내려야 할 것이다. 물론 심사숙고와 속도의 균형을 잡을 필요가 있다. 결정에 사로잡혀 생각만 한다는 것은 시간, 심리적 에너지에 큰 타격을 주지만 정서적 스트레스나 힘든 정신적 작업을 성급히 피하려는 서두르는 결정은 통상 실패하는 결정이다. 그만둘 때가 언제인지를 어떻게 아나? 가외의 노력을 투입하는 비용과 더 좋은 결정으로 얻어지는 이득을 수평저울로 달아보아야 한다. 다음 질문이 결정에 도움을 줄 것이다.

- 결정 문제를 합리적으로 장악했다고 느끼는가?
- 결정 문제와 관련된 의사결정 과정에서 각 요소를 이미 두루 살펴보았는가?
- 기존의 대안들 중 하나를 선택하면 만족할 것인가?
- 당신이 더 기다리면 최상의 대안이 새로 나오겠는가?
- 생각을 위한 추가시간이 있으면 더 좋은 새로운 대안이 마련될 가능성이 있나?
- 완전한 해결책이 당신의 현재의 최상의 대안보다 약간 좋을 뿐일까?
- 이 결정을 위해 시간을 더 쓰는 것이 당신의 다른 활동과 결정에서 심하게 벗어나게 할 것인가?

분명히 모든 또는 대부분의 모든 이들 질문에 대한 답이 "예"라면 분석을 멈추고 결정해야 할 것이다.

때때로 우리는 의식적으로 지나치지 않도록 노력해야만 한다. "정보 과다로 인한 분석 불능(analysis paralysis)"이 통상 쓸데없이 많은 정보만 추구하게 만들 뿐만 아니라 결정을 복잡하게 만들며 나아가 불가능하게 만다. 완전한 해법은 거의 존재하지 않지만 많은 사람들이 끊임없이(그리고 비현실적으로) 이를 추구한다. 흔히 결정을 회피하기 위하여 미루는 것에 대한 구실로 더 많은 분석의 필요성을 불러온다.

7.7 조언자를 현명하게 사용하자

전문지식을 필요로 하는 결정을 내리기 위해 다른 사람들로부터 조언을 구할 필요가 있을 것이다. 이들 조언자들이나 전문가들 중에는 약간의 조언을 위하여 의사, 변호사, 회계사 등이 들어 있을 것이다. 불행하게도 대부분의 사람들은 단순하게 어떻게 해야 하나요? 라고 묻는다. 그리고 그들은 그리 하는 것에 관한 사라지지 않는 불안이 있음에도 불구하고 그 조언을 따르다.

왜 불안한가? 우리가 전문가에게 어떻게 결정하는지 도와달라기보다 대신 결정해 달라고 요구하면 그 선택에는 우리의 목적, 절충 및 위험 감수의 한도 등이 충분히 반영되지 않는다. 우리가 무엇을 결정할지에 대한 조언을 원한다면 우리의 문제에 대한 인식과 더불어 우리의 목적, 절충 및 위험감수 한도에 관해 꼭 상의하자. 문제의 정의, 대안들, 결말들 및 불확실성에 대한 그들의 의견을 요청하여 포함시킨 다음 스스로 결정한다면 더욱 좋을 것이다.

조언자를 그가 잘하는 것에 대해 사용하자. 그들이 할 수 있는 것보다 당신이 더 잘 알고 있는 것 – 즉, 가치와 목적에 관해 자신의 판단을 사용하자. 그런 뒤 그것을 혼자서 종합하고 결정하자.

7.8 기본적 의사결정 원칙을 설정하자

대부분의 사소한 일상적 결정은 모든 것을 갖춘 분석을 통해서 이루어지지는 않는다. 그러나 비록 그런 결정들이 개인적 결정들처럼 비교적 중요하지 않지만 그런 결정 모두의 합계는 중요하다. 오늘 저녁 식사를 무엇으로 택하는가는 비교적 중요하지 않지만 당신이 시간이 지나면서 먹기로 선택한 것은 합해져서 당신의 전반적 영양 상태를 결정한다.

그래서 당신이 이들 결정을 개별적으로 파고들어 시간을 쓰기를 원하지 않는다 할지라도 – 그것들이 사적이든 일과 연관되든 간에 – 매일 내리는 결정에 관한 원칙에 관하여 사려 깊은 결정을 내림으로써 이득을 얻을 수 있다. 그리하여 일상적으로 – 자동적으로 – 우리의 자동조타장치(自動操舵裝置; auto pilot)는 우리의 장기적 가치를 반영하는(균형 잡힌 식사하기와 같은) 약간의 방침을 갖게 될 것이다. 이에 더하여 우리의 일상적 선택은 그것들이 이들 원칙에 따른다면 쉽게 내려지고 덜 노력해도 될 것이다.

7.9 의사결정 스타일을 조율하자

시간이 지나면서 우리는 의사결정 스타일: 우리의 의사결정을 지배하는 일단의 버릇을 만들어 간다. 물론 우리는 우리의 스타일이 가능한 한 효과적이고 효율적이기를 원하며 우리는 이 스타일을 계속 개선해 나가기를 원한다. 이리 하는 최선의 길은 몇 개의 당신의 최근 결정의 성과를 정기적으로 검토하는 것이다. 그 검토와 거기서 얻은 학습을 활용하기 위하여 우리가 결정을 내리는 그 시간에 우리의 중요한 결정 각각의 기초와 논리를 노트에 써 놓자. 이 노트를 평가에 사용하자. 패턴을 찾아보자. 우리의 행동이 우리의 스타일에 관하여 우리에게 무엇을 말해주고 있나?

예를 들면

- 대안이 충분히 창의적인가?
- 덜 중요한 문제에 너무 많은 시간을 쓰는가?
- 너무 보수적인 것처럼 보이는 결정에 끌려가는 경향이 있나?
- 의사결정을 통제하고 있다고 느끼나 아니면 결정이 그저 생긴 것인가?

검토하고 나서 자신의 스타일에 만족하나? 원하는 것을 성취하는데 도움이 되나 아니면 방해가 되나? 무엇이든 바꿀 것이 있나? 공들일 것은 무엇인가?

검토를 혼자서 할 수도 있지만 파트너를 사용하는 것이 자주 더 훌륭한 통찰력을 줄 수 있다. 가족, 친구 또는 동료에게 그들이 익숙할 수도 있는 일부 결정을 평가하는데 도와 달라고 요청하자. 주고받자고 제안하자. 서로에게 이득이 되는 것이 많을 것이다. 의사결정 기법에 대한 외부의 시각을 얻어 들이는데 추가하여 다른 사람의 접근법을 보는 것으로부터 그리고 코치를 하는 것으로부터 이득을 볼 것이다.

그러나 서로의 의사결정을 단지 결말의 바람직함에 의해서만 판단하지 않도록 주의하자. 기억하자. 올바른 결정과 좋은 결말을 구별하여야 한다. 올바른 결정은 건전한 과정을 따른다. 올바른 결정이 좋은 결정을 가져다 줄 가능성이 크지만 나쁜 결말을 초래할 수도 있다.

그러나 있을 수 있는 결정의 결말을 충분히 예상해 보았는가라고 묻는 것이 공정하다. 결정을 내렸을 때 생각조차 못했던 결과가 일어났는가? 모든 것을 생각할 수 없지만 중요한 무엇인가를 완전히 놓쳐버린 적이 너무 많다면 문제를 정의하고 결말을 예상함에 있어 충분하게 철저하지 못한 것이다.

어떻게 개선하나? 실습하자. 모든 역량은 실습을 요한다.

7.10 의사결정을 떠 맞자

우리의 결정을 누가 내려야 하나? 우리가 해야 한다. 그렇다면 우리가 직면한 결정 문제를 누가 선택해야 하나? 다시 한 번 우리다. 결정상황이 우리에게 오길 기다리기보다 우리의 의사결정에서 앞장서야 한다.

결정 문제는 자주 다른 사람들(경쟁자, 상사, 가족)에 의하여 또는 환경(대자연, 사고, 금융시장)에 의하여 우리의 어깨위로 갑

자기 올려 진다. 많은 그런 문제가 사라진다면 삶이 확실하게 더 좋아질 것이다. 어떤 부모도 영리한 아이가 어쨌든 학교에서 성적이 떨어지는 것을 원치 않을 것이며 어떤 매니저도 급부상한 경쟁자에게 잘 나가던 제품의 시장점유율을 잃는 것을 보려 하지 않을 것이며 어떤 주택소유자도 정상적인 집이 강한 바람으로 손상을 입는 것을 원치 않을 것이다. 이들 상황에서 일어난 결정 문제는 내키지 않는다.

물론 가능한 한 최대로 우리자신의 결정 문제를 선제적으로 만들어가는 것이 더 좋다. 우리가 만들어낸 결정 문제는 기회이지 문제가 아니다. 예를 들면 우리는 모두 건강함에 근본적인 관심을 가지고 있다. 이 관심은 수많은 결정 기회를 시사한다. 누구는 어떻게 최상을 유지할 수 있을까? 또는 어떻게 날씬 할 수 있을까? 어떻게 누구는 책임있게 먹기를 배워야 하나? 누구는 어떻게 주행 위험도를 줄일 수 있을까?

당신은 이들 질문에 답할 필요는 없지만 그렇게 할 기회가 있다. 기회를 잡자. 그리고 평가하고 결정하고 행동하기 위하여 이 책에 있는 아이디어를 사용하자. 당신이 뒤에 직면할 결정 문제는 별로 재미가 없을 것이다. 삼중 혈관 우회수술(triple bypass surgery)을 받으러 어디로 가야 할까? 운전을 더 이상 할 수 없다면 어떻게 여기저기 찾아다니나?

결정기회를 확인하기 위한 스파크(spark)는 당신이 원하는 그 무엇을 명확하게 하는 것이다. 이에 관하여 체계적이 되는 길이 있다. 그것이 당신의 가치들, 당신이 가치가 있다고 쓸 만하다고 바람직하다고 생각하는 것과 더불어 시작되기 때문에 그것을 가치 중심 사고(value-focused thinking)라고 부른다. 당신의 경력, 결혼, 가족, 취미 또는 무엇이든 그런 삶에서 또는 삶의 어떤 측면에서 당신이 원하는 것을 명시하는 높은 수준의 목적들 – 가치들을 앉아서 정의함으로써 시작하자. 업무상 의사결정에 대하여 당신의 조직이나 그 안에서의 당신의 업무에 대한 가치를 정의하라.

다음으로 결정 기회를 찾아내고 만들어내기 위하여 이들 가치를 이용하자. 예를 들면 "더 많은 여가"라는 가치를 위하여 그것을 충족시키기 위하여 어떻게 최선을 다할지 정하자. 이니셔티브를 취함으로써 당신은 당신의 선택범위를 넓힘으로써 당신의 미래에 대한 당신의 통제를 늘리게 될 것이다.

떠 맞는 하나의 특별히 좋은 길이 당신의 삶을 연속되는 결정 문제로 보고 앞일을 생각하는 것이다. 의사가 되기를 생각중인 똑똑한 대학 3학년생 이양을 생각해 보자. "나는 내가 의사가 되기를 원하는지 잘 모르겠다. 나는 그냥 내가 의사되기를 원한다고 생각한다."

"생물학자는 아니면 심리학자는 어떤가?"

"어쩌면. 나는 내가 기업가나 음악가 또는 우주비행사가 되기를 원하지 않는다는 것을 안다."

진실은 이양이 많은 대학생들처럼 삶의 경험과 함께 변할 불분명한 야망을 가지고 있다는 것이다. 아직 그녀는 그녀가 재미있고 보람있는 경험을 할 수 있게 하여줄 급료를 받는 독립된 여인이기를 원한다는 것을 안다. 그녀는 그녀가 남을 도울 수 있기를 원한다는 것을 안다는 것을 알거나 아니면 생각한다. 그녀는 그녀가 어려운 과학과정을 택하였으며 좋아한다는 것을 안다. 사실은 아직도 그녀가 모르는 것이 많이 있지만 그녀 자신에 관하여 많이 안다는 것이다.

코치 없이 이양은 이미 몇 발짝 앞서 있음을 보고 있다. 어린 나이에도 그녀는 그녀가 의사가 되기를 원하면 대학에 가야하고 고등학교에서 성적이 좋아야한다는 것을 알았다. 그녀는 그녀가 과학과정을 택하기 위하여 수학이 필요할 것이므로 수학 공부를 열심히 해야 함을 안다. 그녀는 의사들의 삶이 어떤지 알기 원하였기 때문에 몇몇 유명한 의사에 관한 책을 읽었다. 그녀는 경험을 쌓기 위해서 뿐만 아니라 실험시 작업이 그녀의 장래경력의 부분이 될지 여부를 평가하기 위하여 실험실에서 일했다. 그녀는 이미 체계적으로 질적으로 생각하는 사람으로 앞을 내다보고, 계속 공부하고, 적응하며, 시험하고, 헌신하고, 뒤로 물러서며, 새로운 샛길을 찾고, 어떤 새로운 정보를 얻어야할지를 배우기 위하여 정보를 수집한다. 이양은 이 시점에서 더 정식화된 의사결정을 실습해야 하나? 그녀는 그녀가 직면한 불확실성에 대한 확률 사정의 도움이 필요한가? 그녀의 삶의 결정나무에서의 여러 경로에 대한 바람정도의 점수를 기록하고 있어야 하나? 아니다! 결단코 그렇지 않다! 이양은 우리 모두와 마찬가지로 조금 더 그 과정에 신경을 쓰고 그것을 충분히 생각함에 있어 체계적이 됨으로써 이득을 볼 것이다. 주기적으로 그녀는 진행 상태를 살펴볼 수도 있다.

- 그녀는 그녀의 관심사들을 재조사할 필요도 있다. 그녀는 무엇을 원하는지? 그녀가 성장하였을 때 진짜로 무엇을 원할지?
- 그녀는 그녀의 장기적 목표들의 일부를 분명히 할 수도 있을 것이다. 그녀는 가정과 직장을 둘 다 원하나?

- ㅇ 그녀는 한 때 더 잘 알았고 그녀를 현명한 방향을 선택하도록 더 잘 도와줄 핵심 불확실성의 일부를 확인하고 분명히 하여야 한다.
- ㅇ 그녀는 적절한 방향을 잡도록 그녀를 도와줄 수 있을 정보를 수집하기를 원할 수도 있을 것이다. 친구에게 물어, 책을 읽어서, 과정을 선택해서, 직업을 찾아서, 과외활동에 참가해서, 클럽(clubs)에 가입하여, 여행에서, 봉사활동에 자원하여 얻을 정보를 말이다. 그녀는 정보를 효율적으로 수집하도록 노력해야 한다. 일부 정보는 많은 특정한 불확실성과 관련이 있을 수 있다. 일부 정보의 형태는 다른 것보다 얻기에 비용이 덜 든다.
- ㅇ 그녀는 중간목표를 설정해야 한다. 어떻게 글쓰기를 잘하도록 배우기와 컴퓨터 솜씨를 향상시키기는 넓은 범위의 지적추구를 위한 유연성을 주어 선택의 폭을 높여주는 것이다. 대인관계를 성숙하게 발전시키는 것이 그녀가 의사든 심리학자든, 사회사업가든 전혀 다른 사람이 되던 그녀에게 큰 도움이 될 것이다.
- ㅇ 그녀는 뜻밖의 일이 생겼을 때 그 일들이 그녀의 미래 선택의 질을 높여줄 가능성을 커지게 하는 기회가 되도록 하여야 한다.
- ㅇ 그녀는 올바른 결정내리는 기량을 더 개발하여야 한다.

생활은 두 가지 실수 사이의 균형 잡기 행위이다. 이 일은 현재를 즐기지 않을 정도로 미래를 걱정할 수 있을 것이다. 또는 현재에 너무 몰두하여 미래를 위한 기량과 지적능력을 축적하지 않을 수도 있다. 이를 생각하면 그녀는 그녀 자신의 최상의 균형을 위해 스스로를 가이드 해야 할 것이다.

7.11 이 책에서 무엇을 얻을 수 있을까?

당신은 당신의 의사결정을 이끌어줄 이 책 안에 있는 아이디어들을 이용하여 많은 이득을 볼 수 있다. 충분한 이득을 얻으려면 그 일에 매진해야 한다. 문제(Problem), 목적(Objectives), 대안(Alternatives), 결말(Consequences) 및 절충(Trade-offs) (뭉뚱그려 PrOACT)를 (3장을 보라) 이용한 접근법을 몇 개의 결정에서 시도해 보자. 중요한 결정으로부터 시작하자. 그러나 가장 중대한 인생문제를 갖고 시작하지는 말자. 이 접근법은 처음에는 테니스 스트로크 바꾸기처럼 어색하거나 다루기 힘들게 보일지도 모른다. 그러나 곧 편안해질 것이다. 마치 결정에 관하여 지금까지 쭉 생각하였던 것처럼 느끼게 될 것이다. 이 접근법은 매일 자연스럽게 하던 것을 더 체계적으로 할 것을 요구한다.

당신은 이 방법을 일상적으로 사용하게 됨에 따라 그 이득이 비교적 쉽게 온다는 것을 알게 될 것이다.

- 가장 어려운 결정 문제는 하나나 아마도 두 개의 어려운 요소를 가지고 있다.
- 많은 어려운 결정은 그것들이 겉으로 보이는 것처럼 어렵지 않다. 체계적이고 어려운 부분에 집중함으로써 그것을 수월하게 해결할 수 있다.

- 문제 기술하기, 목적 분류하기, 및 좋은 대안 찾아내기가 좋은 결정의 기초를 형성한다. 모든 결정의 절반 이상에서 이들 세 요소에 잘 하는 것이 빠르게 좋은 결정으로 이끌어 줄 것이다.
- 좋지 못한 대안을 발견하고 제거하는 것이 거의 언제나 특히 그 대안이 처음에는 분명하게 열등하지 않았을 때 큰 이득을 가져다 준다. 이 규율은 당신이 어리석은 결정을 내리지 않게 하고 남아있는 대안들 사이의 차이가 작을 때 좋은 결정을 보장해 주며 자주 결정을 아주 단순하게 만들어 준다.
- 불확실성이 있을 때는 올바른 결정이 좋은 결말을 가져온다고 보장하지 않는다. 그러나 시간이 흐르면서 좋은 의사결정 과정을 따르는 사람에게 행운이 따를 것이다.

가장 중요한 것을 항상 기억하자. 당신의 삶을 통제하는 유일한 길은 당신의 의사결정을 통해서이다. 나머지는 그냥 당신에게 일어난다. 적극적이 되자, 당신의 의사결정의 책임을 지자, 좋은 결정을 내리기 위해 좋은 의사결정 습관을 만들기 위해 매진하자. 당신은 보다 충만하고 더 만족한 삶으로 보상을 받을 것이다.

저 자 약 력

강 성 안

- 서울대학교 공과대학 공학사
- 숭실대학교 중소기업대학원 경영학석사
- 숭실대학교 대학원 경영학박사
- 인제대학교 경영학과 겸임교수

- 한국화인키미칼(주) 전문이사
- (주)진양 부사장
- 한국포리올(주) 부사장
- 한림인텍(주) 부회장
- 세일인텍(주) 부회장

스마트 디시전

초　판 1쇄 인쇄 —— 2016년　8월　5일
초　판 1쇄 발행 —— 2016년　8월 10일
지은이 —— 강 성 안
펴낸이 —— 전 두 표
펴낸곳 —— 도서출판 두남
서울시 강동구 성내로6길 34－16 두남빌딩
신 고 : 제25100－1988－9호
TEL : 02) 478－2065~7, 2311
FAX : 02) 478－2068
E－mail : dunam1@unitel.co.kr
http://www.dunam.co.kr

정가 17,000원

ISBN 978－89－6414－686－6　03320